经济应用文写作

（第三版）

主　编　蒋意春
副主编　舒莉芬　李铁斌

北京理工大学出版社
BEIJING INSTITUTE OF TECHNOLOGY PRESS

内 容 简 介

本书为 21 世纪高等院校"经济应用文写作"课程专用教材。全书共分六篇二十二章：第一篇为基础篇，第一至第三章介绍经济应用文的性质、源流、特点、作用、分类、主旨、材料、结构、表达方式及写作技法；第二篇为日常事务文书篇，第四章介绍书信和致辞的写作方法，第五章介绍条据的写作方法，第六章介绍计划、总结和述职报告的写作方法，第七章介绍规章制度和简报的写作方法；第三篇为党政机关公文篇，第八章概述了党政机关公文的性质、分类、书面格式和行文规则，第九章介绍了现行十五种党政机关公文的写作方法；第四篇为信息沟通篇，第十章介绍商务函电的写作方法，第十一章介绍商业广告和产品说明书的写作方法；第五篇为专业文书篇，第十二章至第十九章分别介绍招标书与投标书、合同、市场调查报告、市场预测报告、经济活动分析报告、可行性研究报告、审计报告和经济诉讼文书的写作方法；第六篇为经济研究篇，第二十章至第二十二章分别介绍经济类毕业论文、经济工作研究和学术论文的写作方法。本书的特色是突出实用性，采用由易到难、由简到繁的顺序安排章节，运用文案教学的方法，先进行文体介绍，再辅之以例文阅读，帮助学生理解各类文体的写作方法。每章后面依据教学要求设计了思考与练习，以加强学生对所学知识的巩固。

本书能够为高等院校经管类专业的学生掌握一门写作技能打下基础。本书可作为各类院校"经济应用文写作"教材用书，也可作为社会各类人员学习经济应用文写作的参考用书。

图书在版编目（CIP）数据

经济应用文写作 / 蒋意春主编. --3 版. --北京：
北京理工大学出版社，2023.2
ISBN 978-7-5763-2163-0

Ⅰ.①经… Ⅱ.①蒋… Ⅲ.①经济-应用文-写作
Ⅳ.①F

中国国家版本馆 CIP 数据核字（2023）第 036921 号

出版发行 / 北京理工大学出版社有限责任公司
社　　址 / 北京市海淀区中关村南大街 5 号
邮　　编 / 100081
电　　话 / （010）68914775（总编室）
　　　　　（010）82562903（教材售后服务热线）
　　　　　（010）68944723（其他图书服务热线）
网　　址 / http：//www.bitpress.com.cn
经　　销 / 全国各地新华书店
印　　刷 / 河北盛世彩捷印刷有限公司
开　　本 / 787 毫米×1092 毫米　1/16
印　　张 / 16.5　　　　　　　　　　　　责任编辑 / 申玉琴
字　　数 / 514 千字　　　　　　　　　　文案编辑 / 申玉琴
版　　次 / 2023 年 2 月第 3 版　2023 年 2 月第 1 次印刷　　责任校对 / 刘亚男
定　　价 / 89.00 元　　　　　　　　　　责任印制 / 李志强

前言

经济应用文写作是高校经管类专业的一门基础课，开设该课程的目的是让学生掌握一般应用文写作的基本理论、基本知识与基本技能，提高应用文写作的能力。

党的二十大报告指出：要铸就社会主义文化新辉煌，推进文化自信自强；推进法治中国建设，坚持全面依法治国。经济应用文写作正是立足于中国文化背景和法治背景，服务于写好中国式经济应用文。

本书编写原则：简明实用、突出重点、课内与课外相结合、学以致用。全书共六篇二十二章，内容包括应用文的基本知识、日常事务文书的写作知识、党政机关公文写作知识、信息沟通文书写作知识、经济专业文书写作知识和经济研究文章写作知识。为了便于读者学习，我们从概念、作用、分类、特点、结构方式等方面阐述各种文体的写作知识和写作方法，力求做到易学好懂。同时，本书对每种文体都配有参考例文，为学习者模拟写作提供样本，例文都是从政府机关、企事业单位现行使用的文书中挑选而来，重点介绍社会经济发展的新信息、新情况，并且以思想健康、语言规范、格式正确、能够作为范例为原则，为实际工作中出现的新问题提出建议及对策；课后的思考与练习依据教学要求设计，用来加强学习者对教材知识的巩固。

由于编者水平所限，书中难免有疏漏之处，敬请读者和行家不吝指正，以备修订完善。

在编写过程中，本书援引了国内同类教材和著作中不少有益的资料，在书后列出参考文献，谨此说明，并向原作者表示诚挚的谢意。

本书可作为各类院校"经济应用文写作"课程的教材用书，也可作为社会各类人员学习经济应用文写作的参考用书。

编　者

目 录

第六篇 经济研究篇

第一篇　基础篇

第一章

经济应用文概述

第一节　经济应用文的性质、源流和特点

一、经济应用文的性质

应用文是一种古老而又充满活力的文体。现代应用文是国家机关、党派团体、企事业单位和人民群众用以处理事务、传递信息、沟通联系，具有直接实用价值和惯用格式的文体。

应用文种类繁多，应用广泛，是文体中的一个大家族。经济应用文同"科教应用文""司法应用文""旅游应用文"等应用文体一样，是应用文总体的一部分。经济应用文是应用文在财政经济部门的具体运用，既具有应用文体的基本特征，又具有财政经济部门的行业特点，也就是以应用文体的形式、写作规律，表达经济行业的具体内容，为社会经济发展服务。

经济应用文是在经济工作中，为直接体现党和国家的方针政策，解决工作中的实际问题，以事实为依据，以科学理论为指导，直接阐明作者或作者所代表的主体的目的、主张、观点、意见或对某一事物或现象予以说明、分析、议论等的书面语言。它主要采用叙述、议论、说明等表达方式，具有特定的惯用程式。简言之，经济应用文是指在经济工作中使用的各种反映经济活动内容并具有一定惯用格式（程式）的文章。

二、经济应用文的源流

"文章之始，多缘实用"，应用文是一种起源很早的文体。文字的产生，主要是为了记事、交际，其次才是抒发情感。当初记事的片言只字就是无意识的应用文创作，我国最古老的文字——甲骨文，其卜辞中，那些记录生产和生活活动的"占卜文书"，就是最古老的应用文。随着文字和社会生产的发展，应用文也逐渐发展和丰富起来。在我国儒家五经之一的《尚书》，就将应用文体分为典、谟、训、诰、誓、命。《周礼》中又有"作六辞"的记载："作六辞以通上下亲疏远近，一曰词，二曰命，三曰诰，四曰令，五曰祷，六曰诔。"秦代出现的制、治、谕、奏，汉代出现的表、疏、律、令，唐宋以来大量出现的图、籍、表册等都是应用文体，历代的书信、碑文、法律、条令、奏折等也都是应用文体。可见，应用文在我国源远流长。

三、经济应用文的特点

经济应用文除了具有一般应用文的特点之外，还有经济行业的特点，具体如下。

1. 专业性

经济应用文的思想内容紧密结合经济部门的各项业务活动，具有十分明确的专业范围，为解决特定的问题而写作。因此，作者必须具有一定的经济理论水平与知识修养。经济应用文写作涉及多方面的经济知识，不具备这方面的理论水平与知识修养，就难以承担经济应用文的写作任务。

2. 真实性

经济应用文是直接为经济管理服务或为特定的经济关系服务的，因此，它必须真实地反映客观经济情况，所使用的材料切忌主观臆造或夸张，更不能伪造。对于某些经济调查或分析类文章来说，所使用的数据、资料不仅要真实可靠，而且要以科学的态度分析数据，尽可能地反映经济活动的本质规律。

3. 时效性

部分经济应用文是为决策层提供经济信息和决策依据而撰写的，市场经济瞬息万变，这就要求经济信息必须及时、有效地反馈给决策部门，以便决策层快速反应。过时的信息将失去其市场价值。

4. 针对性

经济应用文涉及国家经济政策，企业的经营管理、生产计划、销售服务等方方面面，因此，撰写经济应用文要讲究针对性，即针对经济活动或管理活动的特定对象而撰写。要明确撰写目的，选择适应撰写内容的文种。

5. 严肃性

经济应用文的写作是一件非常严肃的事情，一旦成文，不允许随便更改和变动。例如，合同一经订立，就对签订各方具有约束力。如果合同的某些条款与现行的政策、法令有抵触，权利与义务规定得不具体、不明确，引文、标点乃至签名有误，就会给今后的工作带来很大的麻烦，影响纠纷时是非曲直的判别，损害国家和当事人的利益。所以，撰写经济应用文必须严肃审慎，认真对待，决不能粗心大意，有任何的疏忽遗漏。

第二节　经济应用文的作用和分类

一、经济应用文的作用

1. 公关交际作用

在社会经济生活中，任何单位和个人都免不了与外界打交道。如开业前，企业要向市场监督管理局申请营业执照；双方合作，需要签订协议合同；推销产品，需要策划广告；商洽事务，需要发函等。这些都需要通过应用文进行联系。应用文表达准确、得体、清晰，才能有利于业务的开展，有利于双方的沟通，从而起到良好的公关交际作用。

2. 宣传教育作用

应用文中有不少文件，如"决定""通知""通报""规定"等，有的用来宣传党和国家的方针政策以及表彰先进、推广成功经验；有的用来批评错误，揭露不良现象和丑恶行为，并以此端正和统一人们的思想认识，规范人们的行为，增强人们的法制观念和工作责任感，从而保障社会的稳定，不断推动社会的发展和进步。

3. 沟通联系作用

应用文是加强上下级联系的纽带，也是与各有关方面联系的有效工具。如上下级机关之间的上情下达，下情上报；各单位之间的信息交流、经验交流，以此取人之长，补己之短，互相促进，共同提高，推动社会主义现代化的建设。

4. 凭证资料作用

在经济活动中，应用文也是开展工作，解决、处理问题的依据和凭证。如上级下达的文件、党和政府颁布的法规、有关方面的规章制度等，都可作为开展工作和检查工作的依据；而一些条据、合同文本、公证材料等，也是经济业务中的凭证，一旦出现纠纷，依靠这些凭证，可通过法律追究对方责任，维护自身利益。另外，一些重要的应用文也是历史档案资料，要了解某一时期的政治、经济情况，或某一方面的生产经营情况，查阅当时存档的应用文便可得知。有些冤假错案在事后也能凭借这些档案中的应用文得以澄清事实，还其本来面目。

二、经济应用文的分类

经济应用文的样式多种多样，且随着经济领域的扩大及门类的增加，还会逐渐增多。目前，现行有关教材、专著及研究文章由于所持标准不同，对其分类问题还没有形成一致的意见。综观经济职能部门和经济实体在一切经济活动中所使用的应用文体，本书大致将其分成如下三类。

第一类是日常经济公务活动中使用的文书，我们可将它统称为"通用文书"。通用文书是指经济部门处理日常行政事务工作经常使用的文书，它主要包括党政机关公文、行政事务文书、公关礼仪文书等。我们之所以称之为"通用文书"，是因为这类文书不是经济部门所特有的，各行各业在工作和生活中也都广泛应用，这是它的通用性。但是从内容特点来看，写作的主体、目的，反映的内容、对象又都属于经济领域，旨在解决经济工作中的实际问题或指导经济工作实践，这又决定了它属于经济写作的范畴。

第二类是经济业务活动中使用的文书，我们可将它统称为"经济专业文书"。经济专业文书是经济部门在业务活动中为了实施经济管理而经常使用的一类专业文书。它广泛应用于各个经济领域和经济管理部门，在生产、流通、消费各个环节都有重要作用。经济专业文书种类繁多，按照其性质、特点和功能的不同，可以将其划分为经济促销文书、经济专用文书、经济法规文书、涉外经济文书等。因为这一类文书专业性很强，为经济部门所专用，在撰写时必须具备一定的经济专业知识，所以我们将它统称为经济专业文书。

第三类是用于指导经济工作实践的理论文章，我们将它统称为"经济理论文章"。经济理论文章是对经济领域中的现象进行探索研究的论述性文章。它是学术论文的一种。按照不同的标准，可以将经济论文分成不同的种类。在国民经济中，从宏观经济的范畴，研究带普遍性经济问题的论文，称为宏观经济论文；从微观经济的范畴，研究带局部性经济问题的论文，称为专业经济论文。根据研究对象的不同，又可将经济论文分为总结实践经验的论文、探讨理论和政策的论文以及研究经济工作方法的论文。

本章小结

　　本章介绍了经济应用文的性质、源流、特点、作用、分类等一些基础知识。经济应用文写作是一门正在发展和不断完善的学科，是社会科学范畴的一门实用学科。它以应用文体为学习和研究的对象，是各种应用文体写作实践的理论总结，是指导应用文写作实践的理论依据。

思考与练习

　　1. 应用文的含义是什么？
　　2. 经济应用文有哪些特点？
　　3. 经济应用文有什么作用？
　　4. 经济应用文大致可以分为哪几类？

第二章

经济应用文的基本要素

第一节　经济应用文的主旨、材料、结构和表达方式

一、经济应用文的主旨

主旨是应用文写作中常用的术语，含有要旨、主意、宗旨的意思，是指应用文所要表达的意见、主张，即写作意图。具体讲，就是应用文要说明什么问题，有什么看法，应该怎么办。

经济应用文的主旨是为解决经济工作中的实际问题而确定的，有时是作者从观察和调查研究中发现的，有时是有关领导授意的。应用文的主旨在应用文的写作过程中起着关键性的作用，主旨是统帅，应用文材料的取舍、结构的安排、表达方式的选定、语言体式的运用，都受主旨的支配。

经济应用文的主旨要突出、鲜明，要突出党和国家的方针政策和法律法规，旗帜鲜明地维护党和国家的利益。主旨要说明什么问题，应当怎样解决，要十分明白显露，让人一看便知。经济应用文的主旨要单纯，否则会"意多乱文"。在应用文写作中，要求一文一事，主旨单一，体现一个基本思想。只有这样，才能突出中心，防止行文关系紊乱和职责不明，从而提高行文的效率。

经济应用文的主旨要正确、鲜明、深刻。但经济应用文种类繁多、形式各异，涉及经济工作和社会生活的各个方面，因而不同类型的经济应用文对主旨的要求也不尽相同。无论哪类经济应用文，其主旨的确立都应遵循下列原则。

1. 遵守党和国家有关经济法规、条例的原则

党和国家的方针、政策、法律、法规是经济工作的指针，是处理各项经济事务的依据。要确定经济应用文的主旨，就要把有关党的方针、政策、法规与本部门的实际情况结合起来，与要处理的具体事务结合起来，具体问题具体分析。任何违反党的方针、政策、法律法规的经济应用文主旨，必将导致写作的失败。

2. 实事求是的原则

要根据经济工作和社会生活的实际情况确立经济应用文的主旨，如经济工作和社会生活中遇到什么情况，发生什么问题，有什么主张和办法，如何解决问题等。如果撰写贯彻

执行上级机关指示精神的通知、办法、计划、规定之类的应用文，上级的指示精神就是主旨。如果撰写调查报告，应从调查的目的和调查的材料中概括主旨。如果是为了表扬好人好事而写的表扬信，那么好人好事本身及所体现的思想就是主旨。如果是一则企业招聘启事，那么具体招聘的目的、要求、条件等就是启事的主旨。经济应用文是为了解决经济工作和社会生活中的实际问题，其主旨绝对不能脱离实际，否则经济应用文就失去了效力。

3. 从实际材料出发的原则

无论哪一类经济应用文的主旨都不是凭空产生的，也不是空发议论而能表现出来的。经济应用文的主旨是从丰富真实的材料中提炼概括出来的，主旨的形成必须以材料为基础。如经济调查报告的主旨，必须在深入地对有关经济部门和工作的调查研究过程中，在大量的材料中，通过认真地分析，反复地比较，做到去粗取精、去伪存真、由此及彼、由表及里，才能形成。如果仅从良好的愿望、领导人的意愿、所要达到的目的出发，而无丰富真实的材料做基础来确定调查报告的主旨，其主旨即使正确，也必然是苍白无力、空洞无物的概念。即使是写一份经济简报，如经济会议简报、经济运行情况简报等，表达其主旨，虽然不必叙述大量的事例，但也必须以真实可靠的事实材料为根据。

二、经济应用文的材料

材料是构成文章的重要因素，经济应用文的材料是提炼主旨的基础和依据。经济应用文主旨确定后，需要材料为它服务，为它展开、说明、证实主旨。无主旨的材料是一盘散沙，说明不了问题；有主旨无材料，是空架子，同样也说明不了问题。所以，材料和主旨紧密相连，相辅相成。主旨靠材料表现，材料靠主旨统帅。

在经济应用文写作中，选用材料的要求如下。

1. 要围绕主旨选择材料

经济应用文的写作是为了解决经济工作和社会生活中的实际问题，其主旨是选择材料的唯一依据。材料是为了表现主旨的，不能不经选择地使用，不能"捡到篮子里的都是菜"。材料选择的标准要看它是否体现主旨，凡是和主旨无关的材料，哪怕再生动、再精彩也不能用。有的材料虽和主旨有关，但关系不是很密切，那也得舍弃。只有与主旨紧密相关，充分反映主旨的材料才能选用。选择材料时，"百般挑剔"是为了使文章内容精当，充分地表现主题。

2. 要选择典型的材料

典型材料是指那些有代表性、能够揭示客观事物本质、最能表现应用文主旨、阐明作者观点的材料，它能起到以一当十、以少胜多的作用，从而使文章言简意赅，具有很强的说服力和感染力。为此，写作者就要把所搜集到的全部材料，根据文章的主旨进行分析、比较和分类，看看哪些是最需要的，哪些是次要的，哪些是不需要或是备用的，哪些是完全无用的。必须挑选一些最能说明问题、最具特色的素材写进文章中，不能见到好的都选用，材料过多也会影响主体的表达。

3. 要选择真实的材料

经济应用文要真实反映客观事实。它所采用的材料和数据一定是真实、准确的，否则就会得出虚假结论，给生产带来损失，给企业带来不良影响，甚至会危害国家、人民的利益。所以，在选材时，写作者必须进行核实，不能道听途说，不能偏听偏信，更不能凭空想象，有时还要注意局部的真实和整体的真实之间的关系。比如，某单位少数干部有经济问题，不能以此类推整个单位的干部都有经济问题。如果抓住次要问题，却掩盖了主要问题，同样也是一种不真实。要保证材料的真实性，最好使用第一手材料。对于二手材料，要仔细鉴别，避免以讹传讹。

4. 要选择新颖的材料

经济应用文材料的新颖性要求，主要是指善于选用那些新情况、新问题、新经验、新风貌、新思路、新人物、新事件的材料。材料新颖才有吸引力和价值。如果只是"陈年的芝麻""别人啃过的馍"，则文章不但乏味，也无多大价值可言。只有不断地推陈出新、捕捉新问题、提出新观点，这样的文章才有影响力。

选用材料要典型、真实、新颖，三者是密不可分的，其核心是主旨的需要。

三、经济应用文的结构

应用文的结构是指文章内容的组合和构造，即如何安排材料组织成文的方式。如全文分哪几个部分，每部分安排哪些内容，怎样使文章首尾一致形成一个统一的有机整体。如果说主旨是文章的灵魂，材料是文章的血肉，那么结构如同文章的骨架。清代戏剧理论家李渔认为写作如同"工师之建宅"，造房子前须有全面的设计安排，"何处建厅，何处开户，栋需何才，梁需何木，必俟成局了然，始可挥斥运斧"（李渔《闲情偶寄·结构第一》）。否则，木料、石头一大堆，是不能成为外观美丽、建筑坚固的大厦的。文章的结构安排同样如此。

文章的结构是表现主旨的手段，是客观事物发展规律和内在联系的反映，是作者认识客观事物和客观事理并对其加以表现的体现。因此，精心地布局谋篇，是写好一篇文章的关键。

经济应用文的结构在原理上和一般文章相同，由开头、主体、结尾三大部分构成，但与一般文章相比，其在结构安排的方式上却有很大差别。文贵创新，一般文章在结构安排上灵活多样，以巧取胜，而经济应用文的结构则要求规范化、格式化。经济应用文的类型不同，其结构也各不相同，大体分为以下两种类型。

一是篇段合一式。这类经济应用文一般内容简要，篇幅短小，往往不分段，一篇只有一段。如命令中的公布令、任免令，批转、转发性通知，内容较简单的启事、广告、条据、事务性的信函等。

二是三段式。这类经济应用文内容比较复杂，篇幅较长，其结构一般由开头、主体、结尾三部分构成。由于具体文种不同，又分为三种情况。

①提出问题—分析问题—解决问题的三段式。如指令、指挥令、嘉奖令，其结构包括缘由、事项、要求三部分；论文结构包括绪论、本论、结论三部分。

②情况—做法—问题与打算的三段式。如工作总结、汇报提纲、会议纪要、工作报告、调查报告，以及通报、简报等。

③总—分—附的三段式。开头为总起、总说，主体部分为分述，最后为附注。如章程、规则、条例、条约等，虽然有章条式与条项贯通式之分，但基本都属于这一结构形式。

文章的结构是文章形式的构成因素。根据内容决定形式、形式服务于内容的原则，应用文的结构应适应内容的需要。应用文门类繁多，内容各异，因此，经济应用文的结构应根据实际需要进行安排，主要解决好开头、层次和结尾三个问题。

（一）开头

开头是应用文结构的重要组成部分。万事开头难，应用文写作也不例外，开头写好了，可以起到点明主旨、吸引和引导读者的作用。经济应用文的开头主要有以下几种方式。

1. 目的式

开宗明义，第一句话说明本文的写作目的。应用文一般常用介词结构"为了……""为……"开头。这一形式多用于报告、布告、决定、决议、通告、通知、规定等。

2. 因由式

一起笔就先讲明事情的因由，为什么要写这篇应用文。常用的有"由于……""鉴于……""随着……""随……"等开端用语。这一形式多用于指示、决定、请示、通知等。

3. 根据式

行文由根据落笔，常用的用语包括"根据……""依据……""遵照""按照"等。这一形式多用于通知、计划、条例、办法、规定、通告、布告等。

4. 时间式

时间式开头可分为两种情况：一是直接写明年月日；一是用表示时间的概括性词语，如近日、近来、最近、现将，有时也用"……之后"。这类经济应用文主要包括通知、报告、会议纪要、批复等。

除上述开头方式之外，还有引用式、介绍式、结果式等。

（二）层次

任何事物的发展变化都是分阶段性的。文章层次是客观事物发展的阶段性和人的认识进程的反映。有人称文章的层次为段落，一个段落就是一个"意义段""逻辑段"。文章的体裁不同，安排文章层次的方式也不相同。经济应用文体安排层次的方式主要有以下五种。

1. 按照时间进程安排层次

有些经济工作以时间划分阶段，每一阶段一个中心，自然成为经济应用文的一个段落，如某些计划、规划、安排，以及工作总结、工作报告等。这类经济应用文一般开头有个总起，说明基本情况，然后分阶段安排，最后收尾。

2. 按照工作任务要求安排层次

有些经济工作明确提出几项任务要求，每一项一个中心，成为经济应用文的一个自然段，如工作报告、工作计划、工作总结、通知、通报等。其结构安排也是开头有个总述，然后根据任务与要求一一列出，最后结尾。

3. 按照问题安排层次

日常经济工作和会议都要研究和解决问题。有时是几个问题，几个问题有主有次；有时是重大问题，重大问题有几个方面。经济应用文安排层次时可依照一定规律进行排列，如工作报告、会议纪要、决定、议案、报告、请示、通报等。

4. 按照事理逻辑关系安排层次

客观事物发展变化有阶段性，客观事理有内在的逻辑关系。议论性的经济应用文，如学术论文，一般有中心论点、分论点。中心论点与分论点之间的关系，就是客观事理的逻辑关系。

5. 按照事件与意见安排层次

日常工作中遇到某一问题或发生某一事件，需要请示汇报或提出解决意见，这类经济应用文的层次，一般先写事件或问题，再写看法和意见，如处理某类问题的报告、某种经济现象的调查报告、某个经济案件的处理报告、先进集体和先进人物介绍等。

（三）结尾

文章结束即为结尾，古人称为"收笔"。结尾和开头一样，在文章中具有重要作用。好的结尾能让人加深印象，更加明确全文的观点和思想。从形式上说，有了结尾，文章才会完美。经济应用文中的结尾方式也是多种多样的，常用的有以下四种。

1. 自然结束

文章主要内容写完后，事尽言止，自然收结，不另作结尾，不拖泥带水，如某些批示、批转性通知、简报、会议纪要、规定、条例等。主要事实、问题已经写清楚了，没有必要再给出意见，强调一番。

2. 总结全文

有些经济应用文所涉及的问题较多，为了使读者易于把握重点，在结尾部分对全文主要内容或看法予以归纳、强调，以概括总的观点，点明主题。这种方式常用于调查报告、经济论文以及一些经济分析文章中。

3. 提出希望、要求，发出号召

这类经济应用文在结尾时提出希望与要求或发出号召，目的在于感染读者或激励听众，为实现某一目的共同努力。它常用于计划、工作报告、讲话稿、评论等文章中。

4. 补充说明

有些经济应用文把主要问题写完之后，尚有某些问题还需交代清楚，在结尾时可以给予补充说明，以便把问题叙述得更严密、更周全，如计划、合同、调查报告、规章等文章常用这种补充说明的方式。

结尾的方式有多种，具体选用哪一种，也要根据实际情况而定。需要注意的是，文章要善始善终，结尾部分既不能草草收场，敷衍了事，也不能当断不断，画蛇添足，拖泥带水。要做到简洁有力，恰到好处。

四、经济应用文的表达方式

在文学作品中，表达方式有五种：叙述、描写、抒情、议论和说明。经济应用文作为一种实用性文体，主要是用来解决问题和处理问题的。它的表达方式通常只用叙述、议论和说明，至于抒情和描写，除了在一些通讯报道、广告语、演讲稿、日记、私人信件中使

用外，其他应用文基本不用或很少使用。

1. 叙述的方式

一般来说，叙述就是把任务的经历和事物发展变化的过程表达出来。各种文体的写作几乎都要用到叙述方式。如在议论文中，用叙述的方式概括某些事实，从事实中引出论点；在说明文中，可以用叙述的方式对一些效果或功用以举例的方式说明；在一般文体中，常用叙述的方式交代事件的起因、发展、结果以及人物的经历。

经济应用文中的叙述要直截了当、平铺直叙，抓住主要事实，作概要精当的叙述。而不像文学作品中的叙述，追求情节的起伏，一波三折，巧设悬念等，更不能使用意识流等现代派的叙述手法来写。

2. 议论的方式

经济应用文中的议论是对客观事物进行的评论，以此表明自己的观点和态度。在应用文中不少文种都离不开议论，如总结、调查报告、经济分析报告、审计报告等；公文中的通报、报告、议案等，都要通过议论来分析原因、判断是非、发表见解、表明立场观点等。

经济应用文中的议论同文学创作中的议论也有区别。文学创作中的议论，为了说服对方，打动读者，可以从多种不同的角度，寻找各种论据，旁征博引、反复论证，有时还可采用动情的议论、哲理性的议论、形象化的议论等。而应用文中的议论，不能脱离实际，它以事实为根据，以法规和政策为依据，不掺杂个人主观好恶情感，抓住要点，不及其余，作简洁、明了的议论。

3. 说明的方式

经济应用文中的说明是用简洁、准确、科学、朴实的语言，把事物的性质、范围、形状、特征、功能等方面的情况介绍清楚。最常见的是产品介绍和使用说明书。而在其他应用文中也常用到说明的方式，如对财务报表，统计、审计表中的资料、数据所作的说明，对一些规定、条例的性质、范围等所作的解释。

经济应用文中的说明不同于文学创作中的一些说明。如杨朔的《茶花赋》，这是一篇优美的散文，作者在对茶花的生长特点作说明时，融入了深厚的感情，是感情化的说明。还有的说明文讲究生动形象的说明、艺术语言的说明，采用拟人、比喻等修辞手法。而在经济应用文中这些说明的用法都应当避免，或很少使用。

4. 图表的方式

图表的表达方式在经济应用文中已得到越来越广泛的使用。这是因为在经济管理中，有许多的数据、资料单用文字难以说清。如名目繁多的商品价格、数量、所占比例的情况，各类人员的工资收入、消费支出的变化，产量、投资额、利润、物价指数等的上升、下降趋势变化等。而借助图表的形式，则能使人一目了然，既形象、直观、清晰，让人印象深刻，又便于分析、评价、判断，远胜于文字的表现力。图表的表达方式不仅在财务、审计、统计、税务、金融等经济部门广为使用，也在其他诸多领域中广泛使用。

第二节　经济应用文的思维、逻辑

一、经济应用文的思维

思维是写作行为具体深化的过程，文章是思维内容的物化结果。经济应用文写作与思维的关系密不可分。

客观事物包括具体事物和抽象事物两部分，决定了人们大脑反映外界事物的两种形式，即形象思维和逻辑思维。形象思维又叫感性思维，是人们运用表象来进行分析、综合、抽象、概括的过程，是一种不脱离客观事物具体感性形象的思维方式。逻辑思维是一种舍弃了客观事物具体形象，以概念、判断和推理来反映客观事物的思维形式。

文体不同，写作中的思维形式也不相同。一般来讲，文学创作主要运用形象思维，论文写作侧重于逻辑思维。但是，一切文章的产生都离不开形象思维和逻辑思维。许多应用文的写作，如报告、决定、决议、指示、通告、计划、章程、条例、合同等，均以逻辑思维为主；而书信、广告等的写作与形象思维的关系密切。在总结、调查报告的写作中，既有逻辑思维，又有形象思维。

至于灵感，因为是人的知识积累与长久思索某一问题的一种顿悟，在经济应用文写作中一般应用较少。但有时苦思冥想、百思不得其解时，在不经意中，某一问题突然开朗，这种情况在经济应用文的写作中也会遇到。

经济应用文写作中常用的思维模式有解析思维和综合思维、求同思维和求异思维、纵向思维等。不论哪一种思维，都应具备思维科学的基本品格——严密性、条理性、深刻性。思维的科学性是提高经济应用文写作水平的基础，也是经济应用文达到严密、清晰、深刻的保证。

二、经济应用文的逻辑

经济应用文写作和一般文章写作一样要讲逻辑。这里所说的逻辑，是指正确运用形式逻辑的思维形式和思维方法写好文章。

经济应用文写作借助概念、判断和推理反映客观事物的内部联系和规律性。经济应用文写作中的逻辑问题，具体来讲，主要注意以下四个问题。

一是经济应用文的思想观点要符合党和国家的政策法规及客观事物发展变化的规律性。作者的观点应当从大量的材料和调查研究中抽象、概括出来，并且选用恰当的逻辑方法说明和论证这些观点，给读者一个正确的认识。这是经济应用文解决实际问题时首先要认真考虑的。

二是经济应用文的布局谋篇，即如何使应用文的思想观点和材料形成一个内容真实丰富、逻辑结构严谨的整体。要解决好应用文的开头与结尾、层次与段落、过渡与照应、详与略等问题，给人思路清晰、重点突出、理由充分的印象，便于解决有关问题。

三是经济应用文的论说和推理要有逻辑性。为此，经济应用文的材料必须真实、充分；中心思想与材料必须有内在逻辑关系；必须遵守思维的同一性，在表述事物或问题时，在同一时间、同一关系、同一意义之下，自始至终要保持一个说法，不能把不同的概念混为一谈；要遵守不矛盾律，在表述中不能出现自相矛盾或逻辑矛盾，要保持首尾一贯；要遵守排中律，在表述同一事物或问题时，是肯定还是否定，必须旗帜鲜明，不可是非不分、模棱两可；要遵守充足理由律，在论辩和说明问题时，必须有充足的理由，经得起实践的考验。

四是经济应用文的概念要明确，判断要恰当。经济应用文的观点和内容是通过概念和判断来表述的。经济应用文运用的概念要准确，才能判断恰当，才能准确地表达作者的看法。为此，使用的概念的内涵必须明确，能反映事物的本质属性；使用的概念的外延必须清楚，其涉及的范围不能扩大也不能缩小；同时，还要区别概念间的关系，如同一关系、种属关系、交叉关系、并列关系、对立关系等，不能混淆。

经济应用文的判断是对事物或问题的论断，是肯定还是否定，要做到判断恰当。对事物的质（是与非）和量（全称或特称）的判断要恰当、明确。

经济应用文的种类繁多，总体而言，各文种应遵守这些逻辑规律。至于具体到某一文种，还须因体而异，灵活运用，如学术论文与讲话稿在逻辑上就有不同。学术论文必须有严密的逻辑性；而讲话稿虽然也讲逻辑性，但不必十分严密，还可用一些文学性的表达方式，如夸张、比喻、比拟、象征等修辞手法，甚至幽默、模糊的语句等。

第三节　经济应用文的语言与文风及修辞

一、经济应用文的语言与文风

语言是文章写作的基本建筑材料，是写作的第一要素。离开了语言，材料、主旨、结构都无法表达。可见，文章是语言的艺术，是运用语言表情达意、传递信息的复杂操作过程。要写好经济应用文，了解与掌握其语言表达的具体要求，是十分必要的。

（一）经济应用文语言的特点

经济应用文的语言，既不同于日常生活语言，也不同于具有高度美感的文学语言，其主要特点是平直、朴实、简明、庄重。

1. 平直性

平直，指直截了当地表明作者行文的主要意图，通俗明快，一目了然，而不像文学作品那样采用婉言、曲笔、刻意求工，目的是避免产生歧义，不使读者发生误解。

2. 朴实性

朴实，指语言实实在在，质朴无华。语言平易明朗，稳妥自然，不过头、偏激，更不离奇、荒诞，亦无故作令人惊奇、危惧之笔，也不追求辞藻的华丽、语意的含蓄。朴实无华，貌似寻常，而华在其内，这是精心锤炼的结果。

3. 简明性

简明，指语言干净利落，畅达鲜明，以最简练的文字表达最大容量的内容，达到"文约事丰"的效果。叙述事情的始末，一看便知，一听便懂；议论文体的是非，深入浅出，中肯透彻，一语中的；其风格露而不藏，而不是藏而不露，更不拐弯抹角，故弄玄虚。

4. 庄重性

庄重，指语言的庄严、持重、得体，雅正不俗，决不装腔作势，矫揉造作，忸怩作态，也不信口开河、油腔滑调、轻慢浮华，粗野不堪。党政机关公文、经济司法文书等文种更应具备这一特点。

（二）经济应用文语言的具体要求

经济应用文的语言特点决定了写作过程中对语言文字的表达有很高的要求。具体要求主要有以下三点。

1. 用语准确

准确是经济应用文写作的基本要求。经济应用文是用于经济工作的，其内容必须是客观实际的反映，其表达必须靠准确的语言。没有正确的内容，语言的准确固然失去了根据；而没有准确的语言，再正确的内容也难得到很好的体现。

用语准确，首先要注意近义词的运用。意义相反的词，易于辨析，不易用混。然而，经济应用文写作中，大量使用的是近义词、同义词。在现代汉语中，往往一件事情或一种现象可以从不同角度用若干意义相同或相近的词来表达，而不同词语的使用，也会带来不同的表达效果。因此，在选词时，要斟酌这些词义在范围大小、程度深浅、分量轻重和感情褒贬上的细微区别，如"希望"与"渴望"、"违反"与"违犯"、"制裁"与"处罚"、"公然"与"公开"、"结果"与"后果"、"亲自"与"独自"等要严加区别。

应用性语言要求是确定的，不可含混不清。用语中如"据说""估计""大概""或许"等这类词语，需要慎重处置，以免产生误解，无所适从。当然，有些内容不可能说得十分具体，如"经过这场改革，人们的思想触动很大，受到了极大的教育"，这句话就表达得十分清楚。"很大""极大"是自然语言中带模糊性的语言，有积极作用。模糊性语言更具弹性，表意往往显得更加准确、周全。不过，在使用模糊语言时，要注意对客观实际作恰当的估计，以免超"度"而失真。

一句话的准确表达，除了要注意用词的准确，还要注意语法的规范、逻辑的严密。既要"同"且要"对"。但现实生活中违背这一要求的句子不乏其例，如"出现了腐败现象的原因，主要是西方资产阶级思想影响的结果"，这里"原因，……是……结果"在语法上是错误的，道理上也不合逻辑。"原因"和"结果"是不同的两回事，怎么能用"是"这个判断词等同起来呢？

2. 行文简洁

经济应用文要行文简洁，这是经济工作的要求，也是时代的要求。简洁明了便于阅读者接受和执行，同时也节省读者的精力和时间。随着信息时代的到来，现代化进程加快，经济工作所要调节的信息量必须进行高度浓缩，才能适应现代化工作的需要。行文简洁，是现代公务活动求实、求简、求快的一种反映，也是现代文书发展的趋势。因此，行文不要使用转弯抹角、复杂含蓄的语言，而应当力求直截了当、干净利落。

行文求简洁，首先要做到禁绝一切套话、空话，要实话实说。叙事、说理用词要概括，宜粗不宜细；用社会上通用的词语，不要为赶时髦而用那些新奇而不规范的词语；尽量不用那些有两种以上解释的容易产生歧义的词语。

行文求简洁，就要反复地、认真地压缩文字，删去一切多余的话。这里所指的多余的话，是指与特定内容、特定目的和特定对象无关或关系不大的话，也包括那些乱用和堆砌的形容词。行文时，要惜字如金。在准确的前提下，要少用字，多表意。一个字能表达的内容，绝不用两个字表达，10 个字能写好的，不要写成 12 个字。经济应用文中的每句话最好控制在 30 字之内，长句子可以拆为两个或三个短句子。

行文中可以多用简缩语。当今大量简缩语的应运而生，就是社会进步、社会发展的结果。简缩语正适应语言简洁的要求。但值得注意的是，任何一个简称的成立，关键在于得到大多数群众的认可；同时还要顾及使用的场合和使用效果。并非可以为简而简，或生造一些词语，弄得苟简古奥，让人不知所云，因此要遵循汉语规范化原则。

在行文中还可以适当运用图表、符号或公式，这也是实现语言简洁的一条途径。

3. 语言得体

语言的运用，既要准确地反映客观实际，达到预期的行文目的，又要促使有关受文对象产生与行文目的一致的心理效应：或亲切温暖，或震慑警觉，或欢欣鼓舞，或严肃郑重等。这就是所谓的语言得体。

经济应用文的语言得体，大致包括以下两方面的内容。

第一，要适应行文的语体风格。由于行文的目的、内容不同，语言风格也有所不同。从目的而言，教育则严肃，批评则严厉，纪律须严明，执行须严格。就内容而言，颁布政策应庄重严肃，报喜祝捷应热情欢快；知照、批转一类文字宜谨慎郑重，报请、联系一类文字宜平和婉曲；合同、计划一类文字要具体缜密；调查、预测一类文字要朴实凝练。不同的文体具有不同的语体风格。经济应用文写作的行文多数以应用语体为主，但也有例外。例如，礼仪文书和广告具有文艺语体的特色；经济消息和通讯具有新闻语体的特色；经济论文和工作研究具有政论语体的特色。为适应不同的语体风格，在语言应用上就要有修辞的考虑，用什么语言，怎样的调子，如何措辞，说什么，不说什么等各个方面，以获得最恰当的语言形式。为适应特定的语体风格，需要讲究词语的语体色彩。例如，公文语言宜庄重典雅，不宜使用通俗的口语色彩的词语，而源于古代文言著作的古语词，常常可以表达特殊的意义或庄重严肃的感情，又可以使语言凝练、简洁、匀称。毛泽东同志在 1949 年 4 月 25 日撰写的《中国人民解放军布告》中，就用了"怙恶不悛""兹特""均须""切望""概不追究""妄取""切勿""自相惊扰""切切此布"等一系列古语词，大大增强了语言表达的严肃性。经济应用文写作行文的语体风格是平直、朴实、简明、庄重，但这并不意味着不需要讲究语言艺术。那种视平实为枯燥，视简明为单调，视庄重为刻板的观点是不正确的；恰恰相反，为适应这种语言风格，要善于根据不同表达的实际需要，在修辞上下功夫，讲究词语选择，注意句式变化，适当运用排比、对偶、层递引用、反问等修辞，以求增强语言表达效果。

语言的时代色彩，也是适应特定语体风格的一个因素。随着社会的变化发展，新的词汇和短语不断出现，原有的一些词汇也产生了新的词义。今天常见的诸如"信息""网络""同步""深层结构""知识经济""金融创新"……无不体现着新时代的内容和色彩，是新思想、新观念的体现。因此，需要了解它们，运用它们，以适应新时代的需要。

第二，运用必要的讳饰和婉曲。要做到语言得体，也需要考虑必要的修辞上的讳饰和婉曲。讳饰，指遇到犯忌触讳的不吉利或不雅的事物，为了不伤害对方情感，避免引起不快，便不直接说出，而改用他语来回避掩盖或装饰美化。婉曲，指用委婉曲折的话语来表达本意，分"婉言"和"曲语"两种。前者为避免刺激对方或自己，而把话说得委婉含蓄一些，后者是用含蓄曲折的说法来表达本意。运用讳饰和婉曲，可以取得某种含蓄、委婉的表达效果，或使一些不便具体描述的内容达到表述的准确性，或使对一些问题的表述留有余地，具有某种灵活性，便于因地制宜，变通执行。如在世界政治经济方面的文件中，就常见这样一些讳饰和婉曲。行文将"贫困"表述为"低收入"，"失业"表述为"待业"或"下岗"，"窃听"表述为"技术监测"，"劫持飞行"表述为"转向飞行"，"市场萧条"表述为"市场疲软"等。这种语言现象正像语言学家陈原所说，是"特定历史社会条件下对语言运用上的合理要求"。只是不能随意使用，以辞害意，影响语言的纯洁度。另外，在经济应用文写作行文中，恰当地运用专用语和一些敬词、谦语，也是使语言得体的一个因素，但要有分寸感，适当讲究。

二、经济应用文的修辞

有人认为，经济应用文是实用文体，不讲究修辞。这种说法其实是不对的。人们应用语言交流思想、传播信息，并不是消极被动的，总要针对不同的内容和语言环境，选择最恰当、最完美的语言手段，追求最好的表达效果，这就是所谓的修辞。在人们日常说话中，在文学创作和应用文写作中，都离不开修辞。

经济应用文种类繁多，修辞方式的运用有明显的差异，大体可分四种情况。

1. 公文

党政机关的公文具有法定效力和规范体式，具有特殊的性质和作用，在语言运用上要求简明、准确、平实、得体，结合具体对象和语言环境，在词汇、句子、语调、篇章结构方面注重修饰。有人称之为消极修辞。其叙事说理多用抽象性、概括性和准确的语言，重在表达的正确和明白，强调语言的规范和健康。其用词规范、庄重、典雅，用习惯性词语，一般不用俗语和不规范的词语；在句式方面多用严密长句和整句；在篇章结构上，比较固定化、模式化；而题旨多是规定的。

2. 一般事务性应用文

一般事务性应用文主要包括计划、总结、报告、简报、章程、条例、合同、公证书等。这类应用文在政治上要符合党和国家的方针政策、法律法规，在语言运用上与公文相近，但也有区别，其修辞在语言运用上要求简明、准确、平实，多用所谓的消极修辞方式，即重在选择词汇、句式、语调、篇章方面。因不是法定公文，类似的上下行文中的关系、常用的词语、严格的时效性等，在语言修辞方面有一些区别。

3. 论文

论文包括学术论文和评论，在写作上属于抽象思维，其主要以议论为表达方式，通过概念、判断、逻辑推理表达作者对客观事物和客观事理的看法，达到以理服人的目的。论文的修辞在语言运用上要求准确、鲜明、生动、严谨，结合实际对象和语言环境。同时，为了增强表达效果，使语言表达鲜明、生动，一些文艺性的修辞格，如夸张、比喻、对偶、排比、诘问等也常运用。

4. 具有文艺性的应用文

应用文中有一些具有文艺性的文种，如广告、讲话稿、欢迎词等。其语言运用中的修辞方式较为广泛，除了实用性的修辞之外，文艺性的修辞也经常运用。把二者的优点融合在一起，修辞手法会更加灵活多样，更富有表现力，可以使语言的表达效果更佳。

本章小结

　　本章介绍了经济应用文的主旨、材料、结构、表达方式和经济应用文的思维、逻辑以及经济应用文的语言与文风及修辞等一些基础知识。要写好经济应用文，既要掌握党和国家的方针政策和法律法规，还要掌握应用文的主旨、材料、结构、表达方式和经济应用文的思维和逻辑方法，熟悉其语言特点，掌握常用的习惯用语。

思考与练习

　　1. 如何理解经济应用文的主旨？

　　2. 如何理解经济应用文写作材料的重要性？处理材料的基本原则是什么？

　　3. 经济应用文的结构有哪些特点？

　　4. 写文章常用的表达方式有哪几种？经济应用文写作常用的表达方式与一般文章写作有何不同？

　　5. 经济应用文的语言要求、文风特点是什么？

第三章

经济应用文的写作

经济应用文写作过程，既要遵循写作的一般规律，又要兼顾其本身的特殊性。一般要经过三个阶段。第一阶段是接受任务、搜集材料。经济应用文写作一般是被动接受任务的，因此，首先要明确写作意图，确立主旨，然后，自觉搜集材料，做好写作前的准备工作。第二阶段是集中构思、编制提纲。这是一个分析材料、设计结构、选用技法的过程，其结果是编制完成写作提纲。第三阶段是起草撰拟、修改定稿。这是写作的外化操作阶段。

第一节　接受任务、搜集材料和安排结构

接受任务和搜集材料，是经济应用文写作准备阶段的两个重要环节。接受任务，明确写作意图，把握文章主旨；搜集材料，为写作奠定材料基础，完成文章构思方面的准备。

一、接受任务

(一) 写作任务的产生

经济应用文写作一般都是被动的"遵命写作"，它是以作者接受写作的任务为起点的，或是领导，或是社会，或是工作提出了写作任务。作者接受了写作任务，写作过程就开始了。写作任务产生的途径主要有以下几个方面。

1. 领导交拟

单位领导或上级主管部门以口头交拟或文字批示等形式，将撰写文稿的任务交给作者。作者领受任务后，要按照领导或上级的意图进行写作。有时是单位领导直接交拟；有时则是结合工作部署和实施时出现的情况或问题，直接或间接提出写作任务，如行政公文、规章制度、简报、单位的计划和总结都属于这种情况。

2. 工作需要

经济应用文写作是经济工作的重要组成部分。经济应用文写作中有很多写作活动就是为完成工作任务而进行的。市场调查、市场预测、经济活动分析等需要提供报告；签订合

同需要拟订合同书；相互联系工作需要发信函；做好工作需要计划和总结等。其中，有的应用文是经济工作的直接结果，如市场调查报告、市场预测报告、经济活动分析报告；有的应用文是经济工作的手段和方法，如经济合同、联系信函；有的应用文对工作有重要的指导作用，如各种计划。

3. 配合形式

随着社会经济的不断发展，经济领域会不断出现各种新情况、新问题，需要进行广泛的研究探讨。召开经济研讨会需要准备文字材料；参加有关会议讨论需要撰写经济工作研究和经济论文；报道新事物、新问题要写消息和通讯等。

4. 主动撰写

经济应用文写作中也有一部分文章是个人有感而发、主动写作的，如在报刊上发表的经济论文、经济评论等。

（二）写作任务的内容

在经济应用文写作过程中，领会写作意图对作者完成任务至关重要。写作意图越清楚，作者的写作方向就越明确，任务完成就越顺利；写作意图不清楚，作者就会感到无从下笔，很难写出高质量的文稿。在写作实践中，常常几易其稿，往往是由于作者未能把握行文意图而造成的。写作任务的内容包括以下四个方面。

1. 目的和目标

写作目的指行文意图，即写作要达到什么目的，解决什么问题，写作的主要原则是什么。了解清楚行文意图，作者才能按照行文意图的方向展开思维。写作目标指文章所要解决的问题应解决到什么程度，涉及多大范围，有什么具体要求等。作者目标明确，有利于把握问题的度和量。只有目的和目标明确，主旨的提炼、材料的使用才能有所遵循，写起来才能不走或少走弯路。

2. 依据和观点

依据指与文章有关的方针和政策；观点指文章的主旨。政策是经济应用文写作提炼观点的基础，也是写作过程中辨别是非标准的指针。写作前必须掌握有关方针、政策的精神，明确肯定什么，否定什么，肯定的理由是什么，否定的依据有哪些，哪些问题是明确的，哪些还不明确等。这样才能同党和国家的方针、政策保持一致，使文章的思想观点正确，以达到解决实际问题的目的。

3. 文风和文种

对于经济应用文，不同文种的语言要求是不同的，同一文种在不同情况下语言风格也有差别，不同领导的要求也有差异。作者要把需要和要求搞清楚，以便给文章定一个基调。文种的确立也是一个不可忽视的环节。文种的应用在经济应用文写作中规范性较强，不同文种有不同的写作要求。因此，写作前一定要选准文种。

4. 时限和篇幅

经济应用文写作往往是在一定的期限内，为解决某一问题而提出写作任务的。因此，接受写作任务要清楚时限要求，从何时开始，到何时完成。篇幅的长短一般受内容的约束，但内容基本明确后，也对文稿字数大致有一个要求。写作时必须清楚，字数篇幅是安排文章结构必不可少的参数。

（三）明确主旨

主旨是经济应用文写作的目的。应用文的主旨要具体、明白、显露。例如，撰写一份简报，作者在动笔之前必须明确写什么内容，要解决什么问题，起什么作用，在什么范围内应用。简报可以向上级汇报情况，作为上级考虑问题的参考或制定政策的依据；简报也可以指导工作，起到统一思想、统一认识、推动工作的作用；简报还可以反映一些情况，起到交流信息的作用。因为写作目的的不同，其主旨也就不同。又如，通报可以表彰先进，批评错误，传达重要事项。如果是表彰先进，首先要明确是什么样的先进，表现了怎样的思想或精神，要让人们受到什么启发和教育，或是应该怎样做。如果是批评错误，则应该谈事件的性质、产生的原因、造成的影响、如何引以为戒等。只有主旨明确了，才能确定选用什么材料，怎样安排结构，以何种语体表达。如果在动笔之前主旨不明确，写起来就会无所遵循，不是茫然无从下笔，就是文不对题，或是走许多弯路，或是推倒重写。

明确经济应用文的主旨，就要从经济应用文特有的性质出发，吃透"两头"精神。所谓"两头"，一是上头，一是下头。

所谓"吃透上头"，就是要把握领导或上级主管部门的意图，认真领会党和国家的有关方针、政策、法律、法规。党和国家行政机关的方针政策与法律法规是经济应用文写作的根本依据，只能遵守，不能违背；主管部门和领导的意见及要求要认真地听取、研究，尤其是领导的指示要吃透。动笔之前"吃透上头"，才便于明确写作的主旨。

所谓"吃透下头"，就是要熟悉和了解本部门、本单位的情况与群众的实际意见。群众有什么想法，有什么困难，有什么希望和要求，都要知晓。要摸准群众的脉搏，把握群众的情绪。所以，动笔之前要深入基层，深入实际，"吃透下头"，才能提炼出明确的写作主旨。

但是，仅仅如此还是不够，因为世界上的事情是复杂的，要想使经济应用文正确地反映现实和发挥作用，作者还必须关心社会发展进程和本单位、本部门的经济运行情况，对新出现的情况和问题进行深入的思考、认真的分析研究，充分发挥自己的主观能动性。在多数情况下，党和国家行政机关的方针政策、主管部门与单位领导的思想认识、群众的愿望与要求是一致的；但是由于部门的特殊性，领导和群众所处的地位不同，看问题的角度和切身利益不同，也会有分歧。这就需要作者认真地研究分析各种情况，善于汲取正确的意见，提炼概括出正确的主旨。

二、搜集材料

搜集材料就是广泛地占有材料。搜集材料是经济应用文写作过程中准备阶段的第二步工作。

材料是一切写作的基础，经济应用文也不例外。经济应用文材料的准备有其特点，它是作者在日常工作中直接积累或通过调查搜集的，而且是根据工作需要，按照既定的主旨、文体确定的。经济应用文选择和利用材料的随意性与空间较小。因此，在动笔写作之前做好材料的准备工作尤为重要。材料准备包括搜集材料、审核材料、选择材料。

（一）搜集材料

搜集材料是审核和选择材料的基础，搜集的材料越多越好。凡是认为有用的，不论是正面的、反面的、过去的、现在的、完整的、零散的、具体的、概括的、直接的、间接的，统统都要搜集起来。

搜集材料的方法主要有三个：一是查阅文献资料；二是调查研究；三是学习积累。

1. 查阅文献资料

文献资料中保存了大量的信息，特别是党和政府机关的文献档案，记录了党和政府的方针、路线、政策、法规、准则和规定，对这些文献资料的搜集、整理和积累，对我们研究问题、撰写文章，具有重要的借鉴意义和很高的参考价值。

2. 调查研究

调查研究是人们获得第一手材料的重要方法。应用文写作要占有充分的材料，调查研究是搜集材料的好方法。不论是通用类应用文（如党政机关公文和公用事务应用文），还是专用类应用文，都要通过调查搜集有关材料，然后对调查得来的材料进行深入研究，搞清事实真相，摸清事物规律，写出来的东西才能使人信服。有些人不注重调查研究，遇事想当然，或调查不深入，偏听偏信，以偏概全，导致错误推断。因此，我们在撰写应用文时，特别是涉及国计民生、司法活动、经济管理和学术活动的应用文，一定要在深入调查研究后再动笔。

3. 学习积累

撰写应用文，需要有宽广的知识面。这就要求我们平时要注重学习马列主义、毛泽东思想、习近平新时代中国特色社会主义思想，学习党和国家的方针政策、法律法规，学习业务知识，学习本单位、本部门的规章制度，多方面积累知识。只有通过学习积累了丰富的知识，才能在遇到问题时，有针对性地运用这些知识去认识和分析问题，继而解决问题。

（二）审核材料

审核材料是对搜集到的材料进行鉴别和整理。鉴别主要区分有用的和无用的、真实的和虚假的；整理主要是分门别类，材料有主要的、一般的、次要的、具体的、概括的、典型的、非典型的。审核材料的方法有两种：一是边搜集边审核；二是可以对积累的材料集中审核。边搜集边审核的方法很重要，因为第一次接触材料，往往有些新鲜感，需要了解材料的背景，随时审核省时省力，又有新意。审核材料时要认真思考，同时要将自己的认识、感悟标记在材料上，以便在写作时应用。

（三）选择材料

搜集、审核完材料之后，在写作的过程中还要精心地选择材料。选择材料的标准要根据文章的主旨来确定。如党政机关公文有不同的文种，每一文种及每一个具体行文均有自己的主旨——报告什么情况，有什么目的，请示什么问题，有什么要求，通报什么事情，起什么作用，开的是何种会议，要发哪一类简报，写哪一种纪要等，均需根据公文主旨来选择材料。当然，为了鲜明、深刻、充分地表现主旨，必须选择那些典型的、新鲜的、生动的、能充分说明主旨的材料。材料选择恰当，在写作时便会水到渠成。

三、安排结构

明确主旨，搜集材料之后，作者在动笔之前还应做好安排文章结构的工作，即如何围绕着主旨布局谋篇。一篇文章应分成哪几个部分，每一部分包含哪些内容，哪些内容先写，哪些内容后写，哪些内容为主，哪些内容为辅，哪些地方应详，那些地方应略，以及如何开头、如何结尾、如何过渡、如何照应等，都应有一个较为清楚的思路。写文章最好列出提纲，有了提纲，才能做到心中有数，顺理成章，才能保证写作质量，才能提高写作速度。

当然，文体不同，文章的结构也不同。一般来讲，经济应用文的结构比较程式化，由于文种不同，其结构也不一致。如公文中的"批复"，往往只对解决问题的结果予以表态或答复，一般结构简单，篇段合一；而"指示"的结构一般是"提出问题—解决问题"；"工作总结"则是"情况—做法与成绩—问题与打算"；"学术论文"的结构一般是"提出问题—分析问题—解决问题"。

不同的经济应用文要求不同，所列写作提纲有粗细之分；而每个人的写作习惯不同，所列提纲也有详略之别。有的人在写作前已思考再三，所写内容烂熟于心，也无必要再列出书面提纲。因此，写作并无一定之规，只能因文、因人而定。

第二节　起草撰拟和修改定稿

起草撰拟和修改定稿是经济应用文写作的具体操作阶段。起草撰拟是指动手写出文章的草稿。经过构思和编制提纲，作者大脑中已经有了文章的初级形态。起草就是将这种初级形态以语言文字的形式固定下来，形成人们可以感知的物化形态，即草稿。草稿不是成品，还需要修改定稿。修改定稿是指对文章草稿进行加工润色，使之成为成品的过程。

一、起草撰拟

（一）起草撰拟的过程

起草撰拟是一个语言组合的过程。语言组合是根据文章所要表达的具体意思来进行的。具体意思是语言组合的基础和前提，因此，起草撰拟的过程实际上是一个由意思生发到语言组合的过程。

1. 意思生发

意思生发是指作者根据写作提纲，逐渐形成文章具体意思的过程。写作提纲完成后，文章还是概要的，甚至是模糊的。要把提纲变成文章，必须具体展开。这仍然是一种思维活动，是作者在大脑中构造具体义章意思的过程。它是伴随集中构思同时进行的，但在起草撰拟阶段，与语言组合的联系更为紧密，是写作时最困难的阶段。意思生发主要有以下几个环节。

（1）确定出发点。出发点是指意思生发的起点。好的出发点可以使具体意思在作者大脑中接连不断地生发。经济应用文写作的意思生发受写作提纲的控制，往往指向性较强，出发点的确定有明确的针对性。相对其他文体更为简单。

（2）展开意思。出发点确立以后，作者要从出发点开始，逐渐展开具体意思。作者要围绕出发点反复思考表达意思的最佳方式，经过几个回合的思考后，这部分内容就确定下来了。作者往往要有意识地介入外部语言，甚至自言自语，这样就能更好地实现意思向语言的转换。

2. 语言组合

语言组合是指语言文字表达具体意思。作者确定出发点、生发意思的同时，语言组合也开始了，两者交替进行，完成文章草稿。语言组合包括语言组织和文字符号组成两部分。意思生发是以内部语言为工具来进行的。而语言组合所用的是外部语言，它要求语言完整、准确和简明。经济应用文写作的语言是按逻辑和语法规律进行组合的，具有庄重、平实和简洁等特点，很多文种还大量运用程式化语言。

（二）起草撰拟的方法

1. 一气呵成法

一气呵成是指作者起草时，按照写作提纲的要求一直写下去，中间没有耽搁和停顿，遇到语言组合或材料运用等问题，暂时回避或放下，继续往下写，待初稿完成后再补充修改。这种方法能加快起草速度，使思路一直畅通，保持写作兴奋，适合起草较短的文章。

2. 十步九回头法

"十步九回头"是指边起草，边推敲，边修改，遇到问题解决问题，之后再继续往下写。这种方法字斟句酌，扎扎实实，能大大提高草稿的质量，写后无须更多的修改；但是，起草的速度较慢，思路也时断时续，有时还影响写作情绪。

起草撰拟的方法因人因文而异，不拘一格。有人出笔成章，有人进展缓慢；有人从头写起，还有人从中间写起。总之，无论采用什么方法，都可以把文章写好。

二、修改定稿

修改定稿是经济应用文写作过程的最后阶段。一般来说，修改贯穿整个写作过程，这里指完成初稿后集中修改定稿。

（一）修改定稿的程序

经济应用文写作的修改定稿有其特殊的程序。

1. 草稿的修改

草稿的修改是指起草成稿后，由作者对文稿进行修改。一般只限于作者或写作班子内部不同层次的修改，目的是使文稿更好地体现主旨和写作意图。

2. 讨论稿的修改

讨论稿是指发给有关方面或提交有关会议讨论、审议，供征求意见的文稿，实际上是一种集体性质的修改。一般是将文稿打印出来，分发给有关人员，让大家提出修改意见。有些重要文稿，往往在修改中要反复多次征求各方面的意见。

3. 审议稿的修改

有些重要文件，经过广泛征求意见后，还要经过上级部门或会议审议。审议后的文章叫审议稿。审议稿修改后才能定稿。

经济应用文章的修改定稿比较复杂。一般内容简单的文稿其修改程序也比较简单，有些只是作者自己修改就能定稿。

(二) 修改的范围

1. 内容的修正

经济应用文要求主旨和观点必须正确、鲜明和深刻。因此，修改时要检查文章所表达的思想观点与现行法律、法规、方针、政策是否一致，看看材料能否为主旨或观点服务，写作意图是否表达清楚。对错误的、模糊的和肤浅的地方要进行修正。

2. 材料的增删

经济应用文写作要求材料真实、典型和充实。因此，要检查文章是否翔实，有没有多余材料，详略是否得当。同时，还要审核材料的真实性和典型性。对不真实、不典型、多余的材料要进行删减，对缺少的材料要适当增补。

3. 结构的调整

经济应用文写作要求结构严谨、完整和有条理。因此，要检查文章的内部结构是否合理，是否符合文体要求。不合理的、不符合要求的应进行相应的调整。

4. 语言的推敲

经济应用文写作要求语言准确、简洁和通俗。因此，要反复推敲语言，看看有没有废话、错字、别字、病句等，语言表达是否准确，是否符合文体要求。对语言的推敲不能满足于没有错误，而要追求妥帖、完美。

(三) 修改的方法

1. 念读修改法

念读修改法是指朗读草稿，发现问题进行修改的方法。念读不同于阅读，它是出声地读。口念，耳听，脑想，容易发现问题。实践证明，这是一个行之有效的修改方法。

2. 重抄修改法

重抄修改法是指把初稿重新抄写以发现毛病，边抄边改的方法。抄写是修改的极好机会。作者抄写与别人抄写不同，他往往是边抄边想，是一个重新咀嚼、推敲的过程。

3. 冷却修改法

冷却修改法是指把初稿先放一段时间，等写作热情过后，再进行修改的方法。这种方法可以使作者重新调整思路，放松心境，有利于再次思考，重新认识，发现问题。

本章小结

本章介绍了应用文的写作步骤和修改定稿的一些基础知识。要写好经济应用文，必须掌握经济应用文写作的一般步骤和修改定稿的基本方法。

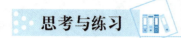

思考与练习

1. 经济应用文写作前应做哪些准备工作？

2. 如何认识经济应用文起草撰拟过程？

3. 如何理解经济应用文修改的意义、修改的范围和修改的方法？

第二篇　日常事务文书篇

第四章

书信、致辞

第一节　书信的性质、种类和写作

一、书信的性质和种类

书信又称信函。广义的书信包括公文中的函，单位出具的介绍信、证明信和联系事务所发的便函，个人与亲朋好友间的私人信函，以及其他表示各种用途的信，如应聘信、求职信、推荐信、感谢信、贺信、表扬信、慰问信、申请书、邀请书、请柬等。除公文中的函（将在本书第九章介绍）之外，现在人们通常把其余的书信分为两大类：一般书信和专用书信。一般书信是指在人们日常生活中普遍使用的，为沟通、交流联系所写的书信，如家信、亲朋好友之间的书信等；专用书信则指具有专门用途的书信，如介绍信、证明信、应聘信、求职信、推荐信、慰问信、申请书等。专用书信中有一种商务信函，我们将其放在本书第十章"商务函电"中专门论述。

二、一般书信的格式与写法

书信一般由信封、信瓤两部分组成，两部分各有其惯用的格式、用语及写作要求。

1. 信封

信封有横式和竖式两种格式，港、澳、台及海外华人二者都用，大陆则基本用横式信封。无论横式、竖式信封都有如下几个部分组成：收信人的邮编、地址和姓名，发信人地址、姓名和邮编。

第一行写收信人的邮编和地址。为了投寄准确，一定要写具体。邮政编码、省、市、区、街道、门牌号数，或机关、团体、企事业单位名称，均应准确无误。

信封中间写收信人的姓名。姓名后一般不能写具有亲属关系的称呼，如父、母、夫、妻、兄、舅、姨、叔之类，可用先生、小姐、女士、同志等称谓，也可用对方的职务或职称称谓，如"××经理""××教授""××董事长"等。称谓后常用收、启、展字，也可不写。文言书信中则多用"启"字。如对长辈用"安启"，对尊者用"钧启""台启"，对平辈用"大启""台启"，对小辈一般用"收启"；如果是唁信，则用"礼启""素启"。

第三行写寄信人的地址、姓名、邮政编码。如果信件投错，或无法投递，据此可退回原处。

中国人是综合思维，信封书写是从整体到局部，先写省、市再写区、县、镇、街道、村民小组。西方人是解析思维，信封的写法正好与我们相反，如果向国外发信，信封的书写顺序正好与国内书写顺序相反。

2. 信瓤

信瓤是书信的主要内容，包括称谓、问候语、正文、结语、署名和日期、附言与附件等几个部分。

（1）称谓。称谓是写信者对收信一方的称呼。称呼的位置一般放在首行，顶格写，以示尊敬和有礼貌。称谓之后加冒号，以引领下文。

一般书信的称谓分几种情况：一是对家人亲属的称呼，常直接用关系称谓，如"父母亲大人""岳父母大人""大哥""二舅"等。对晚辈则直接写其名或爱称，不道姓，有的在名后加上"（侄）儿""女"等称呼。二是对朋友、同事、同学或其他平辈的称呼，一般常在其名后加"兄""吾兄""仁兄""兄台""姊""友"等语。对并不十分熟悉的人，则大多在其姓名后加上"先生""小姐""女士""同志"等语。三是对师长等其他尊敬者的称呼，一般只称姓，而不道其名，并在姓氏后根据不同身份给予不同的称呼，如"赵先生""钱校长""孙书记""李教授""王主任""张经理"等。对德高望重的长者，常在其姓后加"老"字，如"陈老""刘老""黄老"等。

专用书信的称谓也分几种情况。如为办理公务，收信对象是机关、单位、团体者，直接写单位、机关、团体的名称。如写给个人，可视情况而定。如写给领导人，可加职务，如"柳书记""王市长""姜经理"；如写给专家学者，可加学衔职称，如"王教授""陈博士"；若是国内人士，也可用"同志"；若是国外人士，则用"阁下""先生""女士""小姐"。为了表示敬意，在姓名之前可以加上"尊敬的""尊贵的""亲爱的"等修饰语。

（2）问候语。问候语在称谓之下，另起一行，空两格写。问候语是写信人首先向收信人表示问候的语言，主要是身体安好、工作情况之类，如"您好""近好""节日好""工作好"等。若收信对象是单位、团体，则不写问候语。

（3）正文。正文是书信的核心部分，正文的内容因事因人而异，一般先说明写信的背景、因由，再切入正题。若信的内容较多，可分段。其层次是先讲对方之事，再谈自己之事；重要之事在前，次要之事在后。为了眉目清楚，可一事一段，也可标以数字。不管是采用哪种方式来写，正文写作的关键在于事要明、情要真、文要简、言得体。

所谓事要明，是指信中所说的事一定要说清道明，不能话说得很多，但意思含混不清，使人看了以后不解其意，不得要领，甚至产生误会，那就会碍事。

所谓情要真，是指信中所写的语言要真诚坦率、真心实意，不能虚情假意、矫揉造作。

所谓文要简，是指写信要尽可能做到简洁有序、事尽言毕，不能有事无事写了几大张纸，说一些无关紧要的话，尤其是在单位的便函中，更应如此，否则别人会认为这是思路不清，不善于表达的表现。

所谓言得体，是指写信要看对象。对长者、尊者用语要谦恭、尊敬，多用谦辞；对同事等平辈，要有礼、尊重；对自己的下属，或比自己小的人，除用语庄重之外，也应体现关爱之心，而不能简单生硬。即使对一些不讲道理之人，当正色直言，而不能使用伤人的话语，否则也会有失体面。

（4）结语。

信的正文写完后，可用一句话来收束全文，然后再写上向收信人表示祝愿、感谢、敬意的祝颂语，如"就此搁笔，顺祝　安好！"有的信可不写收束语，直接用祝颂语作结。常用的祝颂语有"此致　敬礼""祝　健康长寿""祝　万事如意""祝　事业发达""表示衷心感谢"等。其写法有两种格式，常用的是正文之后，接着写"此致"，转行顶格写"敬礼"；也可另起一行，空两格写"此致"，"敬礼"则在下一行的顶格写。

若收信对象是机关单位，可省略祝颂之类的结语。

（5）署名和日期。

署名和日期又称落款，写在结语的右下角，先署名，后署时间。单位要署全称，个人署名则应与信首的称谓相呼应，如"儿××""弟××"等。对长辈及关系密切者署名时往往不写姓，只具名。若系长辈写给晚辈，可不写自己的名字，只写"父字""母字"即可。如属上下级的签名，通常是连名带姓一并写上。时间的签署，单位的信函最好写全年月日，以备查考。私人信件，可只写月份、日期，现在一般也会加上年份。

（6）附言与附件。

信写完之后，尚有未尽之言、遗漏之事需告知，则可在信末空白处补上，常用"又""又及""另"表示。如有附件，应在信末注明，如"附上复印件三份""附上近照五张"等。

三、书信写作的要求

1. 语气得体、称谓得当

在应用文体中，书信是一种灵活自由的文体，可采用多种表达方式，可书写各类内容。所以，在写信时特别要注意，根据不同的对象使用不同的写法。如对长辈与对晚辈，对上级与对下属，对至亲好友与对一般同事，对单位与对个人的写信，在措辞、称呼和语气等方面，均应有所区别。如果不加区分，乱用一通，轻则会闹出笑话，重则损害彼此之间的和谐关系。

2. 要直奔主旨，简明扼要

写信一般是为了办事或抒发情怀，写完开场白后，要直奔主旨，把自己的思想、情感、愿望、要求表达充分、准确、清楚，让对方领悟，知道是什么事，需要做什么事，怎样去做。现代社会人们都很忙，办事要讲究效率，写信亦然。不论是公私事务，行文均应简明扼要。当然，一般书信因人因事不同，可繁可简，不必强求；但办理公务的书信则必须简明扼要，以内容表达得清楚、准确、明白为本。在公务书信中不能描写、抒情，不能扬厉铺张、客套寒暄。

3. 忌用红笔

根据传统习惯，用红笔写信则表示与人绝交。另外，也不能用铅笔或色彩艳丽的水彩笔写：铅笔易磨损而模糊，表示对人的随便、不重视；水彩笔欠庄重。用黑蓝色墨水的钢笔或圆珠笔书写最得体。

4. 慎用"附言"

对上级或其他尊者，附言补上遗漏的事项，易给人产生写信者办事欠仔细、考虑欠周全的感觉。所以，如信文不长，不妨重写一遍，以免给人不好的印象。对亲朋好友使用"附言"则无关系。

例文

陶行知给母亲的信（1927 年 1 月 20 日）

母亲：

家中从前寄来的信，如今都收到了，并未遗失，只是来得慢些。

儿从母亲寿辰立志，决定要在这一年当中，于中国教育上做一件不可磨灭的事业，为吾母庆祝并慰父亲在天之灵。儿起初只想创办一个乡村幼稚园，现在越想越多，把中国全国乡村教育运动一齐都要立它个基础。儿现在全副的心力都用在乡村教育上，要叫祖宗及母亲传给儿的精神都在这件事上放出伟大的光来。儿自立此志以后，一年之中务求不虚度一日，一日之中务求不虚度一时，要叫这一年的生活，完全的献给国家，作为我父母送给国家的寿面，使国家与我父母都是一样的长生不老。

试验乡村师范开办费要一万五千元，经常费要一万二千元，朋友们都已答应捐助，只要款项领到，就可开办。阴历原想回家过年，无奈一切筹备事宜必须儿亲自支配，不能抽身。倘使款项早日领到，或可来京两星期。如果到了腊月廿七还没有领得完全，那年内就不能来了。好在家中大小平安，儿亦平安康健，彼此都可放心。

昨日会见冬弟，知道金弟在西安尚好，可以告慰。冬弟亦较前强壮。

桃红小桃三桃蜜桃给我的拜年片子都是很有意思很有价值，儿已经好好的保存了。

敬祝健康。

行　知
一月廿日

第二节　求职文书

一、求职文书概述

1. 求职文书的概念

求职文书是求职者以个人的名义向用人单位自荐谋求某一岗位或职务时，表明的有关事宜的一种实用性很强的事务文书。

2. 求职文书的种类

求职文书包括自荐信和应聘书。自荐信又称为求职信，是求职者根据自己的条件和意向，向可能聘用的单位发出的信；应聘书是求职者在已获知用人单位招聘的情况下写的信。有些用人单位在招聘的过程中为了能快速了解应聘者的基本情况，要求应聘者提供个人履历书（求职简历），所以，我们将个人履历书（求职简历）也放在本节加以介绍。

3. 求职文书的作用

一份成功的求职文书能够帮助求职者向用人单位有效地推介自己，有助于谋求和比较顺利地获得理想的工作职位。可以说，一份成功的求职文书是一个人走向成功之路的良好开端，对于一些急于找到理想职位、渴望成功的年轻人来说，尤为如此。

随着计算机网络技术的发展和网上招聘的流行，网上求职显得十分重要。网上求职有助于更加及时、方便地搜集、了解人才市场的需求信息，选择和确定自己的行动目标，也有助于更加快捷地传递求职文书和相关资料。计算机网络已成为人们征战职场的利器。作为求职者，尤其是年轻的学子，学习和掌握运用计算机写作求职文书，以及通过计算机网络求职的基本技能十分必要。

二、求职信

（一）求职信的概念和特点

1. 求职信的概念

求职信又称为自荐信，是求职者直接向用人单位介绍自己，并请求给予录用的信函。

随着市场竞争日益激烈，一个人要很快地找到一份工作较为困难，找一份理想、称心如意的工作则更难。如何在浩瀚的招聘广告中或在人才市场的众多摊位前，寻找目标、推销自己、让人了解、得到赏识，求职信已成为众多求职者的必备材料之一。求职信如同一块敲门砖，要能有效地推销自己、成功地叩开理想职业之门，因此写好求职信至关重要。一份出色的求职信，若再加上自身的有利条件，幸运之神很快会降临到你的身旁。反之，即使你有出色的条件，但求职信写得十分糟糕，或不能将自己的长处充分体现出来，机会在你的面前也会稍纵即逝。

2. 求职信的特点

求职信属于主动性的求职文书，即求职人在并不一定清楚用人单位是否需要招聘人员或者工作岗位是否符合本人求职意愿的情况下，主动向用人单位递交或发出的求职请求。这类求职文书往往具有一定的盲目性，求职者常常同时向多家用人单位发出信函。这种求职方式如果使用有效，求职者通常占有一定的主动权，一旦多家用人单位发出聘用意向，求职者有较大的选择余地。因此，在求职信中要充分展示自己的才能和以往的工作业绩，写清楚"我是怎样的人""为何来此自荐""我能干什么"等问题，以期引起用人单位的兴趣。

（二）求职信的格式与基本内容

求职信同其他信函一样，通常不加标题，它的结构由称谓、正文、结尾、祝语、落款和附件几部分组成。

1. 称谓

主要写单位名称或联系人、负责人姓名。如果是写给用人单位主管人或负责人的，应注意称呼的使用。一般说来，不知道对方职务时，使用泛称，如"××领导同志""××老师"等；若明确其职位，可称其职位"××经理""××厂长""××主任"；若是私营或三资企业，可称"××先生""××小姐""××女士"等。

2. 正文

这部分是求职信的重点，内容相对比较具体，考虑从以下几个方面去组织。

（1）个人情况简介。包括姓名、性别、年龄（或出生年月）、籍贯、婚姻状况、学历等。

（2）主要资历。求职人除附个人简历，还应在信的开头再次说明就读的学校、专业，列举学过的与职位有关的科目、课外进修情况、社会实践情况、在学校担任过哪些职务、取得的荣誉、获奖情况等。

（3）自荐目的。写清楚自荐的诉求，如自荐某岗位、某职务，自荐担任什么工作。自荐目的要明确、具体。

（4）有利条件。除了结合用人单位需求进行介绍外，还要介绍人无我有、人有我优的条件，如户口、住房、特长、懂多种外语、发表的论文或文章等。应多谈自己对该行业的兴趣，待遇要求不宜多提。

3. 结尾

主要向对方提出录用的请求，一般先写请求给予面试机会较为妥当，然后再表示感谢，或恳请对方给予回复等。

4. 祝语

与一般书信相同，要礼貌，不可过于随便。

5. 落款

在信的末尾右下方写"自荐人：×××"，然后写上年月日。如用打印机打出，在自荐人姓名处最好亲笔签名。

6. 附件

附件是用来证明自己身份、经历、才能和业绩的材料，一般采用个人简历的形式，同时附加一些证明自己的经历、才能和业绩的材料复印件。复印材料要选择最重要、最能说明问题的部分，不要贪多，避免芜杂，按简历内容顺序整理好，便于查验。要注意的是，千万不要忘记写上自己的地址和联系方式，以便让用人单位在必要的时候能在第一时间与你联系。

（三）求职信的写作要求

写求职信的目的是向用人单位推荐自己，以期获得用人单位的信任并达到求职的目的。从本质上讲，求职信是一种"自我推销"，具有商业广告的性质。因此在写作求职信时应该注意以下事项。

1. 态度要谦虚

求职信是求职人用来向用人单位"求"职的。一般说来，信函交际双方实际上处于一种不对等、不平等的地位。尤其在就业形势比较紧张的情况下，用人单位往往处于优势地位。因此，在仔细掂量自身条件与用人单位之间的平衡关系后，求职者首先应该端正态度。求职者的态度往往影响求职者的基本思想和语言的表达。在通常情况下，求职者的语气要谦恭、礼貌，表述要得体，用语要亲切；即便自身条件很好，也不可傲慢无礼，要表现出良好的教养和素质。对于迫切希望得到某个职位的求职者来说，在求职信中除了恭敬与礼貌外，在展示自身才能的同时，还应该表达一种恳切之情，力求以情感人，加深对方的印象。

2. 情况要真实

在求职信中所反映的个人面貌及其他相关情况应该真实，不得弄虚作假，不能夸大其词，言过其实。有多大才能讲多大才能，如没有什么特殊才能，可以避开不讲。表达要明确，不能模棱两可，闪烁其词，更不能夸夸其谈。用人单位招聘员工往往要面试，聘用员工还有试用期。如果求职者把并不具备的素质和能力作为标签贴在自己身上，迟早要露馅，到头来徒增烦恼，甚至还会导致用人单位对求职者的品格产生怀疑，影响个人的发展前途。

需要注意的是，如果用人单位是有西方文化背景的公司、机构，求职者在表述个人才能和业绩时应该表现得更加自信、更直接一些；而国内文化背景的用人单位则宜比较委婉、含蓄，不可过于张扬。文化背景的差异，思维方式以及价值观的不同，会导致用人单位的判断和衡量标准产生差异。因此，在撰拟求职信的过程中，针对不同的用人单位，求职者有必要在表述上作适当的调整。

3. 目标要明确

求职目标要明确。一方面，对自己希望获得什么职位要表达清楚；另一方面，对于自身从事相关工作，履行相应职责所具备的基本素质或特殊才能也应表述清楚。这样才有可能增强吸引力，帮助用人单位认识和了解自己，赢得信任，也才有利于获得心仪的职位。

目标定位要准确，不要过高，要恰如其分，要与自己的实际能力和工作经历相称。一次只宜选取一个目标职位，不要选择多个职位。

4. 条理要清楚

要写好求职信，一定要事先把有关问题弄清楚。对用人单位和自身都有一个明确的认识，在脑子里对需要表达的内容先进行一番整理和排列，理清思路，然后按照求职信的基本格式娓娓道来，一气呵成。一份比较像样的求职信，才有可能达到有力推销自己的目的。

5. 语言要简洁

语言表达是一个人的基本能力，也是人的综合素质的具体表现。由于求职信的特殊目的以及它所针对的特殊对象，决定了求职信的语言与其他文体有所不同，要做到文字十分简洁，表达朴实、通顺，不要使用修饰性词语，切忌出现错别字和语法错误的情况。通常招聘单位是不可能花很多时间来阅读求职信的，所以求职者必须通过尽可能简短的文字，把要说的话说完，把要表达的意思表述清楚。

6. 书写要端正，格式要规范，制作要朴素

对于一个书法功底较好的求职者来说，可以考虑采用手书求职信，否则最好采用电子打印的方式制作求职信。不论是手写还是打印，都必须注意基本格式，做到书面整洁、规范、清晰、悦目。求职信的制作要朴素大方，不必过于修饰。太过花哨的求职信常常会使人反感，甚至产生相反的效果。

例文

求 职 信

尊敬的领导：

恕我冒昧，向您自荐，如能拨冗审阅，不胜感谢。本人陈××，男，1994年8月生，中共

党员，未婚，身体健康。现就读于××经济大学会计系，硕士研究生，于2018年7月毕业。

在校期间，主修财务会计研究、现代审计研究、管理会计研究、决策学、管理控制系统等课程，成绩优良，连续两年获一等奖学金，并发表论文四篇（略）。

2016年7月曾在××会计师事务所实习，2017年7月在××××审计师事务所实习。通过实习，本人不仅熟悉了会计、审计方面的业务，还具备了优化资本结构、实施成本控制、组织纳税筹划、进行市场预测等一系列重要的经济管理能力。

本人现已获得计算机二级证书、英语六级证书，具有较强的英语听、说、读、写、译的能力。

本人为人热情、真诚，乐于助人，对工作认真负责，勤奋、敬业。本人爱好文学、音乐、书法（曾获大学生书法二等奖）。

本人愿从事会计、审计、公司理财及教师等工作。

望能得到贵公司的面试机会，再表深谢，谨祝

时祺

陈××敬上
2018年×月×日

附联系地址：××省××市××路××号××室

电话：××××××××××；×××-×××××××；邮编：（略）；E-mail：（略）。

三、应聘书

（一）应聘书的概念和特点

1. 应聘书的概念

应聘书是求职者根据用人单位发布的招聘广告、通知和其他有关信息，有目的地表达求职请求的信函。

应聘书与求职信是一个类型，同属于求职文书。但相对于求职信而言，其求职目标比较明确，对用人单位的用人条件和相关要求心中有数，减少了求职的盲目性，但与此同时又增加了求职的被动性，即必须依照用人单位的招聘条件有针对性地介绍自己，表达应聘请求。一般来说，求职者呈递应聘书是有针对性的单独传递，不像求职信那样群发。

2. 应聘书的特点

应聘书具有如下特点。

（1）明显的针对性。写应聘书的目的是向用人单位请求特定的工作职位，应聘的目标十分明确。招聘材料中对拟聘员工的素质、条件要求规定得十分清楚。应聘书就是围绕那些特定的条件和要求来写的，所以具有明显的针对性。应聘人对相关的要求心中有数，所以要针对求职的目标，揣摩招聘人员的要求和心理，把握书信的内容和语气。力求做到方向正确、内容集中，重点突出。

（2）强烈的自荐性。应聘书的诉求对象是确定的，即用人单位的人事经理、部门负责人或是招聘信息材料中指定的联系人。求职者必须向这个确定的对象介绍、推荐自己，要使对方从书信中了解自己，让对方觉得只有应聘书的主人才是最合适的人选。信中往往围绕给定的招聘条件比较充分地介绍自己的基本素质和成绩，有的放矢地表明自己胜任工作

的条件和能力。

（3）独特的个性特征。在比较活跃的人才交流市场和集中的招聘活动中，一个招聘职位的公布往往会得到许多求职者的响应，比较理想的职位尤其如此。用人单位在一段时间内会收到一大批应聘书。求职者要想在这样的竞争中取胜，只有通过应聘书展示自己的特长和优势，给对方留下深刻的印象，引起对方的高度注意，才可能脱颖而出。因此，应聘书在内容和形式上都应力避平庸，追求不同于他人的个性化特征，给用人单位以独特而深刻的印象。

（二）应聘书的基本格式和写作要求

应聘书和求职信一样属于书信体的求职文书，两者的格式大体相同，在写法上基本相同。但在写应聘书时要特别注意以下事项。

1. 称呼要十分明确

应聘书送达的对象是已经知晓的特定人士，所以开头的称呼不能含糊，应直接称呼"尊敬的王部长"或"尊敬的万经理"等。

2. 语气要亲切

因为诉求对象明确，应聘书的语气应与对方面对面交谈一样，非常自然亲切。

3. 紧扣目标

应聘的目标、要求明确。应聘书的内容必须对应相关职位招聘条件，有针对性地选择自身条件、能力和成绩中与特定条件相符的内容进行介绍。用诚恳的语言表明自己对目标职位的兴趣和认识，说明自己得到这个职位后能做出的特别贡献，以此赢得用人单位的好感和认可。

4. 突出特长

要根据职位目标，通过分析找准自己的优势条件，在应聘书中尽量展示自己的过人之处，扬长避短。只有超过其他应聘者，才有可能赢得先机。

例文

应　聘　书

鸿翔证券公司人力资源部
尊敬的刘经理：

您好！

我是华夏大学经济管理学院经济专业的一名应届本科毕业生。我于2月21日参加了贵公司在我校举办的校园招聘会，得知了研究部招聘分析员的需求。我希望应聘贵公司的"研究部分析员"一职。

我在兼职、实习期间一直关注中国金融市场的动态，对新兴证券公司尤为关注。贵公司在成立之时，我正在环邦信息咨询公司担任实习翻译，有幸采编过有关贵公司组建的背景新闻。贵公司领导团队由一批具有创新意识和进取精神的高素质人才组成，很有发展前途。最近又欣闻翟昊发这位研究分析明星被聘为贵公司研究部首席分析师，这样的工作团队正是我一直向往的。以下是我个人能力与工作、教育背景的综合简介。

- 良好的教育背景：我将于2017年7月获得华夏大学经济管理学院经济学专业经济

学学士学位。

●金融行业工作经验：在迅联金融培训公司任兼职分析员、环邦信息咨询公司担任兼职翻译，对金融、电子、通信等行业有较深理解。

●较强的沟通能力：在摄影协会及爱心社的社会工作中处理对外沟通及内部管理工作。

●扎实的个人技能：在兼职工作中经常使用英语，并用 Excel 及 PowerPoint 处理大量文案工作。

我希望凭借所掌握的相关工作经验和专业知识技能，以及自身的刻苦、进取精神，能为公司研究团队提供扎实的基础分析工作，更好地服务机构客户。

尊敬的刘经理，我非常希望能够得到贵公司的面试机会，请考察我在各方面的能力是否适合"研究部分析员"一职。

我的联系方式如下。

手机：139××××××××

电话：（010）××××××××

邮箱：Xiejianli@ 163. com

感谢您拨冗阅读我的求职材料。

顺颂

商祺！

谢建力
华夏大学经济管理学院经济学专业 2014 级
2017 年 5 月 16 日

地址：北京市东方路 978 号华夏大学 32 号楼 202 室

随函呈附：中英文简历各一份

四、个人履历书

（一）个人履历书的概念和特点

1. 个人履历书概念

个人履历书又称为个人简历，是一种用来简要反映和记录个人基本情况、学习、工作经历及相关成就的文书。

2. 个人履历书的特点

（1）真实性。个人履历书要简洁地记录和反映一个人的成长奋斗历史，它应该是十分真实的，有一说一，不得夸张和修饰。

（2）完整性。个人履历书要求非常清晰地记录一个人随时间变化而延伸的人生轨迹。一个人的以往岁月乃至接受教育情况、工作情况，甚至个人生活的有关经历，都要在履历书中得到全面反映。

（3）规范性。在我国，个人履历书通常被用来作为建立个人档案的重要内容，具有十分重要的价值，填写、收集和保存都有一整套严格规范的程序。这类个人履历书一般有固定的格式和规定的书写要求，并按要求填写和递交。

（二）个人履历书的主要内容

个人履历书的内容主要包括个人的基本情况、求职意向、教育背景、所受奖励、工作经历、培训进修经历、各类学校毕业实习评价及职业资格认证、个人兴趣特长等。

（三）个人履历书的写作方法

写作个人履历书是求职过程中的一个重要步骤，具体操作可以参考以下方法和要求。由于在写作和传递求职文书的过程中，面临的情况各异，有时候个人履历书作为求职文书和应聘书的附件使用，有时候个人履历书作为独立的求职文书呈递给用人单位。因此，在介绍个人履历书的写作方法时，凡与前面求职书和应聘书有关内容相交叉的，可以相互参照。

1. 采用"所能+所为+所成+所欲"模式

个人履历书是一个人真实情况的较全面的反映，所以一定要突出自己的能力、成就以及过去的经历。陈述自己的能力、经历和成绩的时候要尽可能准确，确保所写的内容与自身实际相符，还要在简历中明确地标明自己希望获得什么职位，即我能做什么（所能），做过什么（所为），有何成就（所成），想做什么（所欲）。高校毕业生通常缺乏社会实践经验。在表述自己的能力时，可以着重表述自己的学业成绩、毕业实习成绩，担任学生干部、在校期间兼职情况以及其他相关能力和表现。

2. 求职目标定位要明确

个人履历书有时候作为独立的谋职文书递交给用人单位。在这类个人履历书中，求职者一定要明确职位目标，定位要准确，表述要清楚，要有说服力。这种情况下，含糊、笼统、缺乏针对性的简历是没有什么用处的。此外，如果有多个求职目标，还应制作多份个人履历书，根据不同目标职位的要求，通过不同的个人履历书有所侧重地表现自己。

3. 要做简短小结

这是个人履历书中最重要的一个部分，"小结"可以写上你最突出的几个优点，采取特别列举的方式置于个人履历书的末尾。通常简单的几句话，往往最能引起用人单位的注意，而且有利于加深印象。

4. 个人履历书要简短

一般情况下，用人单位不可能花很多时间去研究个人履历书。在比较集中的招聘活动中，有关负责人通常只会用很短的时间扫视一下个人履历书即做出是否将相关求职人列入面试名单。鉴于此，个人履历书以一张 A4 纸效果最好，如果求职者有很长的职业经历，一张纸写不下，可以考虑写出最近 5~8 年的经历或组织一张最有说服力的履历书，删除那些说服力比较欠缺甚至无用的内容。

5. 个人履历书要朴素、爽目

这里主要是指个人履历书的表现形式。制作个人履历书时不必过分注重履历书的外在形式，但必须做到清楚、悦目。可以套用一些现成的个人履历书模板，也可以自行设计具有个性的履历书，但在形式上不宜过分复杂。制作一份好的个人履历书，关键还在于具体内容。当然，写作过程中可以采用一些简单的修饰，如注意留空白，用空白处和边框来强调正文，或使用各种字体格式，如斜体、大写、下画线、首字突出、首行缩进或箭头等等。个人履历书一般用打印机打印为宜。

6. 注意语言表达

作为附件的个人履历书，适合采用条款式写法，按照一定的表达顺序逐项陈述求职者的经历。这种履历书通常采用动词性语句，因此写作履历书时要注意词语的选择和句子的组织，要尽量使用有表现力的词语，努力提高履历书的说服力。履历书中不可出现错别字，否则会让人产生不好的印象。

7. 写完后要检查、修改

个人履历书写完后要反复检查和修改，确认做到了完整、准确、具有说服力方能定稿。个人履历书应能圆满地回答以下问题：是否能让用人单位尽快了解你的能力；是否表明了你的求职目标，是否表明了用人单位应该给你某个职位的理由。另外，还应改正所有的错别字和病句，删除多余的语句。

例文

个人履历书

个人概况：我是华夏大学经济管理学院经济学专业 2018 届毕业生，中共党员，未婚，北京市户口。将于 2018 年 7 月毕业。

求职意向：会计、审计、公司理财

姓名：×××	性别：男
出生年月日：1994 年 8 月 26 日	健康状况：良好
学历：本科	
毕业院校：华夏大学	专业：经济学
电子邮件：Xiejianli@163.com	手机号码：139××××××××

联系电话：(010) 12345678

通信地址：北京市东方路 978 号华夏大学 32 号楼 202 室　　邮政编码：100101

教育背景：2014 年 9 月—2018 年 7 月　　华夏大学　　学士　　经济学专业

主修课程：财务会计研究，现代审计研究，管理会计研究，决策学，管理控制系统，西方经济学，发展经济学，宏观经济管理学

毕业论文（设计）情况：××××（注明是否已发表）

基本技能：具有较强的英语听、说、读、写、译的能力

外语水平：大学英语六级（633 分）

计算机水平：已获全国计算机等级考试（NCRE）三级信息管理技术、网络技术、数据库技术证书

获奖情况：

2015 年 7 月、2016 年 6 月，获一等奖学金

2016 年 5 月，获××省××优秀共青团员光荣称号

2017 年 1 月，获××省大学生书法竞赛二等奖

实践与实习：

2016 年 12 月—2017 年 3 月　　××会计师事务所实习

2017 年 7—10 月　　××审计师事务所实习

工作经历：2014 年 6—8 月　　××商场工作

个性特点：为人热情、真诚、乐于助人。对工作负责、认真，勤奋、敬业。

附言：希望凭借我掌握的相关工作经验和专业知识技能，以及自身的刻苦、进取精神，能为公司的发展贡献力量。

第三节　介绍信　证明信　推荐信

一、介绍信

1. 介绍信的概念与作用

介绍信一般是机关团体、企事业单位用来介绍被派遣人员前往有关单位或部门办理事务的专用书信。介绍信具有介绍和证明的双重作用。

2. 介绍信的种类与写法

常用的介绍信大致有两种：手写式的介绍信和印刷带存根的介绍信。

（1）手写式的介绍信

这种介绍信一般用公文纸书写。信瓤格式的内容如下。

①开头。联系单位或个人的称呼，顶格写，称呼后加冒号。

②正文。另起一行，空两格写介绍信的内容：一是说明持介绍信者的姓名、年龄、政治面貌、职务。其中，年龄、政治面貌有时可不写。二是写明要接洽的事项和向接洽单位或个人提出的希望。这两个内容不必分段写。

③结尾。写祝愿和敬意的话，如"此致敬礼"等。

④署名。单位名称另起一行写在右下方，下面写上年、月、日，加盖公章。

信瓤写好后，装入公文信封内。信封写法与普通的信封写法相同。

（2）印刷带存根的介绍信

这是铅印成文的介绍信，有两联，一联是存根，另一联是外出用的介绍信正本，正中有间缝。这种介绍信按类别、号码排列使用。

存根部分：①第一行。正中写"介绍信"三个字，字体要大，后边用括号注明"存根"两个字。②第二行。在右下方写"××字××号"，如市人民政府的介绍信就印"市府字××号"，市审计局的介绍信就印"市审字××号"。"××号"是介绍信的页码编号。③开头。写联系单位或个人的称呼，后边加冒号，顶格写。④正文。另起一行，空两格写介绍信的内容：一是姓名，几个人，前往何处、何单位；二是具体说明办理什么事情，有什么要求等；三是年、月、日。不必署名，因为是存根，仅供本单位在必要时查考。

介绍信的间缝部分：存根与介绍信正文部分之间，有一条虚线，虚线上有"××字××号"字样。这里可照存根第二行"××字××号"写。号码要大写，"如壹佰叁拾捌号"，字体要写大一些，便于裁开后两边各有一半字迹。虚线的正中加盖公章。

介绍信的正本部分：①第一行，正中印"介绍信"三个字，字体要大一些。②第二行，右下方"××字××号"按照存根的内容填写。③开头，联系单位或个人的称呼，后边加冒号，顶格写。④正文，另起一行，空两格起写介绍信的内容：一是持介绍信者姓名、人数；二是要接洽的具体事项、要求等。这两项内容可不必分段写。⑤结尾，写祝愿或敬意的话，如"请接洽""请指教""请协助"等；后边写"此致"，再另起一行顶格写"敬礼"。⑥署名，单位名称，年、月、日，加盖公章。

信瓤写好后，装入信封内。信封写法同普通信封的写法相同。

3. 写介绍信的注意事项

（1）要填写持介绍信者的真实姓名、身份，不得冒名顶替。

（2）接洽和联系事项要写得简明扼要，办什么事就写什么事，与此无关的不写。

（3）要经领导过目或在存根上签字，以示慎重负责。

（4）重要的介绍信要留存根或底稿，存根或底稿的内容要与介绍信完全一致，并由开具介绍信的人认真核对。存根或底稿要留存，以备查考。

（5）书写工整，不得任意涂改，涂改处必须加盖公章，否则，对方可以不予接待。

例文

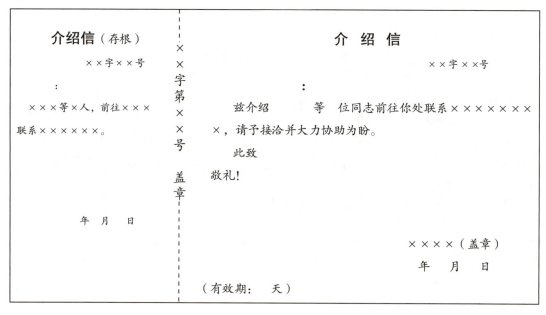

二、证明信

1. 证明信的概念与作用

证明信是以机关、团体、个人的名义凭确凿的证据，证明某人的身份、经历、表现或证明有关事件真实情况的专用书信。

证明信的内容应绝对真实、可靠。有的证明信具有长久的证明作用，归入档案中永久保存。

2. 证明信的种类与写法

证明信的种类可以分为以组织名义开具的证明信、个人写的证明信和外出者随身携带的证明信三种。

（1）以组织名义开具的证明信。这种证明信多数是证明曾在或正在本单位工作的员工的身份、经历或与本单位有关系的事件。其材料有的来自档案，有的来自调查研究。

组织证明信的格式与写法：①第一行，正中写"证明信"三个字。②开头，需要写对方单位的名称，顶格书写，名称后加冒号。③正文，另起一行，空两格写起。内容如复杂可分段写，简单的就不必分段。其内容主要是被证明的事项。要针对对方所要求的要点写，要你证明什么问题就写什么问题，其他无关的不写。如证明某人的历史问题，应写清人名、时间、地点及所经历的事情；如证明某一事件，要写清参与者的姓名、身份，及其在此事件中的地位、作用和事件本身的前因后果。总之，写清人物、事件的本来面目即可。④结尾，另起一行，顶格写"特此证明"四个字。⑤署名，在正文的右下方写证明单位的名称及出具证明的时间，并加盖公章。

例文

证 明 信

××××× ：

　　你单位×××同志，原是我厂技术员（党内任车间党支部委员），工作积极，认真负责，能密切联系群众，业务能力很强。

特此证明。

××公司××厂（盖章）
年 月 日

（2）个人写的（证明某人、某事真实情况）证明信。这种证明信，由个人写，证明的内容完全由个人负责。写时要严肃认真，仔细回忆，不得有丝毫的马虎。个人证明信的格式和写法与以组织名义所写的基本相同。但有些个人证明信，须由证明者所在单位签署意见。

例文

证 明

×××研究所：

　　你所研究员×××同志，一九四六年至一九四九年曾在××大学××系读书。在此期间他一心致力于学业，未参加任何组织。

特此证明。

×××（名章）
年 月 日

　　×××同志是我校××系教授，此证明材料供参考。

××大学党委组织部（盖章）
年 月 日

（3）外出者随身携带的证明信。因工作的需要，证明信由被证明者随身携带。它具有证件的作用，以保证被证明者的工作、生活、旅行等的正常进行。这种证明信的格式和写法与以上两种证明信的格式与写法基本相同，只是在证明信的结尾要注明有效时间，过期失效。

例文

证　明

　　我局×××，男，××岁，前往××省×××市×××研究所出差，希沿途有关单位协助解决食宿等问题。

××省××市人民政府××局（盖章）
年　月　日

有效时间：自××××年×月×日至××××年×月×日

---

3. 写证明信的注意事项

（1）证明信有时是作为结论的根据，因此，写证明信时，态度要严肃认真、实事求是、言之有据。对被证明的人和事，须有清楚的了解才可以书写。

（2）证明信的语言要十分准确，不得有半点夸饰；要清楚明白，不能模棱两可、含糊其辞。不能用红笔写。如有涂改，必须在涂改处加盖公章。

（3）任何类型的证明信件都要盖章，要留有存根，以备查考。证明信邮寄时，应予登记，并用挂号邮寄，以免遗失。

三、推荐信

1. 推荐信的概念与作用

推荐信是有关单位、团体或个人用来向其他单位、团体或个人推荐人或物品，以便对方任用或采纳的专用书信。

推荐信用以表达推荐方的意见和愿望，是提请对方作为参考和调查研究的一种依据。

2. 推荐信的种类与写法

推荐信根据推荐者的不同，分为自荐信和推荐信两种。自荐信是自己推荐自己；推荐信一般是由第三者来写。这里着重介绍推荐信。

推荐信的格式与写法：①标题。一般直接写"推荐信"即可。如果推荐是在专家和专家之间进行的，也可以没有标题，或者另加特殊的标题，如"××是计算数学研究领域的可用人才"等。②寄发对象。第二行顶格书写具体单位的名称，如"××人事处""××人力资源部"，也可以写给单位负责人，如"××负责同志""××经理"。在称呼之后要加冒号。③正文。另起一行，空两格写。内容大致有如下：一是写推荐信的缘由；二是介绍被推荐者的基本情况（如姓名、性别、年龄、政治面貌、学历、职务职称、经历等），以及被推荐的理由（被推荐者专长、成果、爱好、适合做什么、本人愿望等）。④署名。在正文的右下方写推荐人的姓名及推荐的时间。如果是单位推荐的，则应在署名处加盖公章。

3. 写推荐信的注意事项

（1）推荐信应实事求是，真实可信。应如实地介绍被荐者的情况，让用人单位对被荐者有比较全面的了解。如果一味夸奖优点，只字不提缺点，只会使人怀疑、生厌。

（2）语气要中肯，评介要恰当。

例文

推 荐 信

××公司：

　　我校物流管理专业毕业生×××，男，现年21岁，是我校品学兼优的学生。他各门专业课程成绩优秀；曾参加全国物流职业经理助理资格证书考试，并获得全国物流职业经理助理资格证书；在全省大学生英语演讲比赛中获得第六名的好成绩。他热爱物流工作，愿意到贵公司工作。作为他的辅导员，特向你们推荐。望能经过考核而录用。

××大学商学系教师：×××

××××年×月××日

第四节　贺信　表扬信　感谢信　慰问信　申请书

一、贺信

1. 贺信的概念与作用

　　贺信是表示庆贺的书信的总称。贺信一般用来表彰、赞扬、庆贺对方在某个方面做出的贡献，这类贺信具有表扬和慰问的特点，如祝贺重要的会议召开、某项工程的竣工或某一科研项目取得较大的成果等；也有对人的寿辰、婚姻喜庆表示祝贺的贺信。有些贺信是用电讯来传达的，又称为贺电。贺信可以直接寄给对方，也可以在报刊上登载，或在电台、电视台上播放。重要的贺信往往对广大群众有很大激励和教育作用。

2. 贺信的种类与写法

　　贺信有四种类型：一是上级单位对下级单位或所属员工发出的贺信，这种贺信有的是节日的祝贺，有的是对所取得的成绩表示祝贺，并提出希望和要求。二是同级单位之间的贺信，这种贺信除了表示祝贺之外，还表示要向对方学习，起互相鼓励的效果。三是下级单位、职工给领导机关的贺信，这种贺信除了表示祝贺之外，还表示下级单位或职工对完成某项任务的决心和行动。四是对重要领导人履新或对老人寿辰的贺信。

　　贺信的格式与写法：①标题。在第一行正中写"贺信"两个字。②称呼。第二行顶格写被祝贺单位或个人的称呼。若是写给个人的，要加相应的称呼，称呼之后加冒号。③正文。另起一行，空两格起写贺信的内容，可分若干段落写。首先，写当前的形势，说明对方所取得的成绩的社会背景，或重要会议召开的历史条件。其次，概括说明对方在哪些方面取得了成绩，并分析对方取得成绩的主观原因和客观原因。如果是祝贺重要会议的召开，应说明会议的内容及其重要性。如果是寿辰贺信，应精炼地、概括地说明对方的贡献和品德。再次，表示热烈的祝贺、赞颂，还要写出祝贺者的决心和准备怎么办。最后，写热情的鼓舞、殷切的希望和双方的共同理想。④结尾。写上表示祝愿的话，如"祝争取更大的胜利""祝大会圆满成功""祝您健康长寿"等。⑤署名。在正文的右下方写上发信单位或个人姓名，并写上年、月、日。

3. 写祝贺信的注意事项

（1）表示祝贺的感情要饱满、充沛，给人以鼓舞力量。冷冰冰的陈述是表达不出祝贺者的心愿的。

（2）贺信的内容要实事求是，评价成绩要恰如其分，表示决心要切实可行。不可言过其实、空喊口号。

（3）语言要精练、明快、通俗、流畅，不能堆砌华丽的辞藻，篇幅要短小。

例文

中共中央 国务院致北京第 24 届冬奥会中国体育代表团的贺电

中国体育代表团：

在北京第 24 届冬季奥林匹克运动会上，中国体育代表团表现出色，勇夺 9 枚金牌、4 枚银牌、2 枚铜牌，取得了我国参加冬奥会的历史最好成绩，为祖国和人民赢得了荣誉，为成功举办北京冬奥会做出了重大贡献。党中央、国务院向你们表示热烈的祝贺和亲切的慰问！

在本届冬奥会上，你们牢记党和人民嘱托，新春伊始出征，敢于拼搏、同心同力，全项参赛、全力争胜，圆满完成比赛任务，实现了运动成绩和精神文明双丰收，祖国和人民为你们取得的成绩感到自豪。你们在奥运赛场展现出新时代中国运动员的精神风貌和竞技水平，以实际行动落实拿道德的金牌、风格的金牌、干净的金牌的要求，生动诠释了奥林匹克精神和中华体育精神。你们同世界各国各地区运动员相互切磋、相互激励，共享冰雪盛会，促进了交流，增进了友谊。你们的出色表现进一步促进了我国冰雪运动的发展，进一步激发了海内外中华儿女的爱国热情，为全党全国各族人民在全面建设社会主义现代化国家新征程上凝心聚力、团结奋斗注入了精神力量。

当前，全党全国各族人民正在意气风发地向着第二个百年奋斗目标迈进。希望你们以习近平新时代中国特色社会主义思想为指引，牢记初心使命，发扬光荣传统，不断提升我国竞技体育综合实力，提高为国争光能力，为巩固和扩大"带动三亿人参与冰雪运动"成果、加快建设中华体育强国，为实现中华民族伟大复兴的中国梦做出新的更大的贡献。

中共中央

国务院

2022 年 2 月 20 日

例文

贺　信

××××食品有限公司：

欢歌笑语庆盛世，面塑奇葩铸未来。欣获××市面塑艺术协会成立，倍感欣慰和自豪，特致贺信，表示衷心的祝贺。

面塑艺术依托民俗而生，顺应时代而变，变则活。××市面塑艺术协会的成立正是顺应了时代的要求，必将以浓郁的地方韵味、成熟完善的传承技法、开拓创新的现代思维，吸引着众人的目光，××面塑艺术的明天会更加辉煌，永远俏立于民间艺术之林。

预祝××市面塑艺术协会成立大会圆满成功，祝愿××××食品有限公司生意蒸蒸日上。

××××大酒店

20××年×月×日

例文

××县××老人百岁寿辰贺信

尊敬的××老人：

欣闻今天是您的百岁生辰，在这大喜的日子里，我谨代表个人及县委、县政府，向您及家人表示热烈的祝贺和诚挚的问候！您的身上，闪耀着中国妇女勤劳、俭朴、贤惠、善良、诚实、正派的高贵品质。您健康乐观的心态、崇尚节俭的美德、艰苦奋斗的精神，是我们学习和传承的美德，更是建设美丽幸福××宝贵的精神财富。

衷心祝愿您健康长寿！

×××（县长）

××××年×月×日

二、表扬信

1. 表扬信的概念与作用

表扬信是一种表扬个人或集体先进思想、高尚风格、模范事迹的书信。目前，我国正迈上全面建设社会主义现代化国家新征程，需要大力弘扬民族文化，树立高尚的道德观念，于是表扬信的作用就越来越大，可以通过表彰好人好事、发扬爱国主义精神，加速实现社会主义现代化强国的目标。

2. 表扬信的种类与写法

表扬信大致有两种：一是以领导机关或群众团体的名义表彰其所属的单位、集体、个人。这种表扬信可以在授奖大会上由负责同志宣读，也可以登报、广播。二是群众之间的互相表扬。这种表扬信不仅赞颂对方的好品德、好风格，也有感谢的意思；如果双方互相熟悉，可直接寄给本人或所属单位；如果双方并不熟悉，可以将表扬信寄给报社，请编辑同志帮助转寄或刊登在报纸上。

表扬信的格式与写法：①标题。在第一行正中写"表扬信"三个字。②称呼。第二行顶格写被祝贺单位或个人的称呼。若是写给个人的，要在姓名之后加上"同志""先生"等字样。称呼之后加冒号。③正文。另起一行，空两格起写表扬的内容。首先，交代表扬的缘由。重点叙述人物事迹的发生、发展、结果及其意义。叙述要清楚，要突出最本质的方面。事实本身就具有很大的说服力，因此，要让事实说话，少讲空道理。其次，在叙述的基础上，可以加上适当的议论，给予热情的赞扬，并表示向被表扬者学习。④结尾。如果是写给被表扬者的所在单位或领导的，可提出建议，如"在×××中加以表扬""×××同志的优秀品德值得大家学习，建议予以表扬"等。如果是直接写给本人的，则要适当谈些"深受感动""值得我学习"等方面的内容。⑤最后要写上表示祝愿的话，如"谨表谢意""向你学习""祝好""此致敬礼"等。但是要注意的是，这里的"谨表""向你""祝""此致"等字写在末尾，其余的字如"谢意""学习""好""敬礼"等字，要另起一行，顶格写。⑥署名。写上单位或个人姓名。如果以个人名义写的表扬信，应在后边详细写明发信人的地址，签上自己的姓名，并在下方注明年、月、日。

3. 写表扬信的注意事项

（1）在表扬信中，要充分地反映出对方的可贵品质、动人事迹，做到见人、见事、见精神。不能以空泛的大道理代替突出的动人事迹。

（2）在表扬和赞颂时，要恰如其分、实事求是，不要以偏概全。哪件事好，便表扬哪件事，既不夸大，也不过谦。

（3）表扬信的语气要热情、恳切，情尽文畅。文字要朴素，篇幅要短小。

例文

表 扬 信

××××旅行社：

贵社导游刘××先生在带团游庐山期间，遵纪守法，服务热情，细致周到，讲解清楚生动，给我们留下了美好的印象。

他热情大方、知识丰富、多才多艺，在长途旅行车上，为客人们讲故事、唱歌、说笑话、介绍沿途风光，车厢里欢歌笑语，洋溢着欢乐的气氛。

在爬山过程中，他不顾自己疲劳，跑前跑后，扶老携幼，累得满头大汗。他把自己的水分给小游客喝。为了游客的安全，他站在悬崖边上搀扶老人和小孩。他对客人的关心和照顾不是亲人胜似亲人，大家十分感动。

在介绍景点时，他业务纯熟，庐山景点的历史、传说故事，如五老峰、白鹿洞、含鄱口、鞋山、如琴湖、三叠泉、秀峰、怪石、云海、陶渊明、李白等，被他讲得活灵活现，我们听得津津有味，也真正体会到了庐山之美。我们不仅增长了知识，而且更爱祖国的大好河山了。

在与刘××先生分别的时候，大家相互签名留念，互相握手拥抱，依依不舍、难离难分。大家恳切希望贵旅行社对刘××先生的高素质、高水平、高质量的导游服务给予奖励。下次我们来江西旅游，还请贵社刘××先生做导游。

再次谢谢刘××先生，谢谢贵旅行社。

山西××公司庐山之旅团

钱××、吴××等二十人

××××年×月×日

三、感谢信

1. 感谢信的概念与作用

感谢信是对单位或个人给予的关怀、帮助、支持、祝贺或勉励等表示感谢的一种书信。它的对象及事迹，一般都和写感谢信的人有直接的关系，所以应满怀感激之情把对方的好思想、好作风和光荣事迹概括地写出来，然后再表达谢意和向对方学习的决心，感谢信不仅有感谢的意思，而且有表扬的意思。感谢信可以张贴，也可以送交报社、电台、电视台刊登或播出。

2. 感谢信的种类与写法

感谢信的使用范围很广，感谢帮助、感谢祝贺、感谢鼓励、感谢捐赠、感谢探访，都可以使用。

感谢信的格式与写法：①标题。在第一行正中写"感谢信"或"致××××的感谢信"等字。②称呼。第二行顶格写被感谢单位的称呼或个人的姓名。若是写给个人的，要在姓名之后加上"同志""先生"及相应的称呼。称呼之后加冒号。③正文。从第三行空两格起，写感谢的内容和感激的心情。首先简要说明自己感谢的原因，如感谢帮助、感谢捐赠等。其次，简述对方给予的关怀、帮助、鼓励等，以及这些关怀、帮助等产生了怎样的作用、效果，并表示感谢。最后，表明自己向对方学习的态度、决心，也可以写自己今后的努力等。④结尾。写上表示敬意、感激的话，如"此致敬礼""致以最崇高的敬意""致以最诚挚的谢意"等。⑤署名。写上单位名称或个人姓名，并在下方注明发信的年、月、日。

3. 写感谢信的注意事项

（1）要把被感谢的人物和事件准确、精当地叙述清楚，使对方能够回忆得起来，组织也能具体了解是什么人、在什么时间、什么地点、做了什么好事，有什么好的影响。

（2）在叙述过程中，要怀着感激之情加以议论、评价，以便突出其深刻的含义。

（3）表示感谢的话要使用得体，符合双方的身份，如年龄、性别、职业、境遇等。特别是要根据对方的具体情况表示谢意。感情要真诚、朴素，表达谢意的行动，要符合实际，说到做到，切实可行。

（4）文字要精练，评价要恰当，篇幅不能太长。

例文

教师节致全体教师的感谢信

敬爱的老师：

您好！

几载寒暑，桃李芬芳。

第二十四个教师节在这硕果累累的金秋中悄然而至。值此喜庆之日，请允许我们代表哈尔滨工业大学全体学生真诚地道一声：老师，您辛苦了！祝您教师节快乐！

斗转星移，难忘您数千个日日夜夜的陪伴；岁月长河，难忘您兢兢业业、孜孜不倦、无怨无悔的镇定容颜。您用思想的魅力和智慧的光辉开启我们愚钝的心智，用博大的胸怀和高尚的品德感染我们生活的点滴，用深厚的学术造诣和敏锐的学术思想引导我们的学业。是你们拼搏的汗水造就了如今生机勃勃、欣欣向荣的哈工大，是你们无私的奉献培育了一代又一代自强不息、不断进取的哈工大学子。

难忘记那一个个满怀自信的身影，站在这三尺见方的讲台上，滔滔不绝，引经据典，谈笑间引领我们攀登知识的高峰；难忘记那一位位满腹经纶的大师，虽已白发苍苍却依然挺直了脊梁告诉我们应该如何"修身齐家治国平天下"；难忘记实验室里通宵不灭的盏盏明灯，灯光下映照着的面容无不洋溢着对知识的热爱与真诚！

师恩难忘。请老师们放心，我们新一代的哈工大学子将继续秉承"规格严格，功夫到家"的校训，携手奋进，为把校园装点得更加美丽、为哈工大美好的明天而不懈努力！

在这里，我们仅以一纸薄薄的慰问来表达我们深深的祝福，献上我们最诚挚的敬意，祝愿老师们节日愉快，工作顺利！

哈尔滨工业大学学生会

哈尔滨工业大学研究生总会

2008 年 9 月 9 日

例文

感 谢 信

××电缆有限公司于××××年×月×日在南京举行隆重开业典礼，其间收到全国各地许多同行、用户以及外国公司的贺电、贺函和贺礼。上级机关及全国各地单位的领导，世界各地的贵宾，国内最著名的电缆线路专家等亲临参加庆典，寄予我公司极大的希望，谨此一并致谢，并愿一如既往与各方加强联系，进行更广泛、更友好的合作。

××××电缆有限公司

董事长：×××

总经理：×××

××××年×月×日

例文

感 谢 信

全校捐款的师生：

衷心感谢你们的慷慨解囊和无私帮助。

我院××同学是不幸的，在人生最灿烂的时候却与病魔羁绊前行；但他又是幸运的，因为有我校广大师生最纯洁的爱心在伴他同行。××，一个普普通通的大学生，出生在一个农村家庭，被查出患上尿毒症，急需肾移植手术来挽救生命，但其家庭贫寒，无力承担巨额医疗费用。在他们一筹莫展的时候，是我们大家，我们所有关爱他的老师同学给了他新的希望——生命的希望。你们的善行义举极大鼓舞了在病榻上与病魔争斗的××同学，也让每个参与其中的人看到了希望的曙光。我们相信，有大家的祝福、关爱与帮助，××同学会创造出生命的奇迹。

在学院领导的关心下，美术学院团委、学生会在全校范围内发起了"生命无情人有情我为校友献真情"的募捐倡议活动。这犹如冬日里最灿烂的一缕阳光，照亮了我们每个师大学子的心怀，那如波涛汹涌般的爱的暖流久久地在我们每个人的内心深处涤荡。此次捐款活动共持续半个月时间，截至×月×日，共募集善款××××××元人民币。目前，所有捐款已经递交到××及其家人手中。

××同学目前状况良好，正在某医院接受透析治疗，等待肾源，准备手术。相信他一定会创造生命的奇迹，重新站起来，因为有这么多爱的托付和期望，因为他的自信和坚强！

我们感谢所有捐献善款的老师和同学们，感谢你们的爱心捐助，是你们给了××重新拥有生命和美好人生的希望！在此，我们谨代表××同学及其家人向所有奉献爱心的人们致以最诚挚的谢意！谢谢你们！

美术学院团委、学生会

2020 年 1 月 9 日

四、慰问信

1. 慰问信的概念与作用

慰问信是党政机关、团体和人民群众向在建设和保卫祖国中做出优异成绩的同志表示慰问、鼓励、关切，对遭遇意外损失的灾区、单位或个人表示关心和问候的专用书信。

慰问信具有针对性、鼓动性的特点，针对对方的业绩或困难而写，用饱含感情的语言激励对方，期望对方进一步做好工作。慰问信在社会生活中有巨大的作用：喜庆之日对有关人员给予鼓励，对有贡献人员给予表彰，对遭遇困难的人给予安慰，体现了组织和集体的温暖，反映了同志间的情谊，给人以奋发前进的信心、克服困难的勇气和勤奋工作的力量。

2. 慰问信的种类与写法

根据慰问信的适用范围，可将慰问信的种类分为三种：一是向付出辛劳、做出贡献的集体或个人表示慰问，鼓励他们戒骄戒躁，继续前进；二是向遇到巨大困难，遭受重大损失的地区和群众表示同情和安慰，鼓励他们增强信心，奋发努力，战胜困难，改变现状；三是在传统节日向全体人民或特定对象问候，表示祝贺。

慰问信格式和写法：①标题，一般在第一行正中写"慰问信"即可，也可在"慰问信"之前加上慰问对象以构成标题，如"致全国环卫工人的慰问信"等。②称呼，即慰问对象，一般都是对某一类人员的泛称，如"全国环卫职工同志们""全县卫生系统职工同志们"等；称呼后面加冒号。③正文，正文分为三个部分：一是开头，一般交代慰问的背景，如节日来临、事故发生或工程完工等情况，然后表示问候或同情之意。二是主体，叙述主要事实，历数重要成绩与贡献，或者事故情况与后果，特别要重点写明慰问对象在工作或灾害面前努力工作、英勇奋斗的事迹。三是结尾，主要提出希望，予以鼓励。④署名，在正文的右下方署明发信单位名称或个人姓名及发信日期。

3. 写慰问信的注意事项

（1）要向对方表示出无限亲切、关怀的感情，使对方有情谊深厚、温暖如春的感觉。

（2）在热情地赞颂对方的可贵精神的同时，殷切地提出希望，鼓励他们继续前进。

（3）语气诚恳、真切，文字要朴实、精炼，篇幅要短小。

例文

致全国环卫工人的慰问信

全国环卫职工同志们：

金秋十月，在党的十八届六中全会胜利召开之际，我们迎来了 10 月 26 日这个重要日子。1959 年的今天，国家主席刘少奇亲切接见全国劳动模范、淘粪工人时传祥，开启了党和国家高度重视环卫工人的崭新篇章。在这个值得纪念的日子，中华全国总工会、中华人民共和国住房和城乡建设部谨向一直以来辛勤工作的广大环卫工人致以崇高的敬意和亲切的慰问，向长期关心和支持环卫事业的社会各界人士和环卫工人亲属表示诚挚的感谢！

长期以来，广大环卫工人发扬"宁愿一人脏，换来万家净"和"特别能吃苦、特别能战斗、特别能奉献"的行业精神，脚踏实地、勤勉劳动，栉风沐雨、默默奉献，谱写了新时代的劳动者之歌，为创造整洁文明的城市环境、彰显城市的形象与品位做出了巨大贡献。

党和国家历来重视环卫工作，重视保障落实环卫工人权益。特别是党的十八大以来，以习近平同志为总书记的党中央进一步重视环卫工作、关心环卫工人。2013 年，习近平总书记到北京市西城区帕口清洁站慰问一线工人，赞誉环卫工人是"城市美容师"，要求全社会尊重环卫工人、珍爱生活环境。今年 4 月 26 日，习近平总书记在与知识分子、劳动模范、青年代表座谈时强调，劳动没有高低贵贱之分，任何一份职业都很光荣。党中央、国务院的重视关心，有力促进了环卫事业发展，形成了尊重环卫工人的良好社会氛围。

目前，全国已有16个省（自治区、直辖市）、400 多个城市设立了环卫工人节。2016年是全面建成小康社会决胜阶段和"十三五"开局之年，也是落实中央城市工作会议精神的第一年。转变城市发展方式，提高城市治理能力、提升城市人居环境质量和城市竞争力，离不开环卫事业的持续健康发展和广大环卫工人的不懈努力。各级环卫主管部门、工会组织要深入贯彻落实党中央、国务院的重大决策部署，牢固树立并切实贯彻创新、协调、绿色、开放、共享的发展理念，深化环卫体制机制改革，提升环卫作业服务水平，积极推进环卫工人爱心驿站建设，切实保障环卫工人合法权益。希望社会各界继续关注、支持环卫事业充分尊重、关爱环卫工人，倍加珍惜、维护环卫成果，给环卫工人创造更好的工作条件和环境。

希望广大环卫工人继承优良传统，大力弘扬劳模精神、劳动精神，爱岗敬业、勤奋工作，锐意进取、勇于创造，在宽广舞台上展示自己的人生价值，在平凡岗位上创造不平凡的业绩，为实现"两个百年"奋斗目标、实现中华民族伟大复兴的中国梦做出新的贡献。

祝全国广大环卫工人节日快乐、幸福安康！

中华全国总工会

中华人民共和国住房和城乡建设部

2016 年 10 月 26 日

例文

致奋战在疫情防控一线工作者的慰问信

全镇疫情防控一线的同志们：

大家新年好！

今天是大年初十，本是新年伊始。但这个春节大不寻常，面对突如其来的疫情，你们早早放弃了与家人团聚的机会，从疫情警报拉响之时，就持续奋战在疫情防控第一线，为保障人民群众生命安全和身体健康做出了极大的努力！在此，我谨代表×××镇党委、人大、政府，向你们致以崇高敬意！向你们以及在背后默默支持你们的家人致以衷心的感谢！

非常之时必有非常之人，非常之事见证非常之情。是你们，全镇各村社干部，自始至终战斗在抗击疫情的最前线，一家一户上门排查、核实、宣传、管控、值守，用脚步丈量民情，真正做到守土有责、守土尽责。全体机关事业干部，镇党委一声号令，立即返航，与村干部并肩作战，既当指导员，又当战斗员，在现场发现问题，在现场抓好落实，有力推动了各项工作。是你们，驻镇各站所的工作人员，在寒风冷雨中排查每一辆入城车辆，冒着极大的风险开展消杀工作，协同 24 小时守卫隔离点，在大屏幕后默默为疫情防控提供大数据支撑，始终密切配合开展工作。

在这场无声的战役中，谁都不是旁观者。还有这么一群人不断加入战斗。区委直属机关工委从 11 个区直属机关抽调 40 名区级机关干部下沉到我们村社参与疫情防控工作中，帮助我们查漏补缺、共渡难关。商会、新联会、业主、党员、志愿者有钱的出钱，有力的出力，为我们送上消毒药品，参与走访宣传，帮助我们渡过难关。哪里有困难，哪里缺人手，就往哪里上。还有镇所辖的大小企业，为了抗击疫情，延迟开工，即使遭受经济损失也没有丝毫怨言，为减少疫情扩散争取了时间。我们，不是孤军奋战！

当前，疫情的警报仍未解除，我们多一份担当，疫情就少一份肆虐，群众就多一份安康。希望大家秉持对人民群众极端负责的态度，继续发扬迎难而上、甘于奉献、顽强拼搏、连续作战的优良作风，充分发挥基层党组织战斗堡垒作用和党员的先锋模范作用，坚定信心、科学应对、众志成城，切实把责任落到每个岗位，把担当体现在每个环节。

"爱人者，人恒爱之"。镇党委、镇政府将进一步加强组织领导，完善工作机制，继续有力有序做好疫情防控工作，始终心系你们的安全和健康，采取一切必要措施为你们开展工作提供有力支撑和坚强保障。同时，请你们在紧张繁忙工作的同时，务必加强自我保护，确保健康平安。

"长风破浪会有时，直挂云帆济沧海"。没有一个冬天不可逾越，春天终会到来。大家要坚信，有以习近平同志为核心的党中央坚强领导，有省市区委、省市区政府的周密部署，有我镇广大党员干部群众的勠力同心，我们一定能够取得疫情防控的最后胜利，一定能够守护好美丽家园。

镇党委书记：×××

2020 年 2 月 3 日

五、申请书

1. 申请书的概念与作用

申请书是个人或集体向组织表达愿望，向机关、团体、单位领导提出请求时使用的一种文书。其使用范围非常广泛，个人对党团组织和其他群众团体表达志愿、理想和希望，可以使用申请书；个人在学习、工作、生活上对机关、团体、单位领导有所要求时，可以使用申请书；下级在工作、生产、学习、生活等方面对上级有所请求时，也可以使用申请书。因此，申请书就成了沟通个人与组织、个人与领导、下级与上级的一种手段。它不仅可以把个人或单位的愿望、要求向组织或领导表达出来，让组织和领导加深对自己或下级的了解，争取组织和领导的帮助与批准，而且可以密切个人与组织、个人与领导、下级与上级的关系，使干群之间、个人与组织之间、个人与领导之间、下级与上级之间形成联系紧密、协调一致的整体，促进社会主义现代化建设。

2. 申请书的种类与写法

　　申请书是一种专用书信，它与一般书信一样，是表情达意的一种工具；但是它与一般书信又有区别。一般书信大部分是个人与个人之间互通情况、交流感情、交换意见、研究工作、商量事情时使用的，内容比较广泛，既可以谈公事，也可以谈私事，谈一件或几件事都可以；而申请书则是个人或下级对上级或组织、机关、团体、单位有所请求时才使用，一般是一事一书，内容比较单纯。

　　申请书的格式与写法：①标题。在第一行正中写"申请书"，有的则根据申请书的内容，标明具体名称，如"入党（团）申请书""开业申请书"等。②称呼。第二行顶格写接受申请书的组织、机关、团体、单位的名称或有关负责同志的姓名。如"党（团）支部""校领导""××同志""尊敬的先生、女士"等。名称后面加冒号，表示下面有话要说。③正文。要写清所申请的事项和理由。正文要从接受申请书的组织和领导名称下一行空两格处写起，申请的事项和理由最好分段写，每段开头都要空两格，这样既保证了内容的单一性和完整性，又条分缕析，使人看起来容易把握要领。如果申请的理由比较多，可以从几个方面、几个阶段谈认识，也可以分段写。这样就可以使申请书有条有理、眉目清楚。④结尾。申请书可以有结尾，也可以没有结尾。结尾一般是写"此致敬礼"之类表示敬意的话，或者是"敬祈核准""请领导批准"等语。⑤署名。在正文的右下方写申请人或申请单位名称并盖上公章，最后在其下方写明具体日期。

3. 写申请书的注意事项

　　（1）要把申请的事项和理由写清楚，使接受者能透彻地了解申请人或申请单位的意愿、要求和具体情况，以便研究处理。如果对申请的事项和理由交代不清，甚至根本没有交代，就会影响组织或领导的研究处理。

　　（2）要考虑对象。申请书是让接受申请书的组织或领导看的，所以必须从这一特定的读者对象出发来确定申请书的内容。如哪些该说，哪些不该说；哪些应该这样说，哪些应该那样说。接受申请书的人已经了解的事情，可以少说或者干脆不说；对方不太了解而又有必要说明的地方，就要说清楚。如果所写的不是第一次申请，再写申请时就不必重复上次的内容，可以在原有申请的基础上或者强调，或者补充，或者修正。

　　（3）申请书是一种应用文体，主要用叙述的方法，语言要准确，文字要朴实，交代要简洁明了。只要能把自己的意思表达准确、清楚，让人能看懂就行，切忌浮泛冗长、东拉西扯、故弄玄虚、有意渲染。没有实际用处的话说多了，反而会冲淡申请书的主要内容。使用生僻、深奥的语言文字，会造成组织或领导理解上的困难，甚至误解。

　　（4）字迹要工整，标点符号要使用正确；否则，会造成理解上的困难，还可能给人以不严肃、不懂礼貌的印象。

例文

开业申请书

市工商局：

　　我是一名营销专业的大学本科毕业生，2021 年 7 月毕业后一直没有找到合适的工作。经过半年来的市场调查，我发现我市的科技、文教图书发行具有很大的市场潜力，萌生了开办书店的念头。为了减轻国家的负担，给社会做点贡献，充分发挥自己所学专业的特长，我申请开办"长江科技文教书店"。目前，在亲友的帮助下，我已经筹集到五万元的开办资金，联系了有关图书出版社，并在本市长江路258号租下店铺。请市工商局根据国家有关鼓励大学生自主创业的政策，批准我的要求，发给营业执照。

开业后，我保证：遵守国家的政策、法令，维护市场秩序；按章交纳税金；服务热情周到，让顾客满意；尽量为读者提供最新的科技文化新书，满足读者的需要，为我市的精神文明建设做出应有的贡献。

敬祈核准。

申请人 ×××

2022年2月21日

例文

入党申请书

尊敬的××大学党组织：

敬爱的党组织，今天我郑重地递上申请书，是我人生历程中最庄严神圣的一件事，是我在入党前对人生的一次宣誓。若党组织在严格审查后能予以批准，我将认真履行党章上所要求的一切，严格要求自己，接受党组织和同志们的监督，严于律己、勤奋进取，努力做一名合格且先进的共产党员，为党的事业、为我国的社会主义现代化事业贡献我毕生的精力和热血。

我自愿要求加入中国共产党，因为共产党是中国工人阶级的先锋队，是中国各族人民利益的忠实代表，是中国社会主义事业的领导核心。

中国共产党以马克思列宁主义、毛泽东思想、邓小平理论、"三个代表"重要思想、科学发展观和习近平中国特色社会主义思想作为自己的行动指南。马克思列宁主义揭示了人类社会发展的普遍规律，分析了资本主义制度本身无法克服的固有矛盾，指出社会主义必将代替资本主义，共产主义必将在全人类实现。中国共产党人把马克思列宁主义普遍真理与中国具体实践相结合，形成关于中国革命和建设的正确的理论原则和经验总结。

实践证明，中国共产党是伟大、光明、正确的党。它善于在实践中不断总结经验，完善自己，保持正确的航向；它一切从实际出发，将理论联系实际、实事求是；它全心全意为人民服务，把群众利益放在第一位，同广大人民同甘共苦；它坚持民主集中制，充分发挥各级党组织和广大党员的积极性和创造性；它实行民主的科学决策，制定和执行正确的路线、方针和政策；它坚持四项基本原则，从严治党、发扬党的优良传统和作风，提高党的战斗力；它维护和发展国内各民族的平等、团结、互助关系，坚持实行和不断完善民族区域自治制度，帮助少数民族地区发展经济、文化，实现各民族的共同繁荣和全面进步；它积极团结各民主党派、无党派人士、各种爱国力量，加强同港、澳、台同胞的联系，按照"一国两制"的方针，完成祖国统一大业；它积极发展对外关系，在国际事务中，坚持独立自主的和平外交政策，反对霸权主义和强权政治。

我生在新中国，长在红旗下，党的教育伴随我走过了21年的人生历程。还在孩提时，电影里、课本上革命先烈的英勇行为，便使我感受到了党的神圣和伟大。那鲜艳的党旗如熊熊燃烧的烈火，温暖着我的心窝。我常常梦想着自己有一天也能站在党旗下，向党宣誓，成为一名优秀的中国共产党党员。在那时，我已深深地懂得正是那金色的镰刀和锄头砸碎了禁锢在劳动人民身上的铁链，打破黑暗旧社会的枷锁，推翻了几千年来压在中华民族头上的三座大山，是中国共产党给处在水深火热中的中华儿女带来了新生活。

本人加入党的愿望由来已久。这种愿望不是一时冲动，而是发自内心深处的一种执著与崇高的信念，这种信念给了我克服一切障碍、追随中国共产党建设社会主义中国的勇气、信心和力量。即使组织上认为我尚未符合一个党员的资格，我也将按党章的标准，严格要求自己，总结经验，寻找差距，继续努力，争取早日加入党组织。

请党组织在实践中考验我！

此致

敬礼！

申请人：×××

××××年×月×日

第五节　欢迎词　欢送词　答谢词

人生在世，必然会有各种各样的交际活动。主人在"宾至"或"宾归"之时出于礼仪的需要，会致欢迎词或欢送词。宾客为了答谢主人的盛情款待，在主人致辞后，也常常会致答谢词。

一、欢迎词

1. 欢迎词的概念与特点

欢迎词是党政机关、企事业单位、社会团体在迎接宾客到来的仪式上，欢迎友好团体或个人来访时致辞所用的讲话稿。在国际和国内的各种交往活动中，为了对宾客的到来表示热烈的欢迎，往往举行规模不等、形式不同的欢迎仪式。在仪式上，主人往往致欢迎词。

这种礼仪文书的特点是：感情真挚，语言文雅大方，内容精要，篇幅简短，一般不涉及具体的细节问题，重在表示热情友好的交往态度。

2. 欢迎词的写法

欢迎词一般由标题、称呼、开头、主体、结尾五个部分组成。

（1）标题。欢迎词的标题有两种。一种是直书"欢迎词"即可；另一种是由活动内容和文种构成，如习近平主席《在北京 2022 年冬奥会欢迎宴会上的致辞》。

（2）称呼。称呼写在开头的顶格处，后加冒号。称呼根据情况可以具体化，也可以笼统一些。具体化的可以写为"尊敬的×××先生（女士）"，笼统的可以写为"尊敬的女士们、先生们"。

（3）开头。开头通常应说明现场举行的是何种仪式，发言者代表什么人或组织单位，向哪些来宾表示欢迎。

(4) 主体。主体部分一般要阐述和回顾宾主双方在共同领域里所持有的共同立场、观点，共同的目标，共同遵守的原则，或具体地介绍来宾在各方面的成就、贡献，同时要指出来宾本次到访对双方的友谊与合作具有何种历史意义和现实意义。

(5) 结尾。在结尾处要再次对来宾表示欢迎，并表达对今后合作的良好祝愿。

二、欢送词

1. 欢送词的概念与特点

欢送词是在来宾访问结束即将离开时，或为欢送学生毕业、军人退伍、工作人员调离岗位时，由单位领导人出面，对宾客或毕业学生、退伍军人、调离人员表示热情欢送的讲话稿。为了对宾客或毕业学生、退伍军人、调离人员的离去表示热情欢送，有关单位也往往会举行规模不等、形式不同的欢送仪式。在仪式上，单位领导人要致欢送词。

这种礼仪文书的特点：惜别之情溢于言表，欢送词要表达对亲朋好友远行时的感受。但值得注意的是，在公共事务的交往中要把握好分别时所用言辞的分寸。

2. 欢送词的写法

欢送词的结构与欢迎词相类似，也由标题、称呼、开头、主体、结尾五个部分组成。

(1) 标题。欢送词的标题写法与欢迎词大致相同。所不同的是，欢送词的标题可以写得更抒情一些。

(2) 称呼。称呼写在开头的顶格处，后加冒号，可以用具体称呼也可以用笼统称呼。

(3) 开头。说明此时在举行何种欢送仪式，发言人是以什么身份、代表什么单位或什么人向宾客表示欢送的。

(4) 主体。主体部分是核心，主要用来回顾双方在访问或合作期间达成了哪些一致意见、取得了哪些突破性进展，合作中取得了哪些成绩、给双方带来了哪些利益，还可以指出双方友谊的性质和价值，双方合作的深远历史意义等。

(5) 结尾。在结尾处再次表示真挚的欢送之情，表达期望再次合作的心愿。

例文

欢 送 词

尊敬的×××工程师、各位朋友、同志们：

五个月前的今天，我们在这里欢迎×××工程师的到来，现在我们再一次聚集在一起，欢送×××工程师，感到十分亲切、高兴。

我公司的 AP 流水作业线，在×××工程师的精心设计和指导下，按时安装完毕，并一次性调试成功，投入运行，使我公司的生产能力上了一个新台阶。在过去的五个月里，×××工程师和我公司结下了深厚的友谊。他那一丝不苟的求实作风、饱满的工作热情、认真负责的精神，给我们留下了深刻的印象。

今天，×××工程师就要回去了，在这离别之际，我们真诚地希望×××工程师给我们公司提出宝贵意见和建议。我们对×××工程师在生活上关心照顾不够的地方，还请×××工程师多多原谅。借此机会，还要请×××工程师转达我们对 M 公司的衷心感谢，感谢贵公司给予我公司的大力支持和帮助。

祝×××工程师身体健康，一路顺风！

例文

在毕业典礼上的欢送词

亲爱的同学们：

今天，你们要告别几年的师范生活了。别时容易见时难，这时我们难免有几许凄凄，几许依恋。然而，当我想到你们告别了母校将走向高山，走向平原，走向碧波荡漾的水乡，去开辟你们崭新的生活的时候，我又有几分释然、几分激动，我祝福你们走向新的生活。

几年来，同学们在母校的摇篮里，在老师们的辛勤培植下，刻苦学习，成了德、智、体、美、劳全面发展的新人。我永远忘不了你们在运动场上龙腾虎跃的英姿，忘不了你们挑灯夜战的背影，忘不了你们展现在母校的美好的心灵。此时此刻，我想起了你们被白色领奖台托起的健美的身躯；想起了变幻的彩灯下，你们踏出的青春的旋律；想起了你们在奖学金领奖大会上，送给校领导羞涩而自豪的一笑；想起了更多的同学，那默默无声却沉稳有力的身影；还想起了你们有时皱起的眉头，更想起了你们渴求未来的闪着异彩的眼神。啊！一切都过去了，一切都那么刻骨铭心。亲爱的同学们，你们的汗水浇灌过母校美丽的玉兰，你们的脚印深深地刻在母校厚实的土地上，作为母校的老师，我祝贺你们取得的成绩，也感谢你们为学校做出的贡献。

同学们喜欢唱"我们今天是桃李芬芳，明天是国家的栋梁"。我亲眼看到你们从带着泥土气息的农村娃子变成了健壮的小伙子、亭亭玉立的大姑娘。变化的不仅是你们的外表，知识的琼浆玉液滋润了你们的心灵，使它日益成熟，日益深邃。你们将给广袤的大地，带去青春的朝气和时代的气息。新的事业在召唤你们，千百双渴求的眼睛在企盼着你们，像那天上的明星。在这片闪烁的星光里，你们将找到清澈如山泉的真、善、美。你们像那饱满的种子播在祖国的山山水水，我敢相信，春风化雨，你们会生根，发芽，开花，结果。征程漫漫，我不能廉价地断言你们的未来一切如意，也许校舍是破旧的，桌椅是粗糙的。但我要说：坐享其成，只是纨绔子弟的品性，在没有路的地方最容易踩出令人惊奇的新路。让我们坚信："艰难困苦，玉汝于成。"

这几天同学们忙着写毕业留言，字里行间流动着行将离别的缠绵悱恻，作为刚送走第一届学生的我，其心情又何止怅然若失呢？但我知道羽翼已成的小鸟是属于蓝天白云的，我深情地目送你们离去，我更盼着听到你们成功的喜讯。最后送大家两句诗："莫愁前路无知己，天下谁人不识君。"

例文

在退伍战士欢送会上的致辞

亲爱的退伍老战士同志们、战友们：

在你们告别军旗，光荣退伍，将踏上远去的征途，离开美丽的军营和朝夕相处的战友，奔赴新的工作岗位之际，我们留队的官兵对你们为部队建设做出的贡献表示真诚的感谢，并致以崇高的敬意！

几年前，你们带着亲人的期望，肩负着人民的重托，满怀报效祖国、献身国防的一腔热血，踏进了绿色军营，来到了我们英雄的团队。几年来，你们不辱使命，用青春的光和热，用生命的血和汗，谱写了人生的光辉历史，为部队建设做出了重大贡献，你们的功绩将永远载入我们英雄团队的光荣史册。在你们之中，有学革命理论的积极分子，有学雷锋标兵，有顾全大局、甘愿吃苦、乐于奉献的先进个人，有爱军习武、刻苦训练、技术过硬的训练尖子，有全面发展、表现突出的优秀士兵，还有尽职尽责、不计得失、无私奉献的无名英雄。你们不愧为英雄团队的光荣战士。

亲爱的战友们，过去大家为了共同的目标，从祖国的天南地北走到了美丽的奇峰军营。在长期的军旅生涯中，大家结下了深厚的情谊。在迷人的相思江畔，见证了你们的忠诚和热爱。今天，因为部队建设的需要，你们将要告别战友，离开部队，踏上新的征途，希望你们继续保持发扬在部队的光荣传统和优良作风，始终保持革命军人的光荣本色和优秀品质，把在部队的好思想、好作风和学到的知识带到地方，带回家乡。在回家的路上做文明的使者，遵守纪律、传播文明之风。在祖国的现代化建设事业中，贡献聪明才智、争当模范。在新的工作岗位上奋发进取、有所作为，干出一番伟大的事业。我们全体留队的同志将认真学习退伍老战士的好思想、好作风，安心工作，积极进取，努力为团队建设创造新的荣誉，让老战友们放心，让上级首长放心。

亲爱的老战友同志们，你们的军旅生活就要圆满结束了，但是你们为部队建设做出的不朽贡献，将永远留在我们这个英雄的部队。大家在今后的工作生活中，不要忘记当兵的岁月，不要忘记英雄的团队，不要忘记相识的战友。让我们为了祖国的现代化建设，在不同的工作岗位上做出新的贡献吧！

再见了，亲爱的战友们！祝你们在返乡的路上旅途顺利、一路平安！

三、答谢词

1. 答谢词的概念与特点

答谢词是宾客在主人为其举行的欢迎或欢送会上，主人致欢迎词或欢送词后，客人发表的对主人的热情接待和多方关照表示谢意的讲话稿。在交际过程中，主人在欢迎或欢送仪式上致辞后，宾客也往往要致辞作答，以示答谢。

这种礼仪文书的特点：突出对主人盛情接待和关照的感谢，表达与对方发展良好关系的愿望。

2. 答谢词的写法

答谢词的写法也与欢迎词和欢送词类似，由标题、称呼、开头、主体、结尾五个部分组成。

（1）标题。答谢词的标题写法与欢迎词大致相同。

（2）称呼。称呼写在开头的顶格处，后加冒号。一般前面要用具体称呼来称呼主人，后面可以用笼统的称呼来称呼与会者。

（3）开头。应向主人致以感谢之意。

（4）主体。首先用具体的事例对主人所做的一切安排给予高度评价，对主人的盛情款待表示衷心的感谢，对访问取得的收获给予充分肯定。然后，谈自己的感想和心情，如颂扬主人的成绩和贡献，阐述访问成功的意义，讲述对主人的美好印象等。

（5）结尾。答谢词的结尾，主要是再次表示感谢，并对双方关系的进一步发展表示诚挚的祝愿。

例文

答谢词

尊敬的董事长吴余良先生，尊敬的 W 集团公司的朋友们：

首先，请允许我代表 N 团全体成员对吴余良先生及 W 集团公司对我们的盛情款待表示衷心的感谢。

我们一行五人代表 N 公司首次来贵地访问，来访时间虽短，但收获颇大。仅三天时间，我们对贵地的电子业有了比较全面的了解，与贵公司建立了友好的技术合作关系，并成功地洽谈了集成电子技术合作事宜。这一切，都得益于主人的真诚合作和大力支持。对此，我们表示衷心的感谢。

电子业是新兴的产业，蒸蒸日上，有着广阔的发展前景。贵公司拥有一支由网络专家组成的庞大队伍，技术力量相当雄厚，在网络工作站市场中一枝独秀。我们有幸与贵公司建立友好的技术合作关系，为我地电子业的发展提供了新的契机，必将推动我地的电子业迈上一个新台阶。

在这里，我代表 N 公司再次向 W 集团公司表示感谢，并祝贵公司迅猛发展，再创奇迹。希望彼此继续加强合作，共创明天。

最后，我提议：为我们之间正式建立友好合作关系，为今后我们之间的密切合作，干杯！

四、欢迎词、欢送词和答谢词的撰写要求

1. 语言要礼貌

欢迎词、欢送词、答谢词的用语要热情而有礼貌，称谓应有尊敬之意和亲切之感。对于不便直言而又非讲不可的话，要善于运用婉辞，力求做到不失礼貌又坚持原则。

2. 感情要真挚

欢迎词、欢送词、答谢词都要表达真情实感，不能通篇都是客套、应酬之语，给人以虚伪空洞的感觉。对于成绩、作用等的评价要中肯、恰当，不应过分渲染。致辞时要真诚、亲切、友好。

3. 篇幅要简短

欢迎词、欢送词、答谢词都是在特定场合当众口述的，具有口语表达的特点，应符合口语化、通俗化的要求。句子不要写得过长，不要晦涩难懂，提倡写短话，简明扼要，生动实在。有关事务性的内容不必写进去。

 本章小结

书信和致辞是人们沟通信息、表达诉求、交流感情的文书。本章介绍了一般书信的格式和写法，着重介绍了求职信、应聘书、介绍信、证明信、推荐信、贺信、表扬信、感谢信、慰问信、申请书和欢迎词、欢送词、答谢词的具体写作方法。在撰写书信时，

开头要根据需要写称谓，正文是全信的核心部分，内容可以因事因人而异，关键是做到事要明，情要真，文要简，言得体。结语要视书信的实际情况来写。署名和日期是必不可少的。欢迎词、欢送词、答谢词都是礼仪文书，它们的共同特点是感情真挚，语言文雅大方，内容精要，篇幅简短，一般不涉及具体的细节问题，重在表示热情友好的交往态度。

思考与练习

一、问答题

1. 常用书信与专用书信有什么区别？
2. 简述书信的一般格式和要求。
3. 求职信有哪些特点？
4. 请根据自己的实际情况，写一封求职信。
5. 简述应聘书的特点和写作要求。
6. 应聘书与求职信有何区别？
7. 简述介绍信的作用和种类。
8. 写介绍信应注意哪些事项？
9. 推荐信有什么作用，试为身边的同学写一封推荐信。
10. 慰问信有什么作用？请给自己的老师写一封慰问信。
11. 贺信有哪些种类？
12. 表扬信有什么作用？写表扬信应注意哪些事项？
13. 表扬信与感谢信有什么区别？写感谢信要注意哪些事项？
14. 申请书有什么作用？根据自身的情况，试写一份入党（团）申请书。

二、分析题

分析下面的感谢信，回答文后问题。

感 谢 信

尊敬的工商局领导：

您好！首先对贵局热情的工作态度和踏实高效的工作作风，致以崇高的敬意，同时对贵局柳处长等同志表示衷心感谢。感谢你们培养出的高素质的工作人员，更感谢柳处长等同志以百姓利益为重，把党的温暖送到了下岗人员心中。

我是前不久下岗的人员，为了维持生活准备开一个小店，可是对现在的办事程序一无所知，只好到处打听。在办理营业执照手续时，得到了贵局柳处长等同志兄长般的耐心接待，并在职权范围内尽量简化程序，减少时间，甚至亲自到现场查看结果。他们不吸我们一支烟，不喝一口水，他们的敬业精神和浓浓的爱民之心使我深受感动。他们的热情和务实，扭转了我们以往对政府机关"门难进，脸难看，事难办"的印象。

特以此信，表示感谢！

下岗工人：吴文英

××××年×月×日

（1）吴文英写这封感谢信的原因是什么？

（2）感谢信主要的感谢内容是什么？

（3）对工商局而言，这封感谢信能起到什么作用？

（4）这封感谢信可以通过哪些形式转达给工商局？

三、写作训练

1. 下列信函写得好不好，问题何在？作为乙厂应该怎么写，甲厂又该如何回复？请代为两厂各写一封得体的信函。

甲厂财务科：

你们几次写来的讨钱的信，我们早已收到。老实说，近一年来，我们厂里的货卖不掉，工人的奖金也发不出，所以没有钱还债。如果你们一定要，那么把我厂里的存货折款抵押给你们，否则还不出。请你们帮帮忙，给予谅解。

乙厂财务科

2007 年 1 月 12 日

2. 根据下列材料写一份证明信。

被证明人刘德彪同学；证明单位为红卫中学；致信单位洪山市征兵办公室。证明内容：刘德彪现要求参军入伍，洪山市征兵办公室需要了解刘德彪在校期间各方面的表现，以及学校的意见。

3. 指出下面这则推荐信中存在的问题，并将它修改成符合要求的推荐信。

校学生会：

根据上级团委和我校校长室的工作要求，使我校的学生会工作更好地得到开展，有助于学生自己管理自己的工作，根据我班情况，现将我班学生李旭推荐给你们，希望你们给他分配一项工作，使他在工作中得到锻炼。

此致

敬礼

统计专业 2006 级（3）班班主任 王强

4. 目前，大学校园里有许多学生社团，如文学社、漫画社、舞蹈队、音乐沙龙等，这些社团都是由学生自发组成的群众团体，其成员都有某一方面的特长或爱好。同学们加入自己喜欢的社团，可以通过学习和锻炼，进一步发挥和提高自己的能力水平，也可以为学校的校园文化建设发挥自己的作用。这些社团都有自己的规章制度，想加入某个社团，本人须提出申请，只有得到批准才能成为其中的一员。现在，请你根据自己的爱好、特长，给×××社团写一封申请书，要求加入该社团。

5. 假设你应邀参加上一届学友的毕业典礼，请你写一份欢送词。

第五章

条　据

第一节　条据的性质和写作

一、条据的性质

条据是人们在处理生活和工作的事务中应用的一种具有说明性和凭证性的简便的应用文。

人们在日常生活、学习和工作中，要办理某些事情，或发生财务往来时，往往需要临时书写一些条据。这种条据格式简单，虽然不是正式单据和书信，但具有信用和凭证的作用。条据的用途广泛：若向对方（个人或单位）借东西，需要写个借条；收到对方的东西，需要写个收据；因事无法如期参加某项活动，要写一个请假条；约定与某人晤面，而无法见面，可写一个留言条等。

条据虽然很简短，但也有一定的写作要求和格式，不能随便乱写，否则也会给人带来不必要的麻烦，或引起纠纷。

二、条据的种类与写作格式

根据内容和性质，条据可分为凭证性条据和说明性条据两大类。凭证性条据包括借条、领条、收条、欠条等；说明性条据包括便条、请假条、托事条、留言条等。

条据的种类很多，写法不一，但也有大体固定的格式。一般包括三个部分。

1. 标题

条据虽然简短，一般应有标题，以显示条据的内容或性质。一般在条据的上方中间，写上条据的名称，如欠条、收条、借条、领条、请假条等。但有的条据也可不写，如留言条。

2. 正文

正文写明条据的事由或事实。如果涉及个人或单位，可依照书信的格式写。在第一行顶格写对方的名字或名称，加冒号。在第二行空两格处写条据的内容。正文结束，另起一行空两格，写上"此据"或"此致敬礼"等敬语。

3. 落款

在条据的右下方，写明出具条据的个人姓名或单位名称、立字据的日期。为郑重起见，内容比较重要的条据应加盖单位或经手人的印章。

条据的形式和内容虽然简单，但要正确运用条据、发挥条据的交际作用，则须在写作中注意如下三点，

（1）条据的内容要真实准确，不能有疏漏。说明性条据的事件因果、时间、地点、人员等，要根据实际写，并交代清楚；涉及财物的凭证性条据可能要保存较长时间，也可能多人经手，更需要书写准确、清楚，以免引起歧义，给自己造成不必要的麻烦。

（2）凡是涉及财物的金额、数量等数据的条据，必须按照规范的格式书写：数字要用大写汉字，前边不要留下空白；若是货币，要写明币种，是否现金，现金在"元"字后面写上"整"字；度量衡要采用统一的法定标准，量词要规范化。

（3）说明性条据可用钢笔、铅笔或圆珠笔书写；凭证性的条据则须用钢笔、签字笔或毛笔书写，字迹要工整、清楚、不得涂改。若不慎写错，应在修改处加盖印章。

第二节　几种常用的条据

一、凭证性条据

1. 借条

借条是指一方借另一方钱财或物品时，写给对方的字据，以此作为日后偿还的凭证。待钱物归还时，才可收回借条或销毁借条。因此，借条又称借据。

例文

借　条

今因装修房屋尚缺资金，特向李明借人民币捌仟伍百元整，借期壹年，至 2022 年 12 月 20 日前归还，利息不计。

此据。

借款人：向阳

2021 年 12 月 20 日

2. 领条

领条是一方到另一方领取钱财或物品时，交给对方的字据，以此作为钱财、物品去向的凭证。

例文

今 领 到

厂劳资科劳保服装壹拾贰套，工作皮鞋壹拾贰双，帆布手套壹拾贰双。

此据。

领取人：炼钢车间

刘德平

2022 年 1 月 6 日

3. 收条

收条是一方收到另一方的钱财或物品时，给对方开具的字据，以其作为钱财、物品去向的凭证。收据的另一形式是二联单或三联单，第一联是存根，第二联或第三联加盖公章后交给付款人作为凭证。

例文

今 收 到

四川长虹公司赞助的 29 英寸液晶电视机伍台，赞助的人民币壹拾万元整。
此据。

汶川县青松小学

经手人：王晓兰

2008 年 9 月 10 日

4. 欠条

欠条是指因一方未付清或未全部付清另一方的财物时交给对方的字据，以此作为日后偿还的凭证。

例文

欠 条

原借本公司财务处差旅费人民币叁仟元整，现已归还贰仟伍佰元整，尚欠伍佰元整，下月底还清。
此据。

欠款人：梁宏

2021 年 3 月 25 日

二、说明性条据

1. 请假条

因事、因病或其他原因，不能上班、上学或参加某项活动时，出于手续上的需要，应向单位或有关负责人请假，说明请假的原因和时间。有时请假条还需附上有关证明，如医生开具的病假条、住院证明，或电报、电传、信件等，以便于人事部门审核，加强考勤管理。请假条一般应由本人书写，必要时也可由他人代写。

例文

请 假 条

柳科长：

昨天我晚上患重感冒，并有 39℃ 高热，现仍未退，故上午请假半天去医院看病，请予批准。

请假人：王小宁

2021 年 3 月 2 日

2. 留言条

在日常交往中，没有见到对方，又有事情告诉对方，可写张条子留给对方，这就是留言条。留言条可请人转交，也可张贴或搁置在醒目处。

例文

汪科长：

　　刚才接到总公司办公室通知，请您明天（12 日）上午8：30 分到总公司第二会议室开会，请届时到会。

杨春亮

2021 年 6 月 2 日

3. 托事条

托事条是需要委托对方做什么事情时所写的简单书信，它一般不经过邮政部门传递，而是托人代交。托事条要交代清楚托办的事项，并表示谢意。

例文

王刚先生：

　　现有我车间二月份考勤表一份，请您明天上午顺便代交公司人事部郭部长。辛苦您了，谢谢！

方德全

2021 年 7 月 8 日

本章小结

条据是人们在处理生活和工作事务中常用的一种具有说明性和凭证性的简便的应用文。条据的格式大体包括标题、正文和落款三个部分。条据的形式和内容虽然简单，但要正确使用条据、发挥条据的交际作用，则须在写作中注意如下几点：一是条据的内容要真实准确，不能有疏漏；二是凡涉及财物的金额、数量等数据的条据，必须按照规范的格式书写；三是说明性条据可用钢笔、铅笔或圆珠笔书写，凭证性的条据必须用钢笔、签字笔或毛笔书写，字迹要工整、清楚、不得涂改。

思考与练习

1. 什么是条据？它的基本格式与写作要求是什么？
2. 下列条据中有哪些错误？请指出并修改。

请假条

老李：我因病故请假 3 天。

此致敬礼

刘天宝 4 月 2 日

今领到

厂劳资科发给劳动布工作服 87 套，帆布手套 87 副，牛皮鞋 87 双。此系工人劳保用品。

×××工段秋冬根
2008 年 4 月 17 日

3. 根据下列材料写 3 张单据。

（1）因班上开联欢会，向学工科借音箱 2 台、电视机 1 台、话筒 2 只，预支活动经费 300 元，还期请自定。

（2）某商场向太平洋服装公司批进新式儿童服装 200 套，每套定价 85 元，当场付现金 10 000 元，尚缺 7 000 元，经公司业务员同意，余款在三天内付清。

（3）一饭店采购员在集市向一农夫买土鸡 3 只，每斤 15 元，一共 20 斤 4 两；又买了兔子 5 只，每公斤 16 元，共 32 斤。因这位农夫不能开具发票，而且不会写字，请你为之代立单据一张。

4. 请你为某单位设计一张表格式请假单。

第六章

计划　总结　述职报告

第一节　计　划

一、计划的概念和类型

计划是人们为实现某项目标或完成某项任务预先做出的安排和打算。它包括制订计划的目的、依据，计划的内容，完成计划的步骤、时间、措施等项目。

计划的应用范围十分广泛，是计划类文书的统称。因为计划涉及的内容和期限不同，计划文书还有不同的称谓。

（1）规划。

规划是具有全局性的、跨越年代较长、内容较概括并有巨大革兴内容的计划，如××市城市发展规划。

（2）纲要。

纲要是为实现一定的战略任务，指导带有全局性的跨越年代较长的某一事业的改革和发展的纲领性计划，如中华人民共和国国民经济和社会发展第十四个五年规划纲要。

（3）方案。

方案是对专项工作做出全面部署与安排的，政策性与原则性较强的，内容较完整的计划，如房地产市场秩序专项整治工作方案。

（4）安排。

安排是对未来短期内工作进行具体布置的计划，如××市 2022 年高考招生录取日程安排。

（5）打算。

打算是对短期内工作提出要点式的计划，如下周教学工作打算。

（6）设想。

设想是初步的草案性的计划，如下一阶段工作设想。

（7）要点。

要点是列出未来工作主要目标的简要计划，如第四季度学校保卫工作要点。

计划类文书的种类很多，按照不同的标准可以进行不同的划分。我们根据完成期限、内容侧重、具体作用的不同，将计划类文书分为如下三类。

（1）规划类。

实现目标的期限较长，往往是五年、十年、二十年，甚至更长。内容侧重在工作的指导方针、努力方向、实施步骤和重要措施等。其作用主要是对全局工作作战略性、方向性的规定，用以指导局部的、短期的各项工作。文种名称常用规划、纲要等。

（2）计划类。

实现目标的期限较规划类短，以年度计划和一年以内的短期计划为多。文种名称一般都称为"计划"，有时前面加上一些限制语，如工作计划、学习计划、年度计划、活动计划等。计划的内容比规划更具体，规定的措施操作性强。计划的作用是指导具体工作，以便按步骤、按时间、按要求完成工作任务。

（3）安排类。

安排类文书指较短时间内对工作的具体安排。一般是在执行计划的过程中，对某一阶段的工作做更具体的布置，如要开什么会，购置什么器材，准备什么材料，人员如何配备等。它的内容具体、细致，执行和检查比较方便。安排类计划一般由某项工作的执行部门制订，目的是按部就班开展工作，避免出现忙乱、遗漏。文种名称常用方案、安排、打算、要点等。

二、计划的特点和作用

计划有以下三个特点。

1. 内容的预测性

计划的内容是对未来的预测，即预定实现的目标、预测可能的情况、预示工作的进程。为了提高预测的准确性，计划的制定者必须以事实为基础，以规律为准绳，以科学的思维方法进行预测。

2. 实践的指导性

计划一经订立，对完成任务的实际行动就起着重要的指导作用，如工作的进程、法规的运用、人员的安排、问题的处理与经费的使用等，如无意外情况，都必须按计划办事。

3. 表达的说明性

计划的表达方式主要是说明。它是用简洁明确的语言，具体说明依据什么制订计划，应该"做什么""怎么做""何时完成"，即有什么数量、质量和时间期限的要求，一看便使人行有所依、查有所据。

综合来看，计划的主要作用有以下几点。

1. 计划是管理活动的一个重要环节

管理活动的内容包括决策、计划、组织和控制四个环节。就一项具体的管理活动来看，一般总是领导机关或领导人先做出决策，再制订计划，然后组织实施、协调控制整个过程。计划介于其间，它既是决策的具体化，同时又是组织实施的纲领，并为控制提供依据。在现代科学管理活动中，计划有着十分重要的作用。

2. 计划是上级检查和自查工作以及总结工作的重要依据

对于基层单位来说，工作都是按计划有步骤地开展的，工作进行到一定阶段后，人们就会依据计划的内容来检查和总结计划的完成情况、取得的成绩等。上级有关部门检查基层单位的工作，也是依据计划来进行的。通过对计划指标、任务完成情况的检查，随时掌握工作的进程，了解工作动态，以便随时发现问题，及时调整，保证计划的顺利实施。

3. 计划还具有宣传和鼓动作用，可以调动人们的积极性

单位制订了计划，通过宣传，可以用计划统一员工的思想，协调各方行动，提高员工的认识，振奋精神，激发和调动员工工作的积极性和创造性。

三、计划的格式和内容

计划没有一成不变的格式，可以根据内容的需要采用不同的表达形式。但不论采用哪种形式，一份计划总要写清楚计划的标题名称、计划的具体要求和订立计划的具体时间几个部分。

1. 计划的标题名称

这一部分包括计划单位名称、计划期限、计划内容摘要、计划种类名称四个部分，如"××省'十三五'农村改水改厕规划""××市2021年卫生工作计划"。标题的四个部分都写全的称为"全称标题"。将其中某部分省略的称为"简称标题"，如"全民健身计划纲要"这一标题，就省略了计划单位名称和计划期限。

2. 计划的具体要求

这一部分是计划的"正文"。它一般包括基本情况分析，计划的目的和要求，计划的项目和指标，实施的步骤和措施等。用通俗的话来讲就是做什么，怎么做，做到什么程度（或什么时间完成）。任何一份计划，都应有上述内容。

计划正文的格式以"条款式"和"表格式"最为多见，也有条款式和表格式结合使用的。条款式分条分点，眉目清晰。表格式一般用于说明任务分配、时间安排等内容，其好处是一目了然。

3. 订立计划的具体时间

如果计划名称没有标明订立计划的时间，还要写明制订计划的具体时间。

四、计划的写作要求

1. 分析情况要认真细致

订计划前一定要摸清三方面的情况：一是大环境的形势及要求，包括全国、本地区、本系统的发展形势及对本单位提出的要求；二是主观条件，即本身人力、物力、财力情况及可挖掘的潜力；三是客观条件，即上级和其他部门可能给予的帮助等。分析清楚了这三方面的情况，制订计划时才可能避免盲目性。

2. 确定目标要实事求是

计划必须要有一个目标，这个目标既不可太高也不能太低，经过努力是可以实现的。这就要求确定目标时一定要实事求是，不可不顾条件乱攀比，既要尽主观努力，又要适当地留有余地。

3. 措施步骤要切实可行

采取什么措施，按照怎样的步骤去开展工作，是实现目标的保证，一定要根据条件做周密的设计。各项措施的操作性要强，切忌空泛；实施步骤要合理，不要时松时紧。

4. 条目要分明，语言要简洁

撰写计划，要求简明、扼要、具体、明确，既不要议论，也不要叙述过程，主要把目的与要求，即做什么、怎样做、做到什么程度，简要地写出就行。用词造句必须准确，不能含糊。

例文

××中学教务支部 2021 年度工作计划

一、支部基本情况

教务支部在党总支部的正确领导下，在何校长的大力支持下，通过本支部成员的共同努力，2020 年下学期支部工作得到了很大的提高，加强了支部民主生活活动的开展，密切了党支部与群众的联系，支部机构更加健全，支部建设大力提升，保证了学校各项工作的顺利开展。

本年度支部将全力提升全体党员的政治素质，提高支委会的管理能力，使党的思想政治工作融入工作岗位，融入日常生活，并进一步加强党员、群众的思想教育工作，使每一个党员充分发挥先锋模范作用，永葆支部的生机与活力，为学校超常规发展贡献一份力量。

二、支部工作指导思想

以习近平新时代中国特色社会主义思想为指导，围绕教育的改革和发展，切实加强党的作风建设，开展党支部生活，更新观念，与时俱进，寓德育于教育之中，寓德育于生活之中。

三、支部主要工作目标和任务

（1）认真宣传和执行上级党组织的各项决定、决议，落实各项会议精神，保证各项工作的顺利完成。

（2）进一步健全支部组织机构，明确各项职责，有计划地开展支部党务工作，推动党支部的建设。

（3）加强对先进青年的思想教育，为青年业余党校选送人才。

（4）加大对入党积极分子的培养，对发展党员对象的考察，对预备党员的考核工作。认真慎重地做好发展新党员工作，不断充实支部队伍。

（5）广泛听取党内外人士的意见、建议，积极引导教师党员，增强他们教书育人的政治责任心和进取心。

（6）不断丰富支部民主生活，发扬党的优秀作风，增强支部的凝聚力、创造力。

（7）组织党员参加各种党性培训活动，并深入革命老区参观学习。

（8）开展创先争优活动，自觉抵制不良倾向，发挥党员先锋模范作用。

（9）召开支部党员民主评议活动，评选优秀党员、优秀党务工作者、师德标兵，增强党员的党性修养。

四、支部工作基本措施

（1）积极组织必要的支部党员活动，深入了解各党员的思想状况与实际困难，以求实效。

（2）健全支部委员会，认真执行民主集中制原则，明确职责，落实好支部党务工作和建设工作。

（3）坚持与党总支、各支部的联系，积极开展创先争优活动。

（4）广泛争取教职员工的大力支持与配合，充分发挥党支部的影响力和作用力。

（5）各党员自觉学习党的理论知识、专业知识和业务知识，全面提高党员素质和修养。

第二节　总　结

一、总结的概念和分类

1. 总结的概念

总结是把已经做过的某一时期的工作，进行一次全面系统的总检查、总评价，进行一次总分析、总研究，从中找出经验教训和规律性认识的一种书面材料。

总结所要解决和回答的中心问题，不是在某一时期"要做什么，如何做，做到什么程度"的问题，而是在某一时期"已经做了什么，如何做的，做到了什么程度"的问题，是对某种工作实施结果的总鉴定和总结论，以便使零星的、肤浅的、表面的、感性的认识，上升到全面的、系统的、本质的、理性的认识。由此可见，总结就是对以往工作实践的一种理性认识。

2. 总结与计划的关系

计划是在工作开始以前对所要做的工作的打算；总结是在工作结束以后对计划完成情况的鉴定。所以，总结与计划既有区别又相互联系。

（1）它们是相互制约、相互依赖的关系。一般地讲，下一段的工作计划要根据上一段的工作总结来制订。没有系统、全面、深刻的总结，不可能制订出符合实际、切实可行的计划。反之，总结要以计划为依据，要检查计划的执行情况，要检验计划的准确程度。

（2）它们又是相互促进、不断提高的关系。计划—实践—总结—再计划—再实践—再总结……周而复始，循环无穷。但这种循环不是简单的重复，而是不断提高不断发展的。假定以第一次总结为基点，那么根据第一次总结制订出来的计划，要比第一次总结以前的计划提高一步；第二次总结也要比第一次总结提高一步。它们是相互促进、不断提高的，实际上是同一工作的两个方面。

3. 总结的分类

总结和计划相对应，有年度计划、生产计划、学习计划，就有年度总结、生产总结、学习总结等。如果从内容的覆盖面来划分，总结可以分为综合性总结和专题性总结两大类。

（1）综合性总结：关系全局的总结，内容涉及多方面的工作。在对各方面工作进行评估的基础上，权衡得失，对全局工作做出总的评价。机关单位的年度总结一般都是综合性总结。

（2）专题性总结：只就一个方面、一项工作，甚至一个问题进行总结，内容比较单一。平时常见的经验总结、先进事迹总结、事故总结等，都属于专题性总结。

二、总结的特点

总结的目的就是要通过实践提高认识，掌握事物的发展规律，指导今后的实践活动。因此，总结的主要特点包括理论性和客观性两部分。

1. 理论性

总结的过程就是感性认识上升为理性认识的过程，在分析事实材料的基础上，归纳、提炼出正确的观点，从而提高认识，发扬成绩，吸取教训，更好地指导今后的实践活动。

2. 客观性

总结是对本单位或个人针对计划的总结，应该以客观事实为依据，真实、客观地分析情况、解决问题、总结经验，不允许虚构和编造。

三、总结的格式

总结的格式一般由标题、正文和落款三部分组成。

1. 标题

标题是一份总结的名称，表明这是一份什么样的总结。拟定标题时要根据总结的目的、内容来决定，力求准确、简洁、醒目。

标题的拟定有两种格式。

一是公文式标题，由单位名称、时限、内容和文种构成，如"××省教育厅 2021 年工作总结"。

二是新闻式标题，用简练的语言概括总结的主要内容或基本观点，标题中不出现文种"总结"的字样，如"增强领导干部公仆意识"。新闻式标题有时会使用双标题，正标题概括总结的主要观点或基本经验，副标题说明单位、事由和文种，如"抓基地建设　抓能力培养——××大学文学院 2020 年教育实习工作总结"。

2. 正文

总结的正文由开头、主体、结尾三部分组成。由于工作情况不同，总结的内容就不可能千篇一律。总的来说，一篇总结应包括以下四方面的内容。

（1）基本情况。任何总结，开头都必须有情况的概述或叙述，所不同的是，有的比较简单，有的比较详细。情况的概述或叙述，就是要对工作的主客观条件、有利条件和不利条件，以及工作的环境和基础等进行分析。

（2）成绩和缺点。这是总结主体中最重要的部分，是总结的中心或重点。总结的目的就是要肯定成绩，找出缺点。成绩有多大，表现在哪些方面，是怎样取得的，缺点有多少，表现在哪些方面，是什么性质的，怎样产生的，这些都是总结中所不可缺少的内容。

（3）经验和教训。这也是总结主体中的有机组成部分。取得成绩一定有经验，存在缺点一定有教训。为了巩固成绩，克服缺点，在总结时须对以往工作的经验和教训进行分析、研究、概括、集中，并把它提升到理论的高度加以认识，作为今后工作的借鉴。

（4）存在的问题和对今后的建议。这是总结的结尾部分。事物是在矛盾的斗争中发展的，旧的矛盾解决了，会产生新的矛盾。工作也是一样，旧的问题解决了，会产生新的问题。而旧问题的解决，往往需要一个过程。因此，在总结中，既不能回避已经克服的缺点、已经解决的问题，也不能隐瞒尚未克服的缺点和尚未解决的问题，同时还应针对存在的问题提出改进意见或努力的方向。

以上是总结的基本内容，但就一篇总结而言，以上四个方面不一定面面俱到，其详略取舍应视实际的工作情况和行文目的决定。一般来说，专题性的经验总结，以总结经验为主，突出做法、体会，大都不写问题教训，甚至不写今后努力的方向。综合性的工作总结则四个方面的内容都较为齐备。

3. 落款和日期

在总结正文完成之后，应在正文右下方署名，写上定稿日期。如在报刊上发表，或在简报上交流的总结，应在标题下方居中的位置署名，以示醒目。

四、总结的写作要求

1. 指导思想要正确

必须用正确的观点以及党和国家的方针、政策为依据来衡量各项工作，才能对工作进行恰当的评价。写作者必须以马列主义、毛泽东思想、邓小平理论、"三个代表"重要思想、科学发展观和习近平新时代中国特色社会主义思想为指导，科学地分析整个实践活动，从中总结经验，找出规律性的东西。如果缺乏正确的指导思想和科学的分析方法，就只会罗列现象，就事论事，甚至写成"流水账"，流于形式，达不到总结的目的。

2. 回顾工作情况要实事求是

总结的大部分篇幅是回顾工作情况，因此在工作总结中容易犯的毛病是分寸掌握不好，往往夸大成绩，缩小缺点。要克服这一毛病，关键是作者要端正态度，要按照实事求是的原则，真实、准确地反映实际情况；作者要明确总结的目的是提高自身的素质，推动工作前进，而不是向上级邀功和博取名利。

3. 总结经验教训要着眼未来

总结的根本任务就在于总结经验教训，从中找出规律性的东西，不断把工作向前推进。这就要求写作者在总结时要有侧重点，要把重点放在对未来工作有指导或有借鉴意义的方面，找出其内在联系，发掘出事物的本质特点，从而认识事物的本质规律，提出符合客观实际的意见，明确今后的工作任务和努力的方向。

例文

××社区党建工作总结

20××年××社区党建工作按照创新亮点机制、突出特点、管理规范、与时俱进的工作思路，重点抓好思想建设、组织建设、制度建设、信息网络建设，开展在职党员同社区认岗定则活动和主题实践活动几个方面的工作，现总结如下。

（1）开展思想建设活动。拥护党的领导，拥护社会主义制度，拥护改革开放政策，结合十八大精神，结合"两学一做"，做好教育工作。通过党员教育工作，使我社区党员无群访、无上访，无违反法律法规者和无严重违反党纪党规的人和事。

（2）开展组织建设活动。强化党支部的战斗堡垒作用，抓好党员队伍和思想骨干队伍建设，建立健全党员党小组，达到组织健全、作用明显、领导得力、活动经常的标准。

（3）开展制度建设活动。除了严格认真落实好党的生活七项制度外，即会议制度、党员制度、党课制度、报告工作制度、民主生活制度、党员汇报制度、民主评议党员制度，扎实抓好党建联席委员会制度，居民群众意见反馈制度及讲评制度的落实。每季度召开党建联席会议，每半年反馈一次，社区党员如实表现居民群众评议情况，每年对住社区党员进行一次讲评。

（4）开展信息网络建设活动。建立"横向到边、纵向到底"的信息网络，即街道党工委—社区党总支—楼院党支部—庭院党小组—党员志愿者队伍—党员责任区的纵向工作网络和社区共建工作联席委员会—民主社区单位党组织—党员志愿者队伍—党支部—党员活动小组—党员社区服务联系点（责任区）的横向工作网络。纵横两个工作网络，围绕创建和谐社区、争创四个文化楼院目标，发挥各自的作用，达到网络畅通、资料完善、档案活动内容及时准确、安全保密的标准。

（5）开展在职党员同社区认岗定则活动。20××年根据街道党工委的要求，结合我社区的实际情况，根据社区在册党员的特长及意愿，继续坚持每月组织安排一次党员志愿者活动。活动内容有扶贫帮困助残、便民利民服务、纠纷调解、法律咨询、科普知识讲座、文化教育活动等，达到活动有主题、有安排、有领导的标准。

（6）开展群众喜闻乐见的主题实践活动。积极开展以"便民、利民、富民、安民、育民"为主题的活动，营造温馨良好和谐的政治氛围，使党员在活动中得到锻炼，居民在活动中受到教育，密切了党群关系，增进了党群感情。

（7）拓宽思路，发展壮大集体经济。为促进本社区经济发展，成立了物业管理公司，既促进了经济发展，又规范了社区的管理；同时还与县供销社成立了××县社区电子商务综合服务站，通过电子平台经营农特产品，既解决社区居民的生活需要，又促进了经济发展。

（8）成立党员服务中心。通过服务中心，拓宽渠道，为社区内下岗（失业）人员和大学生以及社会无业人员寻求就业岗位，既解决了他们的就业问题，又稳定了社会。

总之，新一届党支部班子，力争把党组织对党员的要求具体化为一件件看得见、摸得着的实事，对社区不同层次的党员都能产生感召力和凝聚力，较好地顺应新时期实在、管用的新要求。

20××年1月10日

例文

<h3 style="text-align:center">××县农业行政执法大队 2017 年工作总结</h3>

今年以来，我们农业行政执法大队按照县委、县政府的统一安排部署和要求，继续深入推行政务公开工作，把政务公开工作作为加强党风廉政建设、转变工作作风、狠抓工作落实的重要举措，切实抓紧抓好，以公开促工作、以公开树形象、以公开赢民心，收到了良好的社会效果。

我们的主要做法如下。

（1）加强组织领导，为政务公开工作提供有力保障。为保证政务公开工作的深入扎实开展，成立了政务公开工作领导小组，明确一把手负总责，常务副大队长具体负责，并设立政务公开工作办公室，具体负责政务公开工作的组织实施、检查落实等工作。

同时，我们将政务公开工作纳入目标管理体系，实行目标管理责任制。今年年初，我们结合实际，成立了政务公开工作领导小组并制订下发了《2017年度政务公开示范单位工作实施方案》，做到领导力度、目标责任、监督检查"三到位"，把履行政务公开职责情况与承办人员业务考核结合起来，进一步健全和完善了有效的监督机制和奖惩制度，为政务公开工作的扎实有效开展提供了强有力的保障。

（2）加大公开和宣传力度，扩大政务公开知晓面。我们结合农业行政执法工作实际，通过制作政务公开专栏、板报、宣传标语，设立举报投诉电话等多种形式，将各项行政办理事项，如农业行政执法的依据、农业行政执法职责、农业行政执法程序、农业行政执法处罚标准、农业行政执法时限、农业行政执法处理结果"六要素"向社会广泛公开，不断加大政务公开宣传力度，在方便服务对象的同时，接受社会各界的监督。同时，我们还把与服务对象关系密切的检测费种子生产经营许可证等收费依据、标准等内容作为政务公开工作的重点，在各办公室和服务大厅上墙公开。

（3）强化监督制约机制，确保政务公开工作扎实有效开展。一是实行首问负责制。我们建立了严格的接待、登记、督办、反馈程序。实行谁接待、谁负责协调处理，一包到底。对于所接待办理的每一件事进行登记，当时没有解决的，事后及时把处理情况反馈给当事人，做到件件有落实、事事有回音。二是实行受理投诉限时办结制。各办事服务大厅把受理投诉应当提供的条件、依据、手续、权利和义务等上墙公示，极大地方便了群众。对于公开的办事项目明确办事时限，并严格按时限办结，逾期未办结的，严厉追究当事人的责任。三是推行服务承诺制。向社会公开我们的服务承诺，并公布监督举报电话，把我们的工作置于社会各界的监督之下，广泛接受社会各界的监督。同时，通过召开座谈会、发放征求意见表等形式，开展开门评议活动，认真听取社会各界对我们的行政执法、服务等工作的意见和建议，以取得社会各界对我们工作的理解和支持，达到人民群众满意的程度。

（4）以公开促工作，推动农业行政执法工作上新台阶。政务公开工作的深入扎实开展，不仅提高了人民群众对我们农业行政执法工作的满意率，树立了公正的农业行政执法良好形象，同时，也使农业行政执法广大干部职工的整体素质得到了很大提高，工作积极性和责任心明显增强，从而有力地推动了农业行政执法工作上新台阶。农业行政执法大队加大了对农资市场检查的整治力度和频率，确保了农业生产安全。加强对农业投入品的管理，对甲胺磷等高毒农药进行全面清缴。督促建立用农药台账，从而保障人民群众的生命财产安全。农业行政执法大队获得湖南省第二批"依法办事示范窗口单位"荣誉称号。

总之，一年来，在上级党委政府的正确领导下，通过不懈努力，农业行政执法政务公开工作取得了一些成绩。但我们深知，我们的工作离上级的要求和人民群众的期望还有一定的差距，如在公开办事的程度以及文明执法、优质服务等方面还需要继续加强和提高。在今后的工作中，我们将进一步加大政务公开力度，真正做到为民、利民、便民，为构建和谐农业，建设社会主义新农村做出我们应有的贡献。

2017 年 12 月 31 日

第三节 述职报告

一、述职报告的概念和种类

（一）述职报告的概念

述职报告是担任一定领导职务的干部和专业技术人员，向自己的选举任命机构、上级领导、专家组、本单位的职工群众，汇报个人在一定时期内守职尽责、施政情况和德能素质的自我评述性的文书。

（二）述职报告的种类

述职报告，可以从以下三个不同的角度进行划分。

1. 从内容上划分

（1）综合性述职报告。报告内容是对一个时期所做工作的全面、综合的汇报。

（2）专题性述职报告。报告内容是对某一方面工作的专题汇报。

（3）单项工作述职报告。报告内容是对某项具体工作的汇报。这往往是临时性的工作，又是专项性的工作。

2. 从时间上划分

（1）任期述职报告，即对任现职以来的总体工作进行的报告。一般来说，时间较长，涉及面较广，要写出一届任期的情况。

（2）年度述职报告，即一年一度的述职报告，写本年度的履职情况。

（3）临时性述职报告，即担任某一项临时性职务的报告，写其任职情况，如负责了一期的招生工作，或主持了一项科学实验，或组织了一项体育竞赛。

3. 从表达形式上划分

（1）口头述职报告，指需要向选区选民述职，或向本单位职工群众述职的，用口语化的语言写成的报告。

（2）书面述职报告，指向上级领导机关或人事部门述职的书面报告。

二、述职报告的特点

1. 自述性

述职报告是对自身所负责的组织或部门在某一阶段的工作所进行的全面回顾。因此，必须使用第一人称，采用自述的方式，向有关方面报告自己的工作实绩。这里的实绩，是指报告人在一定时期内，按照岗位规范的要求，做了些什么事情，完成了什么指标，取得了什么效益，有什么成就和贡献，工作责任心如何，工作效率怎样，将它们实实在在地反映出来。要特别强调的是，所写的内容必须真实，是实实在在已经进行了的工作和活动，事实确凿无误，切忌弄虚作假。

2. 自评性

述职报告要依据岗位规范和职责目标，对自己任期内的德、能、勤、绩、廉等方面的情况，作自我评估、自我鉴定、自我定性。述职人必须持严肃、认真、慎重的态度，既要对自己负责，也要对组织负责，对群众负责。对工作的走向、前因后果，要叙述清楚，评价恰当；所叙述的事情，要概述，让人一目了然，并从中引出自评。切忌浮泛的空谈，切勿引经据典进行论证，定性分析必须在定量证明的基础上进行。

3. 报告性

述职报告的报告人要明白自己的"身份"，放下架子，要接受评议、监督的人民公仆的身份。要认识到，自己是在向上级和群众汇报工作，是严肃的、庄重的、正式的汇报，是让组织了解自己，评审自己工作的过程。因此，语言必须得体，应有礼貌、谦逊、诚恳、朴实，掌握分寸，切不可傲慢、盛气凌人，不可夸夸其谈、浮华夸饰。报告内容必须实在、准确，而且要用叙述的方式，将来龙去脉交代清楚。

三、述职报告的格式

述职报告的格式，一般由标题、称谓、正文和落款四部分组成。

1. 述职报告的标题

标题可以用简单的"述职报告"，也可以根据述职场所或正文内容另行拟定，如"在全体干部职工大会上的述职报告"，或"继往开来，与时俱进，全力以赴向国家级示范性职业技术学院冲刺——在××职业技术学院第二届教职工代表大会上的述职报告（××××—××××年度）"。

2. 述职报告的称谓

述职报告一般要当众宣读，称谓要根据会议性质及听众对象而定。称谓放在标题之下，如一篇在全体干部职工大会上的述职报告的称谓："尊敬的各位领导、亲爱的同志们"。

3. 述职报告的正文

述职报告的正文一般由开头、主体、结尾三部分组成。

述职报告的开头要以简洁的文字说明自己所担负的具体职责，表明自己对本职责的认识，并阐明任职的指导思想和工作目标，还要概述所取得的成绩。

述职报告的主体要针对自己任职期间的德、能、勤、绩、廉几个方面选择几项重要工作，细致地将过程、效果或失误及认识表述出来。这一部分要写详细，对一些重大问题的决策过程，对棘手事件的处理思路，对群众迫切关心的问题的认识和处理，都要交代清楚。要对履行职责的情况和对履行职责的事迹进行深入的分析研究，做出具有一定理论层次的概括。要回答称职与否的问题，要从思想道德素质、政治理论素质、开拓进取精神、政策法律水平、处事决断能力、分析综合能力、文字和口头表达能力、廉洁模范作用、上下左右关系、工作作风和工作方法等方面，描述自己的形象，回答好称职与否的问题。述职报告的主体要着重说明履行职责过程中的得与失。

竞争上一级职务的述职报告，要注意紧扣上一级职务的有关要求，以说明自己有充分的理由和能力来担当上一级的职务。

主体部分是述职报告的关键部分，一定要精心构思，写出特色。

述职报告的结尾，一般要简述对自己的评价，并表明自己的态度，最后以"谢谢大家"的语言结束。

4. 述职报告的落款

书面述职报告最后要落款，要写明述职人的姓名，最后写报告的年、月、日。

四、述职报告与总结的异同

相同之处：述职报告和总结都可以谈经验、教训，都要求事实材料和观点紧密结合。从某种程度上说，个人述职报告可以借鉴总结的某些写作方法。

不同之处：一是要回答的问题不同。总结要回答的是做了什么工作，取得了哪些成绩，有什么不足，有何经验教训等。述职报告要回答的则是什么职责，履行职责的能力如何，是怎样履行职责的，称职与否等。二是写作重点不同。个人总结重在全面归纳工作情况，体现工作实绩。述职报告则以履行职责的情况为重点，突出表现德、才、能、绩，表现履行职责的能力。三是表述方式不同。总结主要运用叙述的方式和概括的语言，归纳工作结果。述职报告则可以运用夹叙夹议的写法，既表述履行职责的有关情况，又说明履行职责的出发点和思路，还要申述处理问题的依据和理由。

五、述职报告的写作要求

1. 要充分反映出自己在任期内的工作实绩和问题

述职是民主考评干部的重要一环，也是干部自觉接受组织和群众监督的一种有效形式。干部作述职报告，是为了让组织和群众了解和掌握干部德才状况和履行职责的情况。因此，述职报告应充分反映自己在任期内的工作实绩和问题，要抓住重点突出个性，即写出自己在岗位上为国家和人民办了什么实事，结果怎么样，有哪些贡献，还有哪些不足，包括工作效率、完成任务的指标、取得的效益等。工作实绩如何，是检验干部称职与否的主要标志。述职人要充分认识这一点，实事求是地把自己的工作实绩和问题反映出来。

2. 要实事求是地评价自己

对自己的评价要实事求是，不夸大，不缩小，要准确恰当，有分寸，不说过头话、大话、假话、套话、空话。注意处理以下三个关系。

（1）处理好成绩和问题的关系，理直气壮摆成绩，诚恳大胆讲失误。

（2）处理好集体与个人的关系，不能把集体之功归于个人，也不要抹杀了个人的作用，必须分清个人实绩和集体实绩。

（3）在表述上要处理好叙和议的关系，就是以叙述为主，把自己做过的工作实绩写出来，不要大发议论，旁征博引，议论也只是对照岗位规范，根据叙述的事实，引出评价，不能拔高。

2009 年度官山社区党支部书记的述职报告

本章小结

计划和总结是用来研究问题、沟通信息、总结经验、指导工作的实用性文书，应用频率很高。计划文书在撰写时，要注意突出其预见性和可行性特点。写作计划时，要以党和国家的方针政策为指导，以规律为准绳，从工作实际出发，统筹兼顾，突出重点，做到主次分明、目标明确、步骤具体。总结的写作要实事求是，要通过对以往工作的总结，从中找出经验教训和规律性认识，注重总结的理论性和客观性。因此，在写总结的过程中要做到指导思想正确，回顾工作情况实事求是，总结经验教训着眼于未来。述职报告是汇报个人在一定时期内守职尽责和施政情况、德能素质的自我评述性文书，具有自述性、自评性和报告性的特点。写作时，要以叙述为主，对照岗位职责规范，把自己做过的工作实绩写出来，并实事求是地评价自己。

思考与练习

一、问答题

1. 计划有哪些作用？

2. 一份完整的计划应包括哪些内容？

3. 简述总结和计划的关系。

4. 总结的特点有哪些？总结的主要作用是什么？

5. 总结的正文结构安排有哪几种形式？

6. 总结与述职报告有何区别？

二、写作训练

1. ××厂为了调动职工的积极性，保证完成和超额完成生产任务，决定在全厂范围内推行××岗位责任制先进经验。要求开好"三会"（动员会、经验交流会、总结表彰会），搞好试点工作，组织职工讨论，充分发扬民主，调动各方面力量，从元月上旬开始，利用一个半月至两个月完成这项任务。请根据以上情况，为××厂拟订一份工作方案。

2. 根据计划的写作要求，修改下文。

20××年××科第三季度工作计划安排

为了更好地对我市私营企业进行管理，使这支队伍走上正轨，成为我行建设的一支生力军，特制订第三季度工作计划如下。

（1）要严格按照市政府的文件精神，对未到我行开户的单位会同主管部门督促尽快到我行开户。

（2）对已经到我行开户的单位要全面调查，摸清基本情况，搞清楚其经营能力。

（3）帮助管理制度不健全的单位建立健全各项管理制度。

（4）做好召开全市私营企业财务工作交流会的准备工作。

以上是我科第三季度工作计划，希望认真执行。

工商银行××市支行××科

20××年×月××日

3. 结合自己的实际，写一份学习方面的总结（题目自拟）。

第七章

规章制度　简报

第一节　规章制度

一、规章制度的种类、特点和作用

规章制度是国家党政机关、企事业单位、社会团体为了建立正常的工作、学习、生产、生活秩序而制定的具有法规性和约束力的文书。它是各种制度、章程、条例、公约等规章文书的总称。它的使用范围较为广泛，上至国家机关，下至各单位、部门、班组，都有具体的规章制度。它是机关、团体、企事业单位集体意志的书面表现，反映有关成员的共同利益和义务，对有关人员具有约束力。

规章制度的种类繁多。根据 2001 年 11 月 16 日国务院 321 号令公布（2017 年 12 月 22 日修订）的《行政法规制定程序条例》及现行的规章文书，大致可分为四类十一种。一类是行政法规，是为贯彻实施国家宪法、法律、法令、方针、政策而制定的"条例""规定""办法""细则"；一类是专为党派团体组织使用的"章程"；一类是限定在一定范围或一个单位内部生效的"制度""规则""规程""守则""须知"等；还有一类是由一定范围的社会成员具体讨论制定、共同遵守的"公约"等。

规章制度具有以下特点。

1. 规范性

规章制度在内容上要符合国家的有关法律、政策规定，不得与之相抵触；在写作上有一定的程式要求，如执行的范围、执行的条款、执行的标准和要求要尽可能考虑周到、齐全，便于实施执行。

2. 约束性

规章制度的目的就是要通过它来规范人们的行为，要求人们必须自觉约束，严格遵守，令行禁止，不能违反，否则就会造成不良后果，受到谴责或追究。

3. 严密性

严密性是指规章制度在语言表达上的特点。它要求在措辞上力求准确严谨，不得含混不清，不得互相矛盾，以便人们遵照执行。

制定和严格遵守各项规章制度，是现代化建设的需要。近年来，为适应全面深化改革、加强法制建设、建立社会主义市场经济新秩序的形势，国家在加速全面立法，政府在不断制定行政法规和规章，各企事业单位和社会团体也在分类制定各种规章制度。它的重要作用日益显现。概括起来，其作用主要有以下四点。

（1）规章制度是国家意志的体现，是国家方针、政策的体现，是国家机关、党派团体、企事业单位管理工作中的重要工具。

（2）规章制度有利于规范人们的社会行为，培养良好的道德品质和树立良好的社会风尚，保证社会生活健康有序地运行。

（3）规章制度有利于科学管理，使管理工作标准化、规范化，可以提高管理水平和工作效率。

（4）规章制度还是制止不正之风、纠正和防止人们犯错误的屏障，也是打击和惩办不法分子的有力武器。

二、规章制度的结构和写法

规章制度的种类较多，适用的范围、规范的对象、具体内容和作用各不相同，但是在写作结构上基本一致，一般由标题、正文、制定单位名称、日期构成。

1. 标题

标题是规章制度的名称，标明规章制度的性质和适用范围。常用的标题有两种形式：一是公文式标题，又称完全式标题，即由制发单位名称、事由和文种三要素构成，如"最高人民检察院关于渎职侵权犯罪案件立案标准的规定"；二是非公文式的标题，又称不完全式标题，由事由和文种二个要素构成，如"金融企业财务规则"。如制发的规章制度尚不成熟，可在标题中写明"暂行""试行"或"草案"，表明有待今后修订，如"旅行社管理暂行条例"。

2. 正文

正文是规章制度的主体部分，不论规章制度内容的繁简，一般都采用章条式和条款式结构。对一些内容较为全面、系统，条文较多的规章制度采用章条式结构写作，如法规、章程、条例、准则、规则等。所谓章条式，通常由总则、分则和附则三大部分组成。则中分若干章，章中分若干条，有时条下分若干款项。对内容相对简单的以及非权力机构制定的规章制度常用条款式结构写作，如条例、办法、规则、守则、公约、须知等。条款式结构不分章，而分条列项来阐述。

规章制度采用章条式和条款式的写法，主要是为了便于记忆、阅读、理解，也便于查找、引证，而且条理清晰，层次分明，言辞严谨，便于贯彻执行。

三、几种常用的规章制度

1. 条例

对长期实行的，调整国家政治、经济和文化等方面的准则与要求，或对某一机关的组织、职权以及某些专门人员的任务、职责和权限等内容做出原则、系统规定的规范性文件，统称为条例，如《广东省经济特区条例》《中华人民共和国外汇管理条例》《会计人员职权条例》等。根据《行政法规制定程序条例》的规定，制定条例、规定和办法有严格的权限，国务院根据全国人民代表大会及其常务委员会的授权决定制定条例，国务院各部门和地方人民政府制定的规章不得称"条例"。

条例具有权威的法制性和强制性，一经颁布，必须严格贯彻执行。条例的制定必须严肃审慎，考虑周全，照顾相关方面。

2. 规定

规定是机关、团体和企事业单位对某项工作或专门问题提出要求和规范的法规性文件。它与条例相比，有明显的不同。第一，从制发机关来看，条例只能由国家最高行政机关制发，规定则可以由任何机关、团体、企事业单位在其所管辖的范围之内制发。第二，适用的范围有差异，条例是对某一方面的行政工作或社会活动做出"全面的、系统的"规范，而规定只是对某一方面的工作做出具体的规范。第三，就其规定的程度而言，条例的规定一般是原则性的，而规定则比较具体、细致，更具有针对性，如《最高人民法院关于人民法院执行工作的若干问题规定》，它就各级人民法院之间的强制执行案件管辖权限和分工做出了具体的规定，又如《关于文书档案保管期限的规定》《最高人民检察院关于渎职侵权犯罪案件立案标准的规定》，这些规定都是针对工作中某一方面的事项提出的。

3. 办法

办法是国家行政机关或主管部门对某一工作或专门问题提出的要求和规范性的法规性文件，如《城镇医疗救助管理办法》《企业国有资产产权登记管理办法》等。办法也可以对某一条例、法令的具体实施提出方法与措施。又如，为了贯彻《旅行社管理条例》，国家旅游局发布了《旅行社管理条例施行办法》。

办法和条例、规定的性质相同，三者之间的区别在于：办法重点突出某一方面的工作内容、做法；条例则较为全面、系统、原则，针对整个工作的各个方面；而规定则介于两者之间。

4. 细则

细则又称实施细则，是根据上级机关的有关条例、规定、办法，结合本地区、本系统或本部门的实际情况，制定的详细实施措施，如《城市生活无着的流浪乞讨人员救助管理办法实施细则》。实施细则是从行政法规中派生出来的，其特点在于细，因为细，更具有针对性，便于实施。但细到何种程度，要从条例、规定、办法的实际情况出发，不需要补充、解释的条款，不应画蛇添足。

5. 章程

章程是对某一组织或社会团体的性质、宗旨、任务、组织结构、组织人员、权利、义务、纪律及活动规则等做出的规定。章程适用范围较为广泛，大至政治党派、各种经济文化团体，小到某一协会或俱乐部，均可制定自己的章程，如《中国共产党章程》《中国旅游协会章程》等。章程的制定者通常是群众团体、学术研究组织，并须经这些组织的代表大会通过后，才能发布实施。鉴于章程的性质规定，行政机关和事业部门一般不制定章程。所以，章程虽然应用范围较广泛，但不能乱用。

6. 制度

制度是国家机关、社会团体、企事业单位为加强对某项工作的管理而制定的要求所属有关人员共同遵守的行为准则，如《企业会计制度》《学校用电管理制度》。

7. 规则

规则是机关、团体和企事业单位在特定范围内针对某项具体事务或活动制定的要求有关人员共同遵守的纪律性的规定，如《仓库防火安全规则》《国家教育考试考场规则》等。

8. 规程

规程是有关部门为了保证某一工作或某项活动的顺利进行而制定的规范化的程序，如《高等院校招生考试阅卷工作规程》《岗位操作规程》等。

9. 守则

守则是有关部门或单位要求所属成员共同遵守道德规范和行为规范而制定的纪律性规定，如《高等院校学生守则》《企业员工守则》等。

10. 须知

须知是有关部门为了保证某项活动顺利进行而制定的具有指导性的规章制度，如《临床用药须知》《游览须知》《游客须知》等。

11. 公约

公约是一定范围或行业的社会成员（或他们的代表），为了某一宗旨，在自觉自愿的基础上，经过充分酝酿、相互协商后制定的，共同遵守的道德规范和行为准则，如《保护世界文化和自然遗产公约》《爱国卫生公约》等。公约往往突出强调社会公德，法规性和约束力没有以上规章制度强，写法也较为简单。

第二节　简　报

一、简报的概念和种类

简报，就是简明扼要的书面报告。简报是机关、团体及企事业单位编发的用以汇报工作、反映问题、交流经验、沟通信息、推动工作开展的一种简短的、摘要性的事务文书。它简短、灵活、应用广泛，常常作为机关、团体及企事业单位的内部刊物或会议期间的一种临时性的不定期刊物在内部发行。

简报只是一种统称，常见的名称有"简讯""快讯""快报""信息""工作通讯""情况通报""情况反映""内部参考"等。由于简报的种类繁多，可以从不同的角度进行分类：按印刷的时限分，可分为定期简报和不定期简报；按性质分，可分为综合简报和专题简报；按发送方向分，可分为上送简报、下发简报和平行交流简报。这里主要介绍按内容分的会议简报和工作简报。

1. 会议简报

会议简报即专门报道、交流有关重要会议的内容和情况的简报。这类简报专门报道会议期间的情况：会议的进程、讨论的内容、领导讲话、与会者的重要发言、提出的问题和建议，以及会议的议决事项等。一些大中型会议和各种重要的专业会议都可以用会议简报来反映，它可以使上级机关和与会人员及时掌握和了解会议动态和进展情况。

2. 工作简报

工作简报即反映本部门、本系统各方面工作情况的简报。这种简报与本部门、本系统的工作结合紧密，或者简明扼要地报告重大问题的处理；或者报告工作中出现的重要情况；或者反映工作经验，介绍做法，说明成绩；或者揭露问题，分析矛盾，并提出解决问题的办法。这种简报一般有固定的简报名称，如《信访工作通讯》《教改快讯》《工作简报》等。

二、简报的特点

简报的特点可用四个字来概括：简、快、新、实。

1. 简

简即简明扼要。篇幅短，内容精，文字简练，开门见山，一文一事。简报字数一般为几百字，至多不过千字。

2. 快

快即编发简报要及时迅速。简报具有很强的时效性，要求快写、快编、快审、快发、快送。特别是有些会议简报，往往只在一定时间内有效，因此常常是一日一报，甚至一日数报。如果慢了，失却了时效，就成了"马后炮"，降低了材料的价值，失去了报道的意义。

3. 新

新即内容新鲜，有新意。要把工作中出现的新情况、新问题，用简报的形式快捷地反映出来，及时交流情况、传递信息，及时发现热点、难点问题，或者老问题的新变化、全新的信息、带给人的新启示，以利于有针对性地部署和安排工作。

4. 实

实即反映情况要客观、真实。简报是汇报工作、反映问题、交流经验、沟通信息的工具，因此，简报所反映的情况和问题要真实、准确，不能随意夸大或缩小事实真相、传达错误的信息。

三、简报的格式和写法

简报有约定俗成的统一格式。它一般由报头、主体、报尾三部分组成。

1. 报头

简报的一个突出的特点就是有独特的报头。报头部分在首页上端，版面约占首页三分之一。一般有如下内容：居中用套红大字排印简报名称；简报名称的正下方标明期数；期数的左下方标明主编简报的单位名称，右下方标明印发日期；再在下面用一条红间隔线与主体部分隔开。若涉及秘密内容的，可在简报名称的左上方标明密级，右上方标明编号。

2. 主体

主体部分一般由按语、目录、标题和正文组成。

（1）按语。用来说明编发简报的原因或目的，以引起读者的重视。按语放在红间隔线之下，左右页边最好不要与正文并齐，一般各缩进两三个字。有些简报可以不写按语。

（2）目录。标注在按语下方，简报文章的上方，居中标"目录"字样。若简报只有一篇文章，则不必标注"目录"。

（3）标题。每篇简报都必须有标题。标题一般要简明地概括正文的内容，类似于新闻标题。

（4）正文。正文分导语、主体、结尾三部分。

导语是正文的开头，一般用几句话点明主旨，概括全文，给读者一个总的概念。导语要明确交代谁（某单位或某人）、什么事（情况、动态）、结果（取得的成绩、经验）等几项内容。

主体是正文的主要部分，也是简报的重点所在。主体要紧扣标题，承接导语，用典型的、有说服力的材料，把导语提出的内容具体化。主体的内容大致包括以下五个方面：①出现的新情况；②具体的做法或表现；③取得的成绩及原因；④工作中的收获；⑤存在的问题。

结尾是正文的结束语。结尾要简短有力，给读者留下深刻印象。常见的结尾用一句话或一段短语点明主题，小结全文，或者扼要指明事物发展趋势，也可以提出问题或希望。

3. 报尾

报尾位于简报末页的下端，用两条平行线将主体部分与报尾隔开，在两条平行线内写上简报的发送单位及简报的印刷份数。

四、简报的写作要求

1. 内容要真实、确切

要本着实事求是的精神，客观、公正、如实地反映情况。所用材料要认真核实，做到准确无误，要敢于说真话，有喜报喜，有忧报忧，有成绩就总结经验，有问题就反映问题，否则将达不到效果。

2. 针对性、指导性要强

简报的编写必须以党和国家的路线、方针、政策为指导，结合党和国家的中心工作并针对本系统、本单位的工作任务来进行，从而起到有利于促进指导工作和解决实际问题的作用。

3. 篇幅要短小

简报是一种篇幅简短、内容简要的小报，是公务文书中的"轻骑兵"。一份简报，一个主题，要抓住关键，揭示本质，切忌拖泥带水、啰唆冗长。

节水工作简报

本章小结

规章制度和简报都是国家党政机关、企事业单位、社会团体常用的事务文书，应用频率很高，使用范围广泛。现行的规章文书，大致可分为四类十一种。规章类文书的作者具有限定性，即规章类文书并非每种文种都可以由任何单位或组织撰写。在写作时，其条款序号无论是章条式写法还是条款式写法，条目一般由开始一直排列到结尾。简报类文书要注意组编材料的典型性和相关性。简报要做到简、快、新、实。简报中的报道和消息要写得简短。

思考与练习

一、问答题

1. 规章制度包括哪些文种？

2. 简述规章制度的性质和作用。

3. 规章制度的结构一般包括哪些要素？写作中应注意什么？

4. 常用的规章制度有哪些种类？各有什么特点？

5. 简述条例和规定的类型。

6. 简述条例和规定的异同。

7. 哪些机关可以发布条例？

8. 哪些机关可以发布规定？

9. 简报的作用和类型有哪些？

10. 简报的特点是什么？

11. 简报的写作格式和要求。

二、写作题

1. 召开一次班会，组织集体讨论后拟订一份班级公约。

2. 将下面这篇会议记录改写为会议简报。

×××集团行政办公会议记录

时间：××××年×月×日

地点：集团办公楼小会议室

主持人：刘晓明总经理

参加人：任佳敏副总经理，王晓兰副总经理，人事处处长黄继颜，财务处处长姜沂蒙，安全处处长范飞平，集团办公室主任张国进

会议议题：

（1）三季度奖金发放办法；

（2）自然减员招工办法；

（3）有关人员的调动问题；

（4）对违反劳动纪律人员的处理。

会议决定事项：

（1）集团三季度奖金按照集团××××年×月制定的《奖金发放办法》第八条、第九条办理。

（2）这次自然减员招工，招收××××年以前参加工作的集团职工子女，并进行文化统考，择优录取（具体办法由人事处负责制订）。

（3）同意王益民同志以父母年事已高、身边无人照顾为理由，调往东乡分公司工作。

（4）同意李少波同志与集团驻上海办事处郭大敏同志对调，解决其夫妻长期两地分居问题。

（5）对集团车队司机万仁华无故旷工3天的行为，责成人事处在集团内部给予通报批评，并扣发旷工工资及当月奖金，调离集团车队。

×××集团办公室

××××年×月×日

第三篇　党政机关公文篇

第八章

党政机关公文概述

第一节　党政机关公文的性质、分类、特点与作用

一、党政机关公文的性质

公文，全称党政机关公务文书。中共中央办公厅和国务院办公厅 2012 年 4 月 16 日颁布，2012 年 7 月 1 日起施行的《党政机关公文处理工作条例》做出了明确、科学的界定："党政机关公文是党政机关实施领导、履行职能、处理公务的具有特定效力和规范体式的文书，是传达贯彻党和国家的方针政策，公布法规和规章，指导、布置和商洽工作，请示和答复问题，报告、通报和交流情况等的重要工具。"

公文是应用文中最重要、用途最广泛的文体。公文又统称文书材料，或称文件。公文、文书、文件这三个名词，难以严格区分。过去，在国家机关系统多叫公文，党的系统多叫文书、文件。2012 年 7 月以后，统称党政机关公文。不过，按通常理解，文书的外延较大，公文次之，文件较小。平常所说的文件，一般是指具有固定格式的有红色文件头并编号的正式公文。

二、党政机关公文的分类

公文分类，历来众说纷纭，划分标准不尽相同。根据不同的标准有不同的分类方法。如根据公文的性质，可分为指挥类、知照类、规范类、报请类公文；如按照公文的机密程度，可分为绝密、机密、秘密、普通公文；如按照行文方向，可分为平行文、上行文、下行文；如按照内容处理要求，可分为承办性公文和参阅性公文；如按照办理时限的要求，可分为特急、急件、一般文件等。

2012 年 4 月 16 日中共中央办公厅和国务院办公厅颁布的《党政机关公文处理工作条例》规定，我国党政机关公文种类主要有：决议、决定、命令（令）、公报、公告、通告、意见、通知、通报、报告、请示、批复、议案、函、纪要等 15 种。

三、党政机关公文的特点和作用

（一）党政机关公文的特点

公文明显不同于报刊、图书、资料等书面文字材料。公文是党政机关公务活动中形成的，是各级党政机关和组织行使法定职权、实施有效管理的重要工具，具有很强的现实效用性。具体来说，公文的特点主要表现在以下七个方面。

1. 公文有鲜明的政治性

公文产生于阶级、国家出现以后，其基本内容是党政机关的指挥意志、行动意图、公务往来的系统记录，直接反映国家政权的政治意向和根本利益。所以，公文具有鲜明的政治色彩。今天，各级机关和组织的公文，与党和国家的政治事务和人们的社会生活密切相关，它是传达贯彻党和国家的方针、政策、法律、法令，推进现代化建设的重要武器。

2. 公文有法定的作者

公文必须有法定的作者，即依法成立并能以自己的名义行使权利和承担义务的组织。党政机关，团体、企事业单位等，都是依据法律、条例、章程、决定、决议等建立和合法存在的，它们都是法定的作者。公文就是这些法定的作者根据自己的职能和权限制发的。

公文的作者，一般以文件版头、机关印章和领导人签署为凭证和取信的标志，不是指具体拟写文稿的执笔者。

公文主要以机关或机关某一部门的名义发布，有时也以机关和国家领导人的名义发布，如全国人大会议通过的法律，都是以全国人大常委会委员长或国家主席的名义发布的。有的是机关首长对所属工作人员的任免令或任免通知等。以领导人名义作为公文的作者，并非以私人身份出现，而是以他所在机关的领导人、负责人的身份发布的，是领导人、负责人行使自己职权的一种表现。而领导人、负责人的职务，又是经过委任或选举程序，报请上级机关批准的，因此，他们也是公文的法定作者。

3. 公文有法定的权威

作为机关的喉舌，公文可以代表机关发言，代表制发机关的法定权威。例如，中共中央文件就代表了党中央的意见；经过全国人大常委会通过、由全国人大常委会委员长或国家主席发布的法律法规，是加强法治的法律依据，具有法律权威。再如，国家行政领导机关发布的文件，代表了人民政府的职权和意图，具有行政领导和指挥的权威。

4. 公文有规范的体式

正因为公文代表了制发机关的法定权威，所以，制发公文是一件非常严肃的工作。为了维护公文的权威性和严肃性，中办、国办在《党政机关公文处理工作条例》中以法规的形式予以公布，要求以此为据施行，任何机关不得另搞一套，自行其是。

5. 公文有制发的程序性

公文从拟稿到发放直至销毁要经过很多环节，如拟稿、审核、签发、编号、缮印、核对、用印、登记、分发、立卷、归档、销毁等。这些都有规定的程序。必须按照规定的程序制发公文，以保证公文的质量和效用，做到准确、及时、安全。

6. 公文有内容的时效性

由于公文是在现实工作中形成和使用的，为推动现实工作而服务，因此，它的作用有时间的限制。这项工作一旦完成，由这项工作所形成并使用的公文的作用也随之结束。只是各种公文的寿命不等：有的时效长些，如法律性公文；有的时效短些，如某件具体事情的通知，在事情办过之后，公文的效用也就结束了。但是，这些公文曾经发生过效用，因此在它失效后依然具有查考的价值。因此，它需要立卷归档保存，转化成为机关档案。

7. 公文有读者的定向性

公文是由依法确立的作者制定给特定的读者对象的，因此，公文的读者对象有明确的范围，对其亦有明确的约束力。

（二）党政机关公文的作用

公文是传达和贯彻党和国家的方针政策，联系和处理各级机关公文的一种工具。充分认识公文的作用是使用好公文这一工具的重要前提。具体说来，它有以下几方面的作用。

1. 具有上传下达、互通情报的作用

公文作为国家处理政务的书面工具，可以将各级机关在按照党和国家的统一意志进行活动的过程中需要交流的精神意图、情况要求记录下来，传达开去，以沟通上下左右之间的联系。例如，中央党政领导机关在制定与发布各项方针、政策、法令时，就常利用公文传达到全国各个地区、各个机关、各级干部和广大人民群众中间去，组织与动员广大干部和群众贯彻执行。又如，下级机关经常以请示、报告、总结等公文形式，把工作中的情况和问题反映给上级领导机关。这对于上级机关了解下情、行使权力、推动工作，是一种必不可少的手段。

2. 具有工作依据和凭证的作用

上级机关的公文，对下级机关具有领导和指导作用。下级机关根据上级机关的公文制定和传达方针政策、工作任务和布置开展工作；上级机关根据下级机关的公文掌握情况，解决问题，指导工作；平行机关和不相隶属的机关之间，也可以根据往来的公文知照情况、洽商工作。离开了公文的依据和凭证作用，各级机关将无所遵循，难以开展正常而有秩序的工作。

3. 具有指挥和组织作用

公文是传达贯彻党和国家方针政策的工具。国家行政机关往往通过公文的制发，传达与宣传党和国家制定的各项方针政策，动员和组织广大干部群众贯彻执行，全面指挥和指导各项工作。公文是联络各级组织的重要手段，如建立机构、明确职能、任免干部，都要依靠公文来宣布。

4. 具有宣传教育的作用

这在下行文中表现得尤为明显。许多公文在传达贯彻党和国家的方针政策和布置工作时，一般都要阐明其指导思想，讲清道理，指出要求。它既是推动工作的工具，也是向干部群众进行宣传教育，使他们提高认识、统一思想的武器。

5. 具有法规和准绳作用

在党和国家权力机关、政府部门发布的规范性文件中，有相当一部分是法律、规定、条例和办法等，如《环境保护法》《中国共产党纪律处分条例》《党政机关公文处理工作条例》等，它们具有法定效力和准绳作用，这类法规性文件一经颁布，有关部门必须坚决执行，任何单位和个人都不得超出其范围。

应当指出的是，不同类型的公文作用也不尽相同；一件公文的作用，往往也不是单一的，而是同时有几种作用。

第二节　党政机关公文的书面格式、写作要求和行文规则

一、党政机关公文的书面格式

（一）党政机关公文的构成要素

一份完整的公文由一些规定的项目构成，这些项目就是公文的构成要素，或称公文的组成部分。《党政机关公文处理工作条例》第九条规定：公文一般由份号、密级和保密期限、紧急程度、发文机关标志、发文字号、签发人、标题、主送机关、正文、附件说明、发文机关署名、成文日期、印章、附注、附件、抄送机关、印发机关和印发日期、页码等组成。

（二）党政机关公文的书面格式

公文的书面格式是指公文的构成要素在公文文面上所处的位置和书写的样式。统一和规范公文的书面格式，目的是准确、有效地拟制、收集、传递和存储公文信息，提高公文处理的效率，以适应现代化管理的需要。

根据《党政机关公文格式》，公文格式各要素编排规则规定，组成公文格式各要素包括版头、主体、版记三部分。公文首页红色分隔线以上的部分称为版头；公文首页红色分隔线（不含）以下、公文末页首条分隔线（不含）以上的部分称为主体；公文末页首条分隔线以下、末条分隔线以上的部分称为版记。

版头部分包括公文份号、密级和保密期限、紧急程度、发文机关标志、发文字号、签发人、版头中的分隔线等七项。

主体部分包括标题、主送机关、正文、附件说明、发文机关署名、成文日期、印章、附注、附件等九项。

版记由分隔线、抄送机关、印发机关和印发日期等部分组成。

版记中如有其他要素，应当将其与印发机关和印发日期用一条细分隔线隔开。

页码位于版心外。

（三）党政机关公文的特定格式

根据《党政机关公文格式》规定，信函格式、命令格式、纪要格式是公文的三种特定格式。

1. 信函格式

发文机关标志使用发文机关全称或者规范化简称，居中排布，上边缘至上页边为30mm，推荐使用红色小标宋体字。联合行文时，使用主办机关标志。

发文机关标志下 4mm 处印一条红色双线（上粗下细），距下页边 20mm 处印一条红色双线（上细下粗），线长均为170mm，居中排布。

如需标注份号、密级和保密期限、紧急程度，应当顶格居版心左边缘编排在第一条红色双线下，按照份号、密级和保密期限、紧急程度的顺序自上而下分行排列，第一个要素与该线的距离为 3 号汉字高度的 7/8。

发文字号顶格居版心右边缘编排在第一条红色双线下，与该线的距离为 3 号汉字高度的 7/8。

标题居中编排，与其上最后一个要素相距两行。

第二条红色双线上一行如有文字，与该线的距离为 3 号汉字高度的 7/8。

首页不显示页码。

版记不加印发机关和印发日期、分隔线，其位于公文最后一面版心内最下方。

2. 命令（令）格式

发文机关标志由发文机关全称加"命令"或"令"字组成，居中排布，上边缘至版心上边缘为 20mm，推荐使用红色小标宋体字。

发文机关标志下空二行居中编排令号，令号下空二行编排正文。

单一机关制发的公文加盖签发人签名章时，在正文（或附件说明）下空二行、右空四字加盖签发人签名章，签名章左空二字标注签发人职务，以签名章为准上下居中排布。在签发人签名章下空一行、右空四字编排成文日期。

联合行文时，应当先编排主办机关签发人职务、签名章，其余机关签发人职务、签名章依次向下编排，与主办机关签发人职务、签名章上下对齐；每行只编排一个机关的签发人职务、签名章；签发人职务应当标注全称。签名章一般用红色。

3. 纪要格式

纪要标志由"××××纪要"组成，居中排布，上边缘至版心上边缘为 35mm，推荐使用红色小标宋体字。

标注出席人员名单，一般用 3 号黑体字，在正文或附件说明下空一行、左空二字编排"出席"二字，后标全角冒号，冒号后用 3 号仿宋体字标注出席人单位、姓名，回行时与冒号后的首字对齐。

标注请假和列席人员名单，除依次另起一行并将"出席"二字改为"请假"或"列席"外，编排方法同出席人员名单。

纪要格式可以根据实际制定。

（四）党政机关公文的排版规格与印制装订要求

根据《党政机关公文格式》规定：

公文用纸采用 GB/T 148 中规定的 A4 型纸，其成品幅面尺寸为：210mm×297mm。

页边与版心尺寸：公文用纸天头（上白边）为 37mm±1mm，公文用纸订口（左白边）

为 28mm±1mm，版心尺寸为 156mm×225mm。

字体和字号：如无特殊说明，公文格式各要素一般用 3 号仿宋体字。特定情况可以作适当调整。

行数和字数：一般每面排 22 行，每行排 28 个字，并撑满版心。特定情况可以作适当调整。

文字的颜色：如无特殊说明，公文中文字的颜色均为黑色。

装订要求：公文应左侧装订，不掉页。包本公文的封面与书心不脱落，两页页面之间误差不超过 4mm。

公文式样如图 8.1、图 8.2 所示。

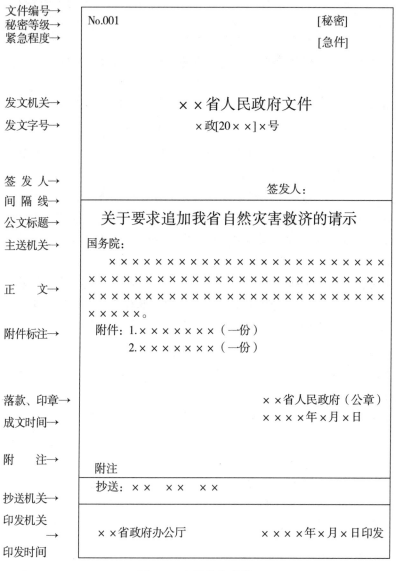

文件编号→
秘密等级→
紧急程度→

No.001   [秘密]

[急件]

发文机关→
发文字号→

××省人民政府文件

×政[20××]×号

签 发 人→
间 隔 线→

签发人：

公文标题→

关于要求追加我省自然灾害救济的请示

主送机关→

国务院：

正 文→

××××××××××××××××××××××
×××××××××××××××××××××××××
×××××××××××××××××××××××××
×××××。

附件标注→

附件：1.×××××××（一份）
2.×××××××（一份）

落款、印章→
成文时间→

××省人民政府（公章）

××××年×月×日

附 注→

附注

抄送机关→

抄送：××   ××   ××

印发机关
→
印发时间

××省政府办公厅   ××××年×月×日印发

图 8.1 上行公文式样

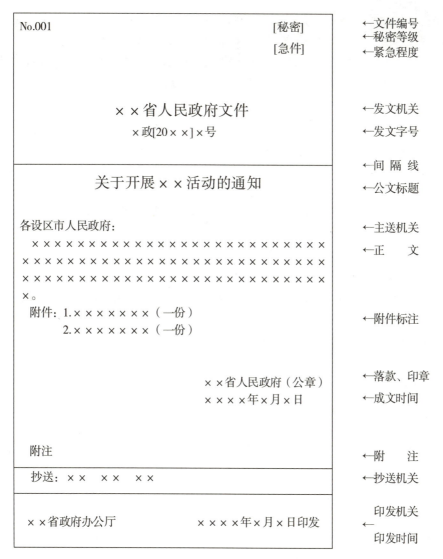

No.001 [秘密]	←文件编号
[急件]	←秘密等级
	←紧急程度
××省人民政府文件	←发文机关
×政[20××]×号	←发文字号
	←间 隔 线
关于开展××活动的通知	←公文标题
各设区市人民政府：	←主送机关
×××××××××××××××××××××	←正 文
×××××××××××××××××××××	
×××××××××××××××××××××	
×。	
附件：1.×××××× （一份）	←附件标注
2.×××××× （一份）	
××省人民政府（公章）	←落款、印章
×××年×月×日	←成文时间
附注	←附 注
抄送：××　××　××	←抄送机关
××省政府办公厅　　　×××年×月×日印发	印发机关 ← 印发时间

图 8.2　下行公文式样

二、党政机关公文的写作要求

一份公文内容清楚明了，文字简练确切，解决问题的措施得力，就能促进党和国家各项方针政策的贯彻执行，推动各项工作的开展。反之，一份思路不清、冗长杂乱、前后矛盾、不切实际的公文，必然使人费解或发生误解，以致失时误事，影响工作，甚至造成严重损失。

不同种类的公文，有不同的具体要求和写作方法，但不论哪类公文，都必须做到以下五项要求。

1. 要符合党和国家的方针、政策、法律、法令和上级机关的有关规定

党和国家的方针、政策、法律、法令体现了全国人民的根本利益，各级机关必须遵照执行。各级机关制发的公文，从根本上说，都是为了更好地贯彻执行党和国家的方针、政策、法律、法令和上级的有关规定。下级机关公文的权威性和约束力也在这里。从横向上

说，一份公文往往涉及许多方面，受多方面方针、政策的约束。因此，必须注意与各方面的政策法规相一致，防止互相抵牾。这就要求公文的起草人必须认真学习政治理论，学习研究党和国家的方针政策、法律法令，不断提高理论水平和政策水平，以习近平新时代中国特色社会主义思想的立场、观点和方法分析问题、解决问题。

2. 要符合客观实际，符合工作规律

公文是用来办事的文章，是据以解决问题的文章，必须实实在在。事实要真实可靠，数字要确实无误，结论要符合实际，办法要切实可行。这也就是说，公文的内容必须从实际出发，符合客观实际，符合工作规律。因此，公文起草人不能闭门造车、生逼硬挤，必须深入实际、调查研究，切实掌握新情况，分析新问题；同时要精通本行业务，学习有关知识，避免拟写公文时说"外行"话，抓不到点子上，说不到要害处。只有这样，才能真正运用唯物辩证法观察问题，有针对性地提出解决问题、指导工作的意见和措施，实事求是地答复和处理问题，踏踏实实地推动工作。

3. 公文的撰写和修改必须及时、迅速，反对拖拉、积压

机关工作居于组织领导地位，更要注意时效。因此，公文的撰写和修改也必须有紧迫的时间观念。有些紧急要件，有明显的时间要求，超时限就会误事，给工作造成损失。有些公文，虽然没有十分明显的时间要求，也不可掉以轻心，延缓拖拉，否则也会影响公文的效用。

4. 词章必须准确、严密、鲜明、生动

这是影响公文质量的重要因素之一。所谓词章，包括公文的结构、逻辑、文法、修辞等。具体说，应注意如下几点。

（1）条理要清楚。公文内容要有主次，有纲有目，层次分明，中心突出，一目了然。即使是较长的公文也应开门见山，一开头就要提出要点，用极简要的文字点出全文的中心，以唤起阅读者注意，并有一个总的概念，然后再分段陈述。长文分若干段时，每段也应采用这种办法。当公文有几层意思或几项要求时，要注意按照条理分清层次，以数字标明段落和项目，使之眉目清楚。

（2）文字要精练，篇幅要简短。简明是现代文书发展的趋势。写公文要惜墨如金，只要把意思表达清楚就行，该短则短，能用一个字表达明白的，决不用两个字。公文的语言文字，要求庄严郑重，朴实无华，简明扼要，不宜使用文艺作品中经常使用的描写、抒情等表达方法，也不要乱用形容词，矫揉造作，更不要乱用文言词语。而应直截了当，一是一，二是二，实话实说，不穿靴戴帽，不故弄玄虚，不短话长说。拟完草稿后，要反复修改，压缩文字，竭力将可有可无的字、句、段和不必要的空话、套话删去。

（3）遣词造句要准确。公文要讲究提法、分寸，措词用语要准确地反映客观实际，做到文如其事、恰如其分。例如，一项工作只完成一部分，就不能说"基本上完成"；一项活动只有一部分人参加，就不能说"普遍参加"等。引用有关公文时，要写明此公文的标题、编号和发文时间。数字除公文编号、统计表、计划表、序号、专用术语和其他必须用阿拉伯数码表示者外，一般用汉字书写。

（4）说理要合乎逻辑。公文的观点要明确，概念要准确，切勿模棱两可，含糊其词，以致产生歧义，耽误工作。推理要合乎逻辑，不能胡乱联系和主观武断。

（5）造句要合乎文法，通俗易懂，并注意修辞。不要随便生造一些难解其义的缩略

语。如果是约定俗成，已为大家所公认的，也可以使用，如"省委""省政协"等，但在正式的比较严肃的公文中，应该使用全称。

（6）要正确使用标点符号。乱用标点符号，往往有害文意的正确表达，必须引起高度重视。

5. 要符合保密制度的要求

党和国家的机密，绝大部分包含在各种公文中。拟制公文时，对于机密材料的使用，一定要审慎。凡拟写具有机密内容的公文，必须严格按保密规定，划定并标明机密等级，以便按保密程序印制封发，确保党和国家机密的安全。

三、党政机关公文的行文规则

行文规则，是指党政机关行文中必须遵循的行为规范，包括坚持公文处理原则、正确处理行文关系、准确把握行文方向、以恰当的行文方式行文等。《党政机关公文处理工作条例》第四章规定了行文规则。

党政机关公文的行文首先要遵循确有必要的原则，规定"行文应当确有必要，讲求实效，注重针对性和可操作性"。根据党政机关之间的不同行文关系，可以将党政机关行文分为上行、下行和平行三个方向。根据行文方向、机关工作的需要公文可分为不同的行文规则。

（一）下行文规则

（1）党政机关各部门依据部门职权可以互相行文和向下一级党政机关的相关业务部门行文；除以函的形式商洽工作、询问和答复问题、审批事项外，一般不得向同级党政机关正式行文。

（2）部门之间对有关问题未经协商一致，不得各自向下行文。如擅自行文，上级机关应当责令纠正或撤销。

（3）上级机关向受双重领导的下级机关行文，必要时应当抄送其另一上级机关。

（4）向下级机关或者本系统的重要行文，应当同时抄送直接上级机关。

（二）上行文规则

（1）请示应当一文一事；一般只写一个主送机关，需要同时送其他机关的，应当用抄送形式，但不得抄送其下级机关。

（2）报告不得夹带请示事项。

（3）一般不得越级请示和报告。

（4）除上级机关负责人直接交办的事项外，不得以机关名义向上级机关负责人报送请示、意见和报告。

（5）受双重领导的机关向上级机关行文，应当写明主送机关和抄送机关。

（三）联合行文规则

（1）同级党政机关、同级党政机关各部门、上级党政机关部门与下一级党政机关可以联合行文。

（2）党政机关与同级军队机关可以联合行文。

（3）政府部门与相应的党组织和军队机关可以联合行文。

（4）党政机关部门与同级人民团体和具有行政职能的事业单位也可以联合行文。

（四）其他行文规则

（1）属于部门职权范围的事务，应当由部门自行行文或联合行文。联合行文应明确主办部门。须经政府审批的事项，经政府同意也可以部门行文，文中应注明经政府同意。

（2）属于主管部门职权范围内的具体问题，应当直接报送主管部门处理。

本章小结

　　党政机关公文是党政机关实施领导、履行职能、处理公务的具有特定效力和规范体式的文书，是传达贯彻党和国家的方针、政策，公布法规和规章，指导、布置和商洽工作，请示和答复问题，报告、通报和交流情况等的重要工具。公文一般由份号、密级和保密期限、紧急程度、发文机关标志、发文字号、签发人、标题、主送机关、正文、附件说明、发文机关署名、成文日期、印章、附注、附件、抄送机关、印发机关和印发日期、页码等组成。根据党政机关之间的不同的行文关系，可以将党政机关行文分为上行、下行和平行三个方向，并根据党政机关工作的需要分为几种不同的行文方式。

思考与练习

1. 什么是公文？如何理解公文的内涵？
2. 公文有什么特点？请加以具体说明。
3. 公文有哪些作用？
4. 现行的《党政机关公文处理工作条例》中规定的公文有多少种？
5. 公文的正文和版记由哪些部分构成？它们各自的作用是什么？
6. 公文写作的基本要求有哪些？

第九章

党政机关公文分述

第一节 命令（令） 决议 决定 意见

一、命令（令）

命令与令同属一类公文，令是命令的简称。命令和令是由国家行政领导机关和领导人依据有关法律规定，发布行政法规和规章，宣布施行重大强制性行政措施，批准授予和晋升衔级、嘉奖有关单位和人员时所使用的指挥性公文。

《党政机关公文处理工作条例》规定："命令（令），适用于公布行政法规和规章、宣布施行重大强制性措施、批准授予晋升衔级、嘉奖有关单位和人员。"

因命令和令具有法定的权威性和强制执行的作用，因此，并非所有行政机关或领导人都有发布命令（令）的权力。根据我国《宪法》规定，国家主席、全国人民代表大会常务委员会委员长、国务院、国务院总理、国务院所属各委员会主任、国务院所属各部部长以及各级人民政府、省长、自治区政府主席、市长、县长等，才有发布命令（令）的职权。

命令（令）主要是用来传达党政领导机关或领导人决定的，不必作具体意义的阐述，因此，要求文章必须简练，篇幅简短，语气要坚定，不能模棱两可。

例文

中华人民共和国国务院关于发行新版人民币的命令

国发〔1987〕39 号

为了适应国民经济发展的需要，进一步健全我国货币制度，方便流通使用和交易核算，现决定：

一、责成中国人民银行自 1987 年 4 月 27 日起陆续发行一套新版人民币。新版人民币面额，主币有一元、二元、五元、十元、五十元和一百元六种；辅币有一角、二角、五角三种。现行一分、二分、五分三种纸、硬辅币继续流通。

二、新版人民币与现行人民币的比率为 1∶1，即新版人民币一元和现行人民币一元等值，其余类推。

三、新版人民币发行后，与现行人民币混合流通，具有同等的价值尺度和流通、支付、贮藏手段的职能。任何单位或个人，均不得以任何理由拒收其中任何一种人民币。

四、新版人民币各种券别的发行时间，责成中国人民银行陆续通告周知。

五、凡破坏新版人民币发行或借发行新版人民币之机从中渔利、扰乱金融市场者，均依法惩处。对上述违法行为，全国人民均有权向当地人民政府和司法机关检举揭发。

国务院总理　×××

1987 年 4 月 25 日

例文

中华人民共和国财政部令

第 110 号

《政府采购框架协议采购方式管理暂行办法》已经于 2021 年 12 月 31 日部务会议审议通过，现予公布，自 2022 年 3 月 1 日起施行。

部长　刘昆

2022 年 1 月 14 日

二、决议

1. 决议的概念和特点

《党政机关公文处理工作条例》规定决议"适用于会议讨论通过的重大决策事项"。决议是经过会议讨论通过，对某些重大事项、重大问题做出决策，并要求贯彻执行的书面文件。

决议有的是事先草拟成文，付诸表决的；也有的是根据会议记录整理而成的。凡是特别写成文件的决议，一般都是比较重要的，需要作为单独的文件向有关方面传达，并且要求贯彻执行。

决议的特点如下。

（1）权威性。决议是经过党政领导机关的会议讨论通过才能生效并由党政领导机关发布的，是党政领导机关意志的反映。决议的内容事关重要决策事项，一经公布，都必须坚决执行。

（2）指导性。决议表述的观点对事项的评价都具有指导意义。

2. 决议的种类

决议的类型有两种。

（1）公布性决议。将该次会议中某项或某几项应向社会公布的事项摘要整理，以决议的形式向外公布。

（2）批准性决议。将该次会议中批准的某一重大事项以决议的形式向外公布。

3. 决议的格式

决议由首部和正文两部分组成。

（1）首部。

首部包括标题和成文时间两部分。

决议的标题有两种形式：一种是由发文机关、事由和文种构成；另一种是由事由和文种构成。

成文时间，即决议通过的日期，一般写在标题下，在小括号内注明会议名称及通过时间，也可只写年、月、日。

（2）正文。

正文由决议根据和决议事项两部分组成。正文的写法有两种：一种适用于内容单一的决议，把议定的事项直接叙写出来；另一种适用于内容复杂的决议，将决议事项分条列项表述出来。

4. 决议的写作要求

（1）拟写决议，在章节、段落、遣词用句等方面，要科学、严谨、精炼、准确无误。

（2）对所有决定的问题，要做出不容置疑的结论式的判断和决策，交付受文者照章执行，不得违反。

（3）拟写决议，为了表述清楚、结构严谨，多采用条文形式，一条一个含义，一个结论，上转下承，紧密衔接，不作过多的阐述和解释。

例文

中华人民共和国第五届全国人民代表大会
第五次会议关于中华人民共和国国歌的决议

（1982 年 12 月 4 日第五届全国人民代表大会第五次会议通过）

第五届全国人民代表大会第五次会议决定：恢复《义勇军进行曲》为中华人民共和国国歌，撤销本届全国人民代表大会第一次会议 1978 年 3 月 5 日通过关于中华人民共和国国歌的决定。

三、决定

1. 决定的概念和种类

决定是党政机关和社会团体就某一重要事项或重大行动做出决策和安排的指导性公文。决定一经作出，不容改变，必须照办。它具有法规作用，或具有行政约束力。

中共中央关于党的
百年奋斗重大成就
和历史经验的决议

《党政机关公文处理工作条例》规定决定"适用于对重要事项做出决策和部署、奖惩有关单位和人员、变更或者撤销下级机关不适当的决定事项"。

决定可以分为以下几种类型。

（1）法规性决定。它用于发布权力机关制定、修订或试行的法律文件以及政府部门制定的行政法规，如《全国人民代表大会常务委员会关于修改〈中华人民共和国国境卫生检疫法〉的决定》。

（2）指挥性决定。它用于对某一重要事项或重大行动做出决策或部署，如《国务院关于加强档案工作的决定》。

（3）知照性决定。有些事情比较重要，需要让人们知道，用决定的形式公布只是"广而告之"的意思，并不需要人们都去实施，如人大常委会关于人大全体会议何时在何地召开的决定。

（4）奖惩性决定。对某些性质重要、影响较大的个人或事件做出的决定，目的是引起人们的注意或警惕，扩大正面影响，缩小消极影响，如《中华全国总工会关于授予孟二冬同志全国五一劳动奖章的决定》。

（5）变更性决定。上级领导机关可以用决定的形式变更或者撤销下级机关不适当的决定事项。宪法规定，全国人大常委会有权撤销国务院及各级地方权力机关制定的同宪法、法律相抵触的法规和规定，国务院有权撤销各部、委员会、地方各级行政机关不适当的决定。

2. 决定的特点

（1）性质重要。决定一般是由领导集团或权力机构针对重要事项或者重大行动，集体讨论研究后做出的安排和部署，因而其性质重要。决定的实施一般会产生重大影响。

（2）政策性强。决定涉及的问题重大，它公布后，对下级机关和群众的活动有指导和向导作用，因而政策性极强。稍有偏差，就会给工作带来损失。

（3）有约束力。决定对有关人员具有约束力，它的执行是带强制性的。一经决定的事情，有关人员不能以任何借口拒不执行，改变决定必须经过一定的法定程序。

3. 决定的格式

决定的格式包括标题、发文字号、正文、落款等几部分组成。

决定的标题由决定机构、决定事由、文种三部分构成。有的在标题下面用括号标出决定的日期，有的还标明由什么会议通过。

决定的正文，不同类型的写法略有不同。

（1）法规性决定。一般由决定理由、决定事项、执行时间三部分组成。

（2）指挥性决定，一般由决定理由、决定事项、执行要求三部分组成。写作时要做到决定理由充分，决定事项清楚，执行要求明确。

（3）知照性决定，正文写作比较简单，只要把需要"广而告之"的决定事项一一列出即可。决定的理由或根据，只需简单说明一下，有的可以不说。

（4）奖惩性决定，一般由决定理由、决定事项、期望要求三部分组成。对奖惩做出决定，主要是扩大影响，让群众学习榜样、警惕错误，所以事实分析（即决定理由）要清楚，期望要求要具体。

（5）变更性决定，由变更原因、变更内容、期望要求三部分组成。

4. 决定的写作要求

（1）决定的理由要写得简短明确。
（2）决定的事项要写得准确具体，具有可行性。
（3）决定的文字要准确、鲜明、简洁，以便领会和执行。

全国人民代表大会
常务委员会关于维护
互联网安全的决定

例文

国务院关于修改《中华人民共和国烟草专卖法实施条例》的决定

（2021 年 11 月 10 日）

为加强电子烟等新型烟草制品监管，国务院决定对《中华人民共和国烟草专卖法实施条例》作如下修改：

增加一条，作为第六十五条："电子烟等新型烟草制品参照本条例卷烟的有关规定执行。"

此外，对条文顺序作相应调整。

本决定自公布之日起施行。

《中华人民共和国烟草专卖法实施条例》根据本决定作相应修改，重新公布。

四、意见

1. 意见的概念和种类

意见是党政机关对重要事项发表的对工作具有指导性质的公文。《党政机关公文处理工作条例》规定意见"适用于对重要问题提出见解和处理办法"。

意见，在很长时间都未被列为正式公文文种，但在实际工作中，党政机关和社会团体常用这种文体对重要问题发表见解。1996 年中共中央办公厅发布的《中国共产党机关公文处理条例》和 2000 年国务院颁布的《国家行政机关公文处理办法》才将该文种定为行政公文。意见既可作为上行文，也可作为下行文，因而意见的类型也就有两种。

（1）直接指导型。上级领导机关直接对重要问题发表意见，用以指导下级机关的工作，这种意见具有原则性和方向性，下级机关在贯彻执行意见时，可以根据本地区本部门的实际情况灵活处理，如《国务院关于开展城镇居民基本医疗保险试点的指导意见》。

（2）批转执行型。这类意见由职能部门提出，经领导机关同意，批转或转发给各部门执行。因职能部门主管某一方面的工作，对这方面的工作比较熟悉，能提出一些做好这方面工作的意见。但有些工作需要其他部门配合，各部门共同来做，而它们又无权指挥其他部门。在这种情况下，它们只能把意见报送上级领导机关，经上级领导机关研究同意后，再批转或转发给各部门遵照执行。这类意见的内容要求比较具体，各部门执行起来比较方便，如《国务院办公厅转发〈关于做好稳定住房价格工作意见〉的通知》。

2. 意见的特点

（1）明确具体。意见的制发往往是针对工作中急需解决的问题或必须克服的倾向，因此它要结合实际问题进行分析，提出解决问题的办法要明确具体。

（2）可操作性强。意见作为面向重要问题提出的见解和处理办法，对实际工作有着极强的指导作用，下级机关和有关部门必须按照意见的精神办理。因此，意见的可操作性很强。

3. 意见的格式

意见的格式包括标题、发文字号、主送机关、正文、落款等几部分。

意见的标题与其他公文文种的标题格式一样，由"发文机关+事由+文种"构成。但如果经上级领导机关批转或转发，则上级领导机关大多用"通知"的形式下达，而将"意见"全文附在后面。"通知"的标题中包含"意见"的标题。

发文字号包括机关代字、年份、序号。

主送机关为应知照的单位或群体。

意见的正文，就其大体格式而言，应包括两个部分：一是情况概述，即简单介绍制定意见的起因和背景，这部分内容应简洁；二是意见的具体内容，这部分应该详尽，而且具体可行，写清楚对工作的具体要求和实施的原则、方法、步骤等，便于受文机关按照意见的要求贯彻执行。

落款要署发文机关的名称，并在落款下面署上发文时间。

4. 意见的写作要求

意见的内容要明确原则而不空洞，具体而不烦琐，要让受文单位知道应该怎么做，又不至于束缚受文单位的创造性。

国务院办公厅关于深化电子电器行业管理制度改革的意见

第二节　公报　公告　通告　通知　通报

一、公报

1. 公报的概念和作用

公报也称新闻公报，是党政机关和人民团体公开发布重大事件或重要决定事项的报道性公文，是党和国家经常使用的重要文种。

《党政机关公文处理工作条例》规定公报"适用于公布重要决定或者重大事项"。

公报是周知性的公文文种，公报的内容要公开登报，要上电视、广播。其周知的范围极广，有的面向全国，有的面向全世界。

2. 公报的种类

公报依据发文主体的不同分为两类。

一类是党政机关或团体发布重大事件、重要决定的公报。党、政、团体发布的公报可因内容的不同，又分为事件性公报和会议性公报两种。

一类是联合公报。联合公报是用于两个或两个以上国家的政府、政党、团体的代表就会谈、访问等事宜所发表的公报。

3. 公报的格式

公报包括首部、正文和尾部三部分。

（1）首部，包括标题和成文时间。

公报的标题常见的有三种形式。第一种是直写文种，如《新闻公报》；第二种是由会议名称和文种构成，如《中国共产党第二十届中央委员会第一次全体会议公报》；第三种是联合公报，由发表公报的双方或多方国家的简称、事由、文种构成，如《中美上海公报》。

成文时间，用括号在标题之下正中位置注明。

（2）正文，包括开头、主体两部分。

开头，即前言部分。事件性公报要求用最鲜明、最精练的语言概述事件的核心内容，即何时、何地、发生了什么重大事件；会议性公报要求概述会议的名称、时间、地点、参加人员等；联合公报要求概述公报的来由，即在何时、何地、谁与谁举行了什么会谈或谁对谁进行了什么性质的访问等。

主体，即公报的核心内容，要求把公报的内容完整、系统、有序地表达清楚。常见的有三种写作方式：一种是分段式，即每段说明一层意思或一项决定；第二种是序号式，多用于内容复杂、问题较多的公报；第三种是条款式，多用于联合公报。

（3）尾部。事件性公报和会议性公报一般没有尾部。联合公报要在正文之后写明双方签署人的身份、姓名及签署时间，并写明签署地点。

中美上海联合公报

例文

<h3 style="text-align:center">中国共产党第二十届中央委员会第一次全体会议公报</h3>

（2022年10月23日中国共产党第二十届中央委员会第一次全体会议通过）

中国共产党第二十届中央委员会第一次全体会议，于2022年10月23日在北京举行。出席全会的有中央委员203人，候补中央委员168人。中央纪律检查委员会委员列席会议。习近平同志主持会议并在当选中共中央委员会总书记后作了重要讲话。

全会选举了中央政治局委员、中央政治局常务委员会委员、中央委员会总书记；根据中央政治局常务委员会的提名，通过了中央书记处成员，决定了中央军事委员会组成人员；批准了二十届中央纪律检查委员会第一次全体会议选举产生的书记、副书记和常务委员会委员人选。名单如下：

一、中央政治局委员

（按姓氏笔画为序排列）

丁薛祥　习近平　马兴瑞　王毅　王沪宁　尹力　石泰峰　刘国中　李希　李强　李干杰　李书磊　李鸿忠　何卫东　何立峰　张又侠　张国清　陈文清　陈吉宁　陈敏尔　赵乐际　袁家军　黄坤明　蔡奇

二、中央政治局常务委员会委员

习近平　李强　赵乐际　王沪宁　蔡奇　丁薛祥　李希

三、中央委员会总书记

习近平

四、中央书记处书记

蔡奇　石泰峰　李干杰　李书磊　陈文清　刘金国　王小洪

五、中央军事委员会主席、副主席、委员

主　席：习近平

副主席：张又侠　何卫东

委　员：李尚福　刘振立　苗华　张升民

六、中央纪律检查委员会书记、副书记、常务委员会委员

书　记：李希

副书记：刘金国　张升民　肖培　喻红秋（女）　傅奎　孙新阳　刘学新　张福海

常务委员会委员（按姓氏笔画为序排列）：

王晓萍（女）　王爱文　王鸿津　刘金国　刘学新　许罗德　孙新阳　李希　李欣然（满族）　肖培　张升民　张福海　陈国强　赵世勇　侯凯　闫柏（纳西族）　喻红秋（女）　傅奎　穆红玉（女）

二、公告、通告

1. 公告、通告的概念和类型

公告是政府机关、企事业单位和社会团体向国内外宣布重要事项或法定事项的告知性文体。

通告是政府机关、企事业单位和社会团体在一定范围内公布事项的告知性文体。

《党政机关公文处理工作条例》规定公告"适用于向国内外宣布重要事项或者法定事项"，通告"适用于在一定范围内公布应当遵守或者周知的事项"。

按照其适用范围，公告分为法规性公告、知照性公告，通告分为禁止性通告和知照性通告。

法规性公告，适用于政府机关及其职能部门，依据国家法律法规赋予的权力发布。

知照性公告，适用于政府机关、企事业单位或社会团体向国内外发布重要事项。

禁止性通告，适用于地方各级政府及其职能部门，依据国家法律法规赋予的权力制定发布。禁止性通告带有强制性，要求人们按照通告的内容执行。

知照性通告，适用于政府机关、企事业单位或社会团体。知照性通告发布的目的，只是让人们知道某一重要事项，并不需要人们去遵守或执行，它不具有强制性，具有通知的性质。

2. 公告、通告的特点和差异

公告、通告是性质相近而又有一定差别的文种，它们在以下三个方面表现出大同小异的特点。

（1）发布的公开性。公告和通告的内容都是公开的，发布的目的是要让人们知道或遵守。差别在于发布的范围不尽相同。一般来说，公告涉及的范围广，它通常通过新闻媒体向社会甚至向全世界发布，范围没有限制；而通告既可以通过新闻媒体发布，也可以只在一定范围内张贴公布，如某一区域处理该区域内部事务的通告，就没有必要拿到区域以外去张贴。

（2）事项的重要性。公告和通告都是由政府机关、企事业单位或社会团体发布的，其内容涉及较多的公众，因而必须是重要的事情才可以使用公告、通告的形式发布。一般用公告发布的都是比较重大的事情；而用通告公布的，其重大程度虽次于公告，但在其适用范围内，也是重要的事情。如是一般性的事情，则可以使用通知或其他形式。

（3）操作的严肃性。公告一般由国家各级政权机构发布，涉及地方法规的，必须由省级以上人民代表大会批准，一般机关团体不能随意发布公告。发布通告的机构也要注意自己的权限范围，不能越权办事；不代表法定机构的团体或个人，不能随意发布通告。

3. 公告、通告的格式

公告和通告的格式包括标题、正文和落款三部分。

公告和通告的标题由发文机关+事由+文种构成。有的公告和通告不写事由，只写发文机关和文种；有的公告和通告只写文种，发文机关和事由都省去；还有一种是事由+文种。

公告和通告的正文一般由事由和事项两部分组成。事由是发布公告、通告的原因或依据，事项是公告和通告的具体内容。并常用"现予公告""特此公告"或"特此通告"结尾。

公告或通告的落款，是在正文的右下方签署发布机关名称，并在落款的正下方写上发布日期。如果发布机关名称在标题中出现，可以省去，发布日期也可以用圆括号标在标题的正下方。

4. 公告、通告的写作要求

（1）公告和通告的写作要符合权限。在写作前一定要明确发布该文种是否在自己的权力范围之内，不能越权发布。

（2）公告和通告的写作要一事一告。公告和通告的内容限于谈一件事或一个问题，不要把性质不同的事件放在一起。

（3）公告和通告的内容要明确，语气要庄重。公告和通告都是公开宣布较重要的事项，要求有关人员知晓或遵守，所以公告和通告的内容一定要十分明确，以免造成误解，在执行中出现差错。

例文

国家市场监督管理总局 国家互联网信息办公室关于实施个人信息保护认证的公告

2022 年第 37 号

为贯彻落实《中华人民共和国个人信息保护法》有关规定，规范个人信息处理活动，促进个人信息合理利用，根据《中华人民共和国认证认可条例》，国家市场监督管理总局、国家互联网信息办公室决定实施个人信息保护认证，鼓励个人信息处理者通过认证方式提升个人信息保护能力。从事个人信息保护认证工作的认证机构应当经批准后开展有关认证活动，并按照《个人信息保护认证实施规则》（见附件）实施认证。

特此公告。

附件：个人信息保护认证实施规则

国家市场监督管理总局 国家互联网信息办公室

2022 年 11 月 4 日

例文

工业和信息化部 国家互联网信息办公室关于进一步
规范移动智能终端应用软件预置行为的通告

工信部联信管函〔2022〕269 号

为进一步规范移动智能终端应用软件预置行为，保护用户权益，提升移动互联网应用服务供给水平，构建更加安全、更有活力的产业生态，促进移动互联网持续繁荣发展，根据《中华人民共和国网络安全法》《中华人民共和国个人信息保护法》《中华人民共和国电信条例》，现将有关事项通告如下。

一、本通告所称预置应用软件，是指由生产企业预置，在移动智能终端主屏幕和辅助屏界面内存在用户交互入口，为满足用户应用需求而提供的、可独立使用的软件程序。

二、移动智能终端应用软件预置行为应遵循依法合规、用户至上、安全便捷、最小必要的原则，依据谁预置、谁负责的要求，落实企业主体责任，尊重并依法维护用户知情权、选择权，保障用户合法权益。

三、生产企业应确保移动智能终端中除基本功能软件外的预置应用软件均可卸载，并提供安全便捷的卸载方式供用户选择。

四、基本功能软件限于以下范围。

（一）操作系统基本组件：系统设置、文件管理；

（二）保证智能终端硬件正常运行的应用：多媒体摄录；

（三）基本通信应用：接打电话、收发短信、通讯录、浏览器；

（四）应用软件下载通道：应用商店。

实现同一基本功能的预置应用软件，至多有一个可设置为不可卸载。

五、生产企业应完善移动智能终端权限管理机制，提升操作系统安全性，采取技术和管理措施预防在产品流通环节发生置换操作系统和安装应用软件的行为。

六、生产企业应按照《移动智能终端应用软件预置和分发管理暂行规定》（工信部信管〔2016〕407 号）有关规定，保证预置应用软件安全合规，明示所提供预置应用软件的相关信息，履行登记、审核、监测、留存、下架等全链条管理责任，完善投诉受理制度等服务保障措施，及时处理用户投诉，落实个人信息保护责任。

七、工业和信息化部会同国家互联网信息办公室加强对预置应用软件的监督检查。对违反本通告的行为，依照有关法律法规规定进行处理。

八、本通告自 2023 年 1 月 1 日起执行。

特此通告。

工业和信息化部

国家互联网信息办公室

2022 年 11 月 30 日

三、通知

1. 通知的概念和类型

通知是一种使用范围较广、以下行为主，也可以平行的文种。通知是向特定的对象告知或传达有关事项或文件，让对象知道或执行的公文。

《党政机关公文处理工作条例》规定通知"适用于发布、传达要求下级机关执行和有关单位周知或者执行的事项，批转、转发公文"。

根据适用范围的不同，通知可分为六大类。

（1）发布性通知，用于发布规章制度。用通知发布规章制度，是领导机关或职能部门根据实际工作需要做出的一些具体规定，使用条例、规定、办法、守则等文种名称，在和法律法令保持一致的前提下，它们同样具有强制性约束力。

（2）批转性通知，用于上级机关批转下级机关的请示、报告等公文给有关人员，让他们周知或执行。

（3）转发性通知，用于转发上级机关和不相隶属机关的公文给有关人员，让他们周知或执行。

（4）指示性通知，用于上级机关指示下级机关如何开展工作。它是上级机关针对工作中出现的带有普遍性问题提出的解决办法，要求下级机关执行。指示性通知对下级机关具有强制性约束力。

（5）任免性通知，用于任免和聘用干部。在机关或系统内部，任免和聘用干部，一般用通知的形式传达给有关机构或工作人员，也可以用通知的形式告知本人。

（6）事务性通知，用于处理日常工作中的事务性事情。庆祝某个节日，成立、调整、合并、撤销某个机构，启用印章，更正文件差错，请下级机关报送有关材料，请有关人员出席会议等，都可以用这种通知。

2. 通知的特点

（1）广泛性。通知在公务活动中应用最广泛，使用频率最高，上至高层机关，下至基层单位，大到全国范围内的重大安排，小到一个单位内部告知一般事项，都可以用通知行文。

（2）晓谕性。通知总有所告知，有所要求，即包含"晓"和"谕"两重功用，或告诉人们有关事项，或要求办理、遵守执行，具有告知性、规定性和权威性。

（3）时限性。通知的时间观念往往很强，给人以紧迫感。通知要求办理或者执行的事情不能拖延，必须在限期内完成，否则失效，甚至贻误大事。

3. 通知的格式

通知常由标题、主送机关、正文、落款几部分组成。

不论哪种类型的通知，都要注意以下五点。

（1）通知一般都要有一个符合标题"三要素"（发文机关、事由、文种）的标题，使人一看标题就知道是通知什么事情或要求做什么事情。

（2）通知标题下面、正文之前，要写明被通知的单位（主送机关）。被通知的单位可以是一个或几个，也可以是所有的下属单位。

（3）如果所通知的事项需要被通知的单位尽快知道，可在"通知"之前加"紧急"二字，这就是我们常见的"紧急通知"。

（4）通知的正文一般包括通知的缘由和事项两部分，行文时要交代清楚发文的原因、意图和目的，通知什么事情，有哪些具体要求和意见，受文单位应如何办理。

（5）在正文的右下方签署发文机关名称和成文日期。如果发文机关在标题中标明，落款时可以省去。

4. 通知的写作要求

（1）事项明确，要求具体。通知事项所涉及的原则、办法、措施、步骤、要求等要清楚具体，避免空泛。表述要力求简明扼要，但重点部分要讲清说透，以便他人准确理解，从而不折不扣地贯彻执行。

（2）态度鲜明，语气肯定。通知的内容多为交办或告晓的事项，具有较强的权威性，因此宜多用祈使句式或主谓完全句式，以利于增强语势，果断坚决、主张鲜明、不留余地。

国务院关于开展
第五次全国经济
普查的通知

四、通报

1. 通报的概念和类型

通报是在一定范围内表彰先进、批评错误、传达事项的告知性公文。

《党政机关公文处理工作条例》规定通报"适用于表彰先进、批评错误、传达重要精神和告知重要情况"。

比较通报和其他公文文种的适用范围可以发现，表彰先进、批评错误是通报的特有功能，而传达事项则是不少下行公文都具有的功能，所以表彰先进、批评错误是通报的主要功能。

根据通报承担的任务，可以把通报分为三类。

（1）表彰性通报，用于表彰先进人物或先进集体，公布他们的先进事迹，宣布给他们的奖励，分析他们的先进思想，指出应该向他们学习什么。

（2）批评性通报，用于批评犯错误的个人或群体，公布他们的错误事实，宣布给他们的处分，分析错误的性质，指明应吸取的教训。

（3）情况通报，用于将领导机关所掌握的精神或情况传达给下属，以便下属在开展工作、处理问题时，做到心中有数。

2. 通报的特点

（1）周知性。要让发文范围内的所有人都知道通报的情况。无论是表彰先进、批评错误，还是传达事项，通报的告知对象主要不是当事人和少数领导，而是一定范围的广大读者。

（2）指导性。通报的目的不仅仅是要让读者知道发生了什么事，更重要的是要让读者认清事情的性质，提高思想认识，即通报应对读者的思想、行为有指导和向导作用。

3. 通报的格式

通报的格式与通知相似，由标题、主送机关、正文、落款几部分组成。

标题多用"发文机关+事由+文种"或"事由+文种"的形式，单位内部比较简单的通报也可以只用"通报"二字作标题。

通报的标题除常见的"公文式标题"外，还有"新闻式标题"，这种标题一般都会概括通报的主旨或主要内容。有的在正标题后加一个副标题，说明发文机关和文种；还有一种是在正标题前写一个眉题。

通报的行文对象有专指的，必须写明主送机关；普发性的通报可以不写主送机关，或在附注的发至范围中注明。

通报的正文根据其内容不同，写作的形式也有所不同。

表彰性通报有两类：一是表扬某些突发性的好人好事；二是表彰先进集体和先进个人。二者写法不同。

（1）表扬好人好事的。它常有四层意思：第一层，将何人、何时、何地、何事这些要素交代清楚；第二层，对通报事项作客观分析和评价，表述要简练、概括，不作过多议论；第三层，做出决定，如精神、物质奖励；第四层，号召向被表扬的人学习。

（2）表彰先进集体和先进个人的。这类通报或是表扬一批人或某些单位，或是肯定先进个人的先进事迹，对他们的先进事迹进行高度的概括，提出表彰决定，最后发出学习的号召。

批评性通报可分为批评坏人坏事和通报事故两类，写法也不一样。

（1）批评坏人坏事的。它也有四层意思：第一、二、三层与表扬好人好事的写法相同；第四层，对下级做出指示、要求，要求他们引以为戒。

（2）事故通报。它也有四层意思：第一层为何时、何地、何单位，发生了什么事故，带来了什么危害、损失、后果；第二层，对事故进行分析，着重分析产生事故的原因；第三层，处理的决定；第四层，为防止此类事故再次发生，提出整改措施。

传达性通报应从实际出发，根据需要确定写法。有的通报可以用分段式，将重要情况（精神）加以归纳和概括，综合为一体；有的通报可以用小标题式，把重要情况（精神）融汇其中，集中精炼地概括成几个问题；有的通报可以用三段式的写法，即开端交代通报事件的基本情况或基本精神，接着做出若干决定，最后提出要求、号召或希望等。

落款和日期，一般放在正文之后的右下角。

4. 通报的写作要求

（1）内容要有时代感。通报的内容必须以党和国家的方针、政策为基础，必须与当前的中心工作相结合，充分体现时代精神。

（2）写作要及时迅速。以指导当前的工作为目的，缺乏时效性就不能起到很好的教育和指导作用。

（3）事例要有典型性。通报的事例必须具有典型性，富有教育意义，才可作为榜样和借鉴。无论表彰或批评，事例应当让人感到确实值得学习或引以为戒。不能小题大做，随意发通报予以表扬或批评。

（4）评价要恰如其分。通报中对人、事或问题的评价要客观、公正。因此，议论分析要讲究表述的分寸，批评要中肯，态度要明朗；遣词造句要准确、简洁、规范。

国务院办公厅关于对国务院第九次大督查发现的典型经验做法给予表扬的通报

第三节　报告　请示　批复

一、报告

1. 报告的概念和类型

报告是下级机关向上级机关递送公文的专用上行文体之一，用于反映情况，汇报工作，陈述问题，报送表册、物件和答复上级机关对有关问题的查询，属于陈述性公文。

《党政机关公文处理工作条例》规定报告"适用于向上级机关汇报工作，反映情况，回复上级机关的询问"。

报告的分类：按照内容范围，可分为综合报告和专题报告；按照行文的目的，可分为呈报性报告和呈转性报告；按照性质、效用，可分为工作报告、情况报告、答复报告、报送报告等。

2. 报告的特点

（1）重陈述。报告的主要任务是如实向上级机关陈述工作情况，事实和意见的陈述应当是报告的主要内容。当然，不同性质的报告陈述的重点有所不同，如综合报告应当着重陈述总体的、面上的情况，专题报告则着重陈述某项工作的情况。

（2）有主见。汇报工作不能只摆事实而没有汇报者的观点。汇报者在报告中，应当对所报告的事实提出自己的看法。如汇报做了某项工作，哪些地方做得好，哪些地方做得不好，有什么经验教训等，应有一个自我评估。汇报者的看法在报告中不占主要地位，但是不可缺少的，它有助于上级了解下级和考虑问题。

3. 报告的格式

报告的格式一般由标题、主送机关、正文、结语、落款等几部分组成。

报告的标题与其他公文文种的标题格式相同，由发文机关+事由+文种三部分构成。在一般的情况下，发文机关可以省略，由事由+文种构成，这种标题比较常见。

报告的主送机关，可以是一个，也可以是几个，凡是有必要向有关部门报告的，都可以递送报告。

报告的正文，一般可分为四个部分：①有关情况介绍；②取得了哪些经验；③还存在一些什么问题；④今后工作的意见。如果是属于自我批评、工作反省的专题报告，也可以分为四个部分：①有关情况介绍；②出现问题的原因；③应该承担的责任；④处理的情况和意见。

报告大都属于备案性质的公文，一般不需要上级机关做出批复。如需要上级机关批准转发给有关部门共同协助贯彻执行，要在结尾写上"以上意见（报告），如无不当，请批转有关部门执行"之类字样；不需要上级机关批转的报告，也要用请示的语气，如"特此报告""请审阅"，以示尊重上级。

落款写在结语的右下方，署明发文机关和日期。

4. 报告的写作要求

（1）陈述事实要清楚扼要。以汇报工作情况为主的报告，应突出重点，把主要事实讲清楚，用简明扼要的语言把事情的总体面貌反映出来。

（2）表达观点要精练清晰。报告中需要表达报告者观点的地方较多。汇报工作需要有自我评价，对今后工作提出意见或建议，这些都是以阐述观点为主。报告中凡是涉及观点的地方，一定要精练清晰，意见要明确，切实可行，不说空话、废话。

（3）语言要简洁朴实。报告是向上级机关汇报工作，因而一定要实事求是，不可夸大或缩小事实，不可报喜不报忧，不可过分强调困难。要老老实实，有一说一，有二说二，少用花哨的形容词和含混不清、过于灵活的概念。

（4）报告中不得夹带请示事项。报告与请示是两种文种，各有各的内容和写作要求，不能混淆，报告文体是不需要上级批复的，如夹带请示事项，必然会贻误工作。

例文

全国人民代表大会宪法和法律委员会关于《中华人民共和国体育法
（修订草案三次审议稿）》修改意见的报告

全国人民代表大会常务委员会：

本次常委会会议于 6 月 22 日上午对体育法修订草案三次审议稿进行了分组审议。普遍认为，修订草案已经比较成熟，建议进一步修改后，提请本次常委会会议表决通过。同时，有些常委会组成人员和列席人员还提出了一些修改意见和建议。宪法和法律委员会于6 月 22 日下午召开会议，逐条研究了常委会组成人员和列席人员的审议意见，对修订草案进行了审议。社会建设委员会、国家体育总局有关负责同志列席了会议。宪法和法律委员会认为，修订草案是可行的，同时，提出以下修改意见：

一、有的常委委员提出，公民平等参与体育活动的权利需要国家有力保障，建议在法律中予以明确。宪法和法律委员会经研究，建议将修订草案三次审议稿第五条中的"公民依法平等地享有参与体育活动的权利"修改为"国家依法保障公民平等参与体育活动的权利"。

二、修订草案三次审议稿第十二条对体育科学技术研究创新和推广应用作了规定。有的常委委员建议增加培养体育科技人才的规定。宪法和法律委员会经研究，建议采纳这一意见。

三、修订草案三次审议稿第四十二条对运动员培养、管理和教育作了规定。有的常委委员提出，运动员是竞技体育的主力军，在加强对运动员培养、管理和教育的同时，还应当对运动员充分发挥自身积极性，展现奋勇拼搏、超越自我的良好精神面貌提出明确要求。宪法和法律委员会经研究，建议增加规定：运动员应当积极参加训练和竞赛，团结协作，勇于奉献，顽强拼搏，不断提高竞技水平。

四、有的常委委员提出，今年年初中办国办《关于构建更高水平的全民健身公共服务体系的意见》和"十四五"规划纲要对体育公园、特色体育公园建设提出了要求，建议在法律中予以体现。宪法和法律委员会经研究，建议增加规定：国家推进体育公园建设，鼓励地方因地制宜发展特色体育公园，推动体育公园免费开放，满足公民体育健身需求。

经与有关部门研究，建议将修订后的体育法的施行时间确定为2023年1月1日。

此外，根据常委会组成人员的审议意见，还对修订草案三次审议稿作了个别文字修改。

修订草案修改稿已按上述意见作了修改，宪法和法律委员会建议本次常委会会议审议通过。

修订草案修改稿和以上报告是否妥当，请审议。

全国人民代表大会宪法和法律委员会

2022年6月23日

例文

关于执行"非法定假日禁止未成年人进入游戏机室"情况的报告

××市文化局：

市委市政府要求我公司贯彻执行国务院办公厅"禁止未成年人在非法定假日期间进入游戏室"的规定，我公司已采取了一系列措施，并取得成效。先将有关工作情况报告如下：

（1）我公司在场内派专人把守游戏厅各出入口，并对消防通道也设了专防。

（2）培养专门人员对来往顾客年龄进行识别，以防未满18岁的青少年进场。鉴于有些人员在年龄上确实很难把握准确，我们坚持"宁可打扰，也勿放过"的原则。因此，特别注意对专门人员礼貌方面的培训。如果遇到这种情况，专门人员会礼貌地解释并劝阻他们入内，使他们明白公司这样做是为了青少年的健康成长。

（3）在4个正门处设置醒目警示牌，标上政府条文"非法定假日禁止未成年人进入游戏机室"。

（4）对不听从劝阻、执意要进场的青少年，则采取较强硬的措施，让场内保安人员协助，劝其离去。

（5）有专门人员在场内巡视，以确保稳妥可靠。

以上措施已执行了两个多月，效果较好，在省公安厅和市文化局的多次抽查中，均未发现我公司娱乐场内有未满18岁人员。

特此报告

××娱乐有限公司

××××年×月×日

二、请示

1. 请示的概念和类型

请示是下级机关向上级主管机关请求对某项工作或问题做出指示、给予答复、审核批准时所使用的报请性公文。

《党政机关公文处理工作条例》规定请示"适用于向上级机关请求指示、批准"。

请示与报告都是上行文种，在实际工作中，人们常常将报告和请示的内容混在一起，甚至单纯的请示也用"请示报告"的名称，这是不确切的。早在1957年10月3日下发的《国务院秘书厅关于对公文名称和体式问题的几点意见》中就把"报告"和"请示"分开为两个文种，规定："报告是下级对上级报告工作、反映情况和问题的陈述性文书。向上级机关报送文件、物件和答复上级机关询问的时候，也应当以报告行文。""请示是下级机关向上级机关的请求性文书。凡下级机关向上级机关要求审核批示的时候，应当用请示行文。报告和请示必须分开使用。报告中不能写请示事项，但请示中可以反映情况、陈述意见、说明理由，以便于上级处理。"自此以后，"报告"和"请示"正式分开。

请示与报告的主要区别表现在以下几方面。

（1）报告的内容涉及面可以很广泛，行文可以较长，着重写情况和意见；请示必须一事一文，行文须简短，着重写问题。

（2）报告中不能兼写请示的问题，如涉及要请示的问题，应抽出单独写成请示。请示中要写清楚所请示问题的背景情况、原因和有关材料，以充分证明请示的合理性和必要性，并提出自己的处理意见，供领导批复时参考。但与请示无直接关系的工作情况，一般不应夹带写到请示中去。

（3）报告可以同时报送至有关的许多领导机关或领导同志；而请示一般只送一个主管领导单位，如需让其他有关单位知道，可以抄送副本，但一个请示不能同时主送几个单位。上级领导机关对报告可以不答复，如答复则以批转形式行文，有时也可以用批复形式；而对请示则一定要尽快给予研究答复，以免贻误工作，答复时一般均以批复形式行文。

一般来说，凡向上级领导机关请示的问题，应属于以下七种情况。

（1）属于主管上级机关明确规定必须请示批准才能办理的事项。

（2）对现行方针、政策、法令、规章制度不甚了解，有待上级机关明确答复才能办理的事项。

（3）工作中发生了新情况，而又无章可循，有待上级领导机关明确指示才能办理的事项。

（4）因情况特殊难以执行现行规定，有待上级领导机关重新指示才能办理的事项。

（5）因意见分歧，无法统一，难于工作，有待上级领导机关裁决才能办理的事项。

（6）有章可循、有法可依，可以开展工作，但因事由重大，为防止工作中失误，需请示上级领导机关审核的事项。

（7）按上级明文规定，完成一个任务，需报请上级机关审核的有关事项。

根据请示的不同内容和写作意图，可以将请示分为三类。

（1）请求指示的请示。需要上级机关对原有政策规定做出具体解释，对变通处理的问题做出审查认定，对如何处理新情况做出明确的指示等请示，即属此类。此类请示多涉及政策上、认识上的问题。

（2）请求批准的请示。这是请求上级领导机关解决某些实际困难和问题，或要求对本单位处理某个问题的意见做出批示的请示。这类请示多涉及人事、财物、机构等方面的具体问题。

（3）请求批转的请示。职能部门针对涉及面广的某项工作提出处理意见和办法，需要有关方面协同办理，但按规定又不能要求平级机关和不相隶属的机关照办，而需要请示上级领导机关或综合部门审查核实后批转有关方面执行。上报的请示，就属于这一类。

2. 请示的特点

（1）超前性。请示必须在办事之前。不准出现先干后请示、边干边请示的情况。

（2）说明性。请示的目的在于向上级领导机关说明情况，请求帮助。一是要说明理由，理由越充分，越能说服和打动上级领导机关；二是要说明有什么请求，请求越明确具体，越便于上级领导机关考虑。

（3）单一性。请示必须坚持一文一事，不能在一份请示中同时请示两件及以上的事情。

3. 请示的格式

请示的格式由标题、主送机关、正文、结语、落款等几部分组成。

请示的标题一般用"事由+文种"的形式，不能只写"请示"二字。

请示的"主送机关"只能写一个。

请示的正文大都按请示理由、请示事项的顺序写。请示理由应自成段落。请示事项如涉及几个方面，要分点一一列出。

请示的结语根据请示的内容不同而有不同的习惯写法，常用的有"可否，请批示""当否，请指示""请审批""以上请示如无不当，请批转有关单位贯彻执行"等。

在结语的右下方署明发文单位和日期。

4. 请示的写作要求

（1）请示应当一文一事，即一份请示集中请示一个问题。不要一文数事，以免几件事中的一件事被卡而使全文不能及时批复，影响其余事情的办理。

（2）一般不得越级请示。如因特殊情况必须越级请示时，应当抄送被越过的上级机关。

（3）受双重领导的机关向上级机关请示，应当写明主送机关和抄送机关，由主送机关负责答复。

（4）请示的理由要充分，要求要合理。在陈述理由的时候，要注意行文语气。

（5）正式印制上报时，应在文件头注明签发人姓名。签发人姓名与发文字号并列，发文字号在左，签发人姓名在右。

例文

关于要求追加我省自然灾害救济的请示

国务院：

今年我省自然灾害频繁发生，损失严重。上半年我省十多个市遭受寒潮、霜冻、龙卷风、冰雹和洪涝灾害；下半年第二、九、十五、十六、十八、二十三号强台风先后在我省五个县（市）登陆，台风伴随暴雨，造成洪涝灾害损失严重，据统计，全省受灾人口××××人，死亡×××人，伤×××人，倒塌房屋×××间，损坏房屋××××间，受灾粮食作物××××公顷，绝收××××公顷。交通、通信设施和工商业等损失也很严重。因灾直接经济损失×××亿元。夏粮减产×××万吨，初步估算秋粮减产×××万吨。

国务院对我省灾情非常重视，今年已经拨给我省救灾补助款××××万元；11月5日我省赴京汇报后，国务院初步确定再增拨×××万元救灾款。我省各级政府正按照国务院领导的指示精神，安排好国家补助的经费，继续部署救灾救济工作，广泛发动群众生产自救。但是，由于受灾面积广、人口多，需要救灾款数额大，无法全部解决灾区群众的困难。鉴于此，除继续发动灾民生产自救和依靠各级地方政府财政支持外，恳请国务院再拨给我省冬令救济款××××万元。

以上请示，请批复。

××省人民政府
××××年×月×日

三、批复

1. 批复的概念和类型

批复是上级机关答复下级机关请示事项时使用的公文。限于针对所请示事宜的专门批复，它只要针对所请示的问题做出明确的回答即可。

《党政机关公文处理工作条例》规定批复"适用于答复下级机关的请示事项"。

批复的分类与请示的分类是对等的。从请示的目的和批复的内容来看，批复可以分为三类。

（1）对请求给予指示的批复。针对下级请示的事项提出处理意见，带有指导下级工作的性质，下级必须遵照上级批复的精神执行。

（2）对请求给予批准的批复。针对下级请示的事项，只要答复同意或不同意，同意的不必再说理由，不同意的一般要阐明理由，使下级知道为什么不同意。

（3）对请求解决问题的批复。针对提出的问题提出具体的处理意见，下级必须按照批复的要求去执行。

2. 批复的特点

批复是一种下行公文，它具有以下特点。

（1）针对性。它总是针对下级机关呈报的请示行文，针对请示事项做出答复。

（2）指导性。它总是对下级请示的某项工作发表指示、提出处理办法。它对下级机关具有指导性和权威性，下级机关必须遵照执行。

（3）明确性。批复对下级请示事项的答复，应态度鲜明、观点明确。同意、不同意、基本同意、不完全同意要明确表态，理由充分，语言简洁明了，不能模棱两可、含糊其辞，使下级无所适从。

3. 批复的格式

批复的结构和写法都比较固定，其格式通常包括标题、主送机关、正文和结语等几部分。

批复的标题与一般公文标题相同，有些批复的标题可以将下级受文机关及请示的内容包含进去。

批复的主送机关是来文的请示机关。如果需要有关部门了解和执行批复的事项，可以用抄送方式处理。

批复的正文一般由批复引语和批复意见两部分组成。

批复引语主要说明依据什么请示而作批复。常见引述方法有三种：①引述请示标题和发文字号；②引述请示的时间和标题；③引述来文时间和请示事项。批复引语之后一般用"经研究，批复如下"等过渡到批复意见部分。

批复意见主要针对请示事项给出明确具体的批示或答复。有的要陈述批复原因，但不宜重述请示中说明的请示缘由。尤其是不同意所请示事项的批复，除表明态度外，一定要阐明不同意的理由，以使对方接受，及时采取相应措施。

批复的结语一般是在正文末尾写上"特此批复"之类的词语。若开头已有"批复如下"字样，则结语可以省去。

4. 批复的写作要求

（1）表态要慎重，理由要充分。批复具有指导性的特点，因此表态一定要慎重，有针对性，有分寸，讲究策略，理由充分，尤其是不同意或不完全同意的批复，要有理有据说服下级机关。

（2）答复要一文一事。紧扣请示事项，明确作答，不要答非所问、复非所求、节外生枝。批复的内容涉及其他部门，起草批复时要同有关部门商量或会签，取得一致意见方可答复，但不能互相推诿。

（3）用语要准确，文字要简洁。

例文

国家税务总局关于无效产权转移征收契税的批复

国税函〔2008〕438 号

黑龙江省财政厅：

　　你厅《关于法院判决撤销房屋所有权证是否应予退还契税问题的请示》（黑财农村〔2008〕4 号）收悉。批复如下。

　　按照现行契税政策规定，对经法院判决的无效产权转移行为不征收契税。法院判决撤销房屋所有权证后，已纳契税款应予退还。

国家税务总局

2008 年 5 月 20 日

例文

关于中核二七二铀业有限责任公司铀纯化生产线废有机相储存设施调整环境影响报告表的批复

中核二七二铀业有限责任公司：

你公司《关于对〈铀纯化生产线废有机相储存调整环境影响报告表〉审查的请示》（司发〔2021〕193号）收悉。经研究，批复如下。

一、本项目是对142#废有机相储罐进行改造，新增不锈钢内衬，增设高液位检测报警装置、防雷装置，排空管增配呼吸阀和阻火器，区域增设红外摄像监控装置。在将原5个储罐内废有机相转移至142#废有机相储罐后，对其进行清洗去污。

你公司《铀纯化生产线废有机相储存设施调整环境影响报告表》（以下简称《报告表》）的格式与内容满足相关法规标准的要求，使用的评价模式和参数合理，评价结论可信。《报告表》对各类废物去向描述清楚，项目环保措施可行，在落实《报告表》提出的各类污染防治措施后，项目施工改造、正常运行和事故工况对环境的影响可以接受。我部同意你公司按照《报告表》所列建设项目的性质、地点、规模以及采取的环境保护措施开展工作。

二、原5个储罐完成清洗去污后，你公司应及早进行拆除。

三、项目建设必须严格执行环境保护设施与主体工程同时设计、同时施工、同时投产使用的环境保护"三同时"制度。项目竣工后，应按照有关规定进行竣工环境保护验收。

四、我部委托湖南省生态环境厅配合生态环境部华南核与辐射安全监督站，负责该项目的环境保护监督检查工作。

五、你公司应在收到本批复后20个工作日内，将批准后的环境影响报告表分送生态环境部华南核与辐射安全监督站和湖南省生态环境厅。

生态环境部

2021年12月24日

第四节　函　议案　纪要

一、函

1. 函的概念和类型

函是机关、企事业单位或负责人之间在商洽和联系工作、询问和答复问题时使用的公文。

《党政机关公文处理工作条例》规定函"适用于不相隶属机关之间商洽工作、询问和答复问题、请求批准和答复审批事项"。

函就是书信。机关单位与机关单位之间、机关单位与个人之间、个人与个人之间的事情交流或商洽，都可以用书信。公务书信称为公函，商务书信称为商函。

根据内容性质，公函大体上可分为四类。

（1）商洽函，用于机关、企事业单位之间商洽有关事宜。

（2）问复函，用于机关、企事业单位之间询问一般事宜，或答复、催办有关事宜。

（3）请准函，用于机关、企事业单位向没有隶属关系的有关主管部门请求批准某一事项（有隶属关系，下级向上级请求批准，用"请示"；没有隶属关系，不论单位级别高低，向有关主管部门请求批准，一律用"函"。这两者界限很明确，不应混淆）。

（4）知照函，用于机关、企事业单位把自己管辖范围的事项告诉有关机构。

2. 函的特点

函的最大特点是运用灵活、适应性强，不受公文规定的严格限制。不用正式文件头，也可以不编文件号，不要机关首长签发，用办公室或业务部门公章发出就行；有时还可以不拟标题，因此用起来极为简便。务实性强是函的另一大特点。函多用于解决具体事务，有什么需要、问题、意见、要求和情况，只一一列举即可，一般不必讲大道理。

3. 函的格式

函的格式与书信的格式大致相当，包括标题、主送机关、正文、结语、落款、时间等几部分。

函的正文要写清商洽、问复、请准、知照的事项。行文要开门见山，不必讲过多的道理。平行或不相隶属的机关之间的函件，措辞要得体，要尊重对方，讲究礼节，忌用命令、指示等语言。

公函因其没有特制的固定格式的文件版头，所以必须加盖机关印章，才能证实公函的效力。

4. 函的写作要求

（1）一事一函，直陈其事。

（2）语言要平实、亲切、自然；语气要恳切，讲究礼貌。

例文

××市××区人民法院关于协助查询张×遗产纠纷一案的委托函

××县人民法院：

我院受理张××诉其弟张××遗产纠纷一案，他们的父亲张×生前有××饮料厂股票#1615号户名×记三百股。现股票遍寻无着。经向本市××汽水厂（其前身为××饮料厂）查询，据称××饮料厂已迁往××县，由该县食品公司所属的光华食品厂接管，为此，特函请你院代为查明下列情况：

一、光华食品厂接管的××饮料厂股东中有无张×或×记户名的#1615号股票三百股？

二、光华食品厂对原××饮料厂的股票是如何处理的？张×所持股票是否有人登记或支付定息？

三、如已有人登记或领取定息，请查明领息情况，包括领息人、领息金额、何年何季开始、领至何年何季？

以上三项希望大力协助查清，并请尽快见复。

××市××区人民法院

××××年×月×日

例文

关于浙江伟明环保股份有限公司上市环保核查情况的函

环函〔2011〕354号

中国证券监督管理委员会：

根据浙江伟明环保股份有限公司《关于申请首次公开发行股票环境保护核查的请示》（浙伟股〔2010〕97号），我部按照《关于对申请上市的企业和申请再融资的上市企业进行环境保护核查的通知》（环发〔2003〕101号）、《关于进一步规范重污染行业生产经营公司申请上市或再融资环境保护核查工作的通知》（环办〔2007〕105号）、《关于进一步严格上市环保核查管理制度、加强上市公司环保核查后督查工作的通知》（环发〔2010〕78号）和《关于进一步规范监督管理、严格开展上市公司环保核查工作的通知》（环办〔2011〕14号）要求，对该公司进行了上市环保核查。

本次核查范围为该公司所属的10家生产企业，具体情况见附件。经浙江省和江苏省环境保护厅初审，以及我们组织的核查与社会公示，我部原则上同意浙江伟明环保股份有限公司通过上市环保核查。

为促进该公司继续提高环保工作水平，根据核查情况，该公司应进一步加强环保管理工作，完善并执行环境监测计划，确保污染物长期稳定达标排放；进一步完善环境风险应急预案；确保危险废物得到合法安全处置；及时、完整、真实、准确地披露企业环境信息。

附件：浙江伟明环保股份有限公司核查范围内企业概况

国家环境保护部

2011年12月14日

二、议案

1. 议案的概念和类型

议案是有议案提出权的机构或人民代表，向同级人民代表大会或其常务委员会提请审议事项的建议性公文。

《党政机关公文处理工作条例》规定议案"适用于各级人民政府按照法律程序向同级人民代表大会或人民代表大会常务委员会提请审议事项"。

《宪法》《全国人民代表大会组织法》和《地方各级人民代表大会和地方各级人民政府组织法》规定人民代表大会主席团、常务委员会、各专门委员会、同级人民政府，以及人民代表可以向同级人民代表大会或其常务委员会提出属于其职权范围内的议案。

议案是一种特殊的公文，它是供各级人民代表大会和各级人民代表大会常务委员会在开会期间审议使用的一种书面文件。有权提出议案的，是国家权力机关的有关机构及人员和人民代表。根据提出者身份的不同，议案可分为两大类。

（1）由职能机构提出的议案。职能机构主要指国家权力机构的办事或执行机构，如政府、检察院、法院、各专门委员会等。它们在人民代表大会开会期间提出的议案，不是一般的意见或建议，而是经权力机关批准后马上可以实施的方案。这类议案在提出前，一般都经过有关机构反复研究，甚至试行，在比较成熟的情况下，才向大会提出。大会原则上都会把对这些议案的审议列入会议日程。

（2）由人民代表提出的议案。人民代表在会议期间，可以集体或联名向大会提出议案。经会议专门机构研究后，有些可以作为正式议案，交大会审议，有些则作为建议、批评和意见，交有关部门处理。因为人民代表来自四面八方的各个阶层，他们提出的议案在重要性和可行性方面必然不很一致，因此需要分别处理。

2. 议案的特点

议案的特点有两个，具体如下。

（1）行文关系及办理程序的法定性。议案的提出者和受理者，法律法规已做出明确规定，其他任何其他机构或个人都无权提出或受理议案。议案提出后，经会议审议讨论，或通过，或修正，或否决。只有获得通过的议案才能付诸实施。没有获得通过的议案是没有任何法定效力的。

（2）行文内容的单一性和可行性。议案的内容必须单一，即一个议案提请审议一个事项，不能在一个议案中提出两个或两个以上的事项，否则就会给会议审议带来困难。人民代表大会是国家权力机关，它有自己的职权范围，如审议法律法规，审查和批准财政预算、发展计划，决定涉及全局的重大事情，选举领导人等。提交会议审议的事项，必须是成熟的、可以实施的。不具可行性的事项，不能作为议案提出。

3. 议案的格式

议案的格式分为标题、主送机关、正文和落款等几个部分。

标题由提议案人、议案内容、文种三部分组成，在提议案人和议案内容之间要加"提请审议""提请审议批准""提请审议决定"等字样。

主送机关为各级人民代表大会或其常务委员会。

议案的正文要说明提出议案的理由及具体内容，内容如涉及条文、方案、计划等，要将有关条文等同时送上。

议案的落款，提案人可以是机关，也可以是机关首长。落款的日期是议案提出的日期。

4. 议案的写作要求

（1）提出的问题重要且已具备解决的条件。人民代表大会是权力机构而不是一般职能部门，因此提交其审议的问题应该是重要的，或带全局性，或影响甚大。重要问题如果不具备解决条件，议而不能或无法做出决定，那也只好暂时放一放，等到条件相对成熟时，再提出来。

（2）要注意提出的权限和时限。各级人民代表大会的权限，宪法和各级人民代表大会组织法有明确的规定，议案提出者提出的议案必须在其权限范围之内，否则便无法审议。提交议案，必须在大会规定的截止日期以前，一般是在预备会议期间。只有会议议程确定后才交，当次会议就很难审议了。

例文

关于提请审议《广东省野生动物保护管理条例（草案）》的议案

广东省人民代表大会常务委员会：

为加强我省野生动物保护管理，省政府拟订了《广东省野生动物保护管理条例（草案）》。该草案已经省政府常务会议讨论通过，现提请审议。

广东省人民政府省长　卢瑞华
2001 年 1 月 18 日

例文

关于提请审议邵占维代理杭州市人民政府市长的议案

杭州市人民代表大会常务委员会：

根据《中华人民共和国地方各级人民代表大会和地方各级人民政府组织法》第四十四条有关规定，现提名邵占维副市长代理杭州市人民政府市长。

请予审议。

杭州市人大常委会主任会议
2010 年 7 月 21 日

三、纪要

1. 纪要的概念和类型

纪要是根据会议记录、会议文件和会议的有关活动事项，综合写成的有关情况的书面材料。

《党政机关公文处理工作条例》规定纪要"适用于记载会议主要情况和议定事项"。

拟写纪要并非所有会议的必要组成部分。有些中小型会议或座谈会，在开过后并不作正式决定或决议，但对会上所讨论的问题，在取得一致意见后，需要贯彻执行或公布于报刊。在这种情况下，就需要写会议纪要。

因为会议的类型很多，所以纪要的名目也很多，纪要的类型可以按会议的性质和写作方式来分类。

按会议性质，会议纪要可分为以下三类。

（1）决议性会议纪要：以决议的事项为纪要的主要内容和主要精神，有法定的权威性。

（2）指导性会议纪要：以记载和传达会议精神为主，交流信息，指导工作。

（3）研讨性会议纪要：以研究探索问题为主，有交流、研究和参考的价值。

按写作方式，会议纪要可分为以下两类。

（1）记录式座谈会纪要。它以发言的形式，摘其要点，融会贯通。

（2）概述式（综合式）纪要。它以文章的形式，摘其主要精神，一气呵成。

2. 纪要的特点

纪要的主要特点有三，具体如下。

（1）纪实性。纪要是在会后或会议后期根据会议记录和各种会议材料整理而成的，注重真实、客观、准确，全面反映会议情况和会议精神，不得随意发挥想象或随意深化、拔高。

（2）撮要性。纪要不同于会议记录那样有事必记，有闻必录；而是对会议情况和研究决定事项进行系统的整理、分析、评定、综合，它只反映会议的主要内容、重要决策、重要结论等本质精神。

（3）限定性。会议纪要的作用具有限定性，因为它只对与会单位、与会人员有约束力，要求他们共同遵守、执行会议议定事项。若需在更大范围内发挥作用，则要求由领导机关用"通知"批转下发，要求执行。

3. 纪要的格式

纪要的格式包括标题、正文、成文时间几部分。

纪要的标题最常用的形式是"会议名称+文种"，但中间可省去"会议"二字；也有些会议纪要采用双标题，正标题概括会议中心内容，副标题说明是什么会议纪要。

纪要的正文一般分为会议概况、会议内容、结束语三部分。

会议概况：纪要的开头应以简洁的语言交代会议的召集机关和会议时间、地点、参加会议的人员和讨论的问题，以及讨论的情况。

会议内容是正文的主要部分，介绍会议讨论和决定的主要事项。这一部分比较常见的写法有综合归纳和分项列举两种。综合归纳法是把会议主要内容归纳为几个问题或几个方面，并逐个加以阐述，这种写法比较适合传达一些讨论重要问题的会议精神。分项列举法则多见于传达讨论具体工作的会议精神，一般是把今后要做的工作逐条列出。

结束语是正文部分的小结，往往对与会者、下级机关、有关群众提出一些希望和要求。会议内容比较重要、比较复杂的才写结束语，内容相对比较简单明了的可以不写结束语。

纪要由会议主持机关撰写，可以在文尾署机关名称和撰写日期，也可以只在正文中写出主持机关，不另外署名。

4. 纪要的写作要求

（1）阐述要清楚，交代要具体，否则就无法贯彻执行。

（2）观点要鲜明，是非要分明，对讨论中有争论的问题要表明态度，以免造成障碍和损失。

（3）整理要忠实，要点要突出。

（4）语言要简练，判断要准确。

（5）条理要清楚，概括要完整。纪要应分条、分层叙述，避免出现杂乱无章、前后矛盾的现象。

例文

××市人民政府第一次经济普查领导小组第一次会议纪要

（2004 年 6 月 1 日）

2004 年 6 月 1 日，市委常委、市政府常务副市长刘××主持召开了××市人民政府第一次经济普查领导小组第一次会议。市政府副秘书长、办公室主任涂××，市统计局局长傅××、副局长单××，市发展计划委员会副主任雷××，市财政局副局长彭××及市委宣传部、市编办、市经贸委、市民政局、市建设局、市教育局、市卫生局、市民营企业局、市质量技监局、市工商局、市国税局、市地税局有关同志参加了会议。会议首先听取了傅××同志关于全省经济普查工作会议主要精神的传达汇报以及我市经济普查下一步工作的打算，并就有关问题进行了研究。会议结束时，市委常委、市政府常务副市长刘××作了重要讲话。现将会议主要精神纪要如下。

一要统一思想，高度重视。经济普查是国务院交给各级政府的一项重大而艰巨的任务，是一项重要的政府行政行为，是我们义不容辞的责任。搞好经济普查，能够更好地摸清家底，有效解决常规统计调查资料不够完整、不够精确等问题，为各级党委、政府领导进行宏观决策、编制国民经济和社会发展"十一五"规划提供科学的依据。各级、各有关部门要从讲政治、顾大局的高度，充分认识搞好经济普查的重要意义。

二要紧密配合，通力协作。经济普查是政府的一项重要工作，各有关部门要牢固树立"一盘棋"的思想，服从经济普查领导小组的统一指挥，按照全市普查的统一规划和工作安排，需要有关部门提供的普查资料，要无条件地支持和配合。经济普查领导小组各成员单位都是经济普查工作的主要责任部门，要充分发挥各自的职能作用，切实担负起自身的责任，按时保质地完成自己承担的普查任务。宣传部门要做好宣传计划，建立宣传网络，充分发挥舆论导向作用，为经济普查工作的顺利进行营造良好的社会氛围。

三要周密部署，精心操作。经济普查领导小组办公室设在统计局，统计部门要切实履行职责，精心组织实施，严格按照国务院、省政府的部署和要求，充分考虑普查过程中可能出现的各种困难和问题，结合我市的实际情况，周密筹划，合理安排好普查的每一项工作。要吃透上级精神，细化具体工作，少搞形式，多做实事。

四要厉行节约，确保必需。要按照全国、全省的要求，坚持"分级负责，分年拨付，列入预算，确保需要"的原则，想方设法，积极筹措，确保本级普查所必需经费的落实。各级普查机构要精打细算，把有限的资金使用好。

五要加强指导，保证质量。为搞好经济普查工作，普查办的同志要主动工作，不辞辛苦，特别是要加强对基层经济普查工作的督促检查和技术指导。各级普查机构要严格执行国家的普查办法，确保无偏差、不走样。对于一般性的工作，要大胆安排布置；需要政府出面的工作，各级政府要出面协调解决，市政府由涂××副秘书长负责经济普查的协调工作。

会议最后强调，各地、各部门要密切配合，通力协作，各司其职，各负其责，以扎实的工作作风、一流的工作业绩，圆满完成我市的经济普查工作任务。

例文

南昌县人民政府第108次常务会议纪要

（2021年4月1日）

2021年3月26日下午，县委副书记、县长陈翔在县政府六楼第二会议室主持召开了县政府第108次常务会议，邀请了"两代表一委员"及县政府法律顾问等社会公众列席会议。纪要如下。

一、会议传达学习了习近平总书记近期重要讲话和指示精神（1. 在《求是》杂志发表的《努力成为世界主要科学中心和创新高地》重要文章；2. 在中央经济委员会第九次会议上的讲话)。

二、会议传达学习了万广明同志在市政府全体（扩大）会议上的讲话精神。

三、会议传达学习了易炼红同志在省安委会全体成员会议上的讲话精神。

四、会议听取了县科工局提请的《关于传达贯彻2021年省工业强省建设工作领导小组第一次会议精神的情况汇报》。

五、会议传达学习了《2021年度促进全省开发区改革和创新发展工作要点》文件精神。

六、会议传达学习了省、市统计工作会议精神并研究了我县贯彻实施意见。

七、会议传达学习了《南昌市生活垃圾分类管理条例》文件精神并审议了县城管局提请的《南昌县2021年生活垃圾分类工作实施方案》。

八、会议审议了县城管局提请的《武阳创业园和向塘开发区污水处理厂项目特许经营实施方案》的请示。

九、会议审议了县防汛办提请的《关于召开全县防汛抗旱动员大会的请示》。

十、会议审议了县民政局提请的《关于莲塘镇、东新乡部分道路命名的请示》。

本章小结

我国党政机关公文种类主要有命令（令）、决议、决定、意见、公报、公告、通告、通知、通报、报告、请示、批复、函、议案和纪要十五种。

撰写公文，要熟悉公文的格式，熟记公文格式的各要素在载体上的排列顺序，必须做到格式符合标准；根据拟写的内容、行文关系恰当地选择文种，拟好标题；准确选择主送单位和抄送单位。撰写公文时，开头要根据需要写导语，正文事项要条理清楚，不能交叉，语言要准确、简明、得体。

思考与练习

一、问答题

1. 有权发布命令的机构有哪些？

2. 为什么说议案是一种有特殊性质的公文？

3. 简述公告和通告的异同之处。

4. 简述决定的特点、类型和适用范围。

5. 公告、通告的标题有哪几种写法？

6. 通报的主要特点是什么？通报有哪些类型？

7. 简述通知的分类。

8. 通知标题的写法有哪几种形式？

9. 简述报告的主要特点和写作要求。

10. 为什么要将请示和报告分开使用？

11. 请示的行文要遵守哪些规则？

12. 批复和请示有什么关系？

13. 简述批复的特点和类型。

14. 简述公函的特点和种类。

15. 公函的正文写作要注意哪些问题？

16. 简述会议纪要的特点和类型。

二、分析题

以下两例公告文种是否使用正确，为什么？

迁坟公告

因国家建设风景区的需要，经上级批准，凡在我市圆山公园以东，即东至白马岭，西至林秋岙，南至高富岭，北至山塘范围内的坟墓，必须一律迁移，希各坟主自登报之日起，至××××年×月×日止，前往市圆山风景区建设指挥部办理迁坟手续。逾期作无主坟处理。

特此公告。

××市人民政府
2020 年 10 月 30 日

更改厂名公告

鉴于公司改制，原××公司所属××配件厂被法院拍卖，××获得该厂的全部产权，经××市工商局批准，自×月×日起，××配件厂更名为宏兴机械厂。

特此公告。

宏兴机械厂
××××年×月×日

三、指出下列公文中存在的问题，并作修改。

1.

××县卫生局《会议通知》

（20）×卫字第×号

全县各食品加工企业：

根据上级要求，对全县食品加工企业的卫生状况进行一次全面大检查，我们拟召开食品加工企业负责人会议，现将有关事项通知如下。

（1）会议时间：二○二三年 10 月 8 日在电力宾馆报到，会期二天。

（2）参加会议人员：全县各食品加工企业及县个私劳协各来一名负责人，各乡镇派一名分管卫生工作的副乡长参加会议，不得缺席，否则一切后果自负。

（3）食宿等一切费用均由个人自理。

××县卫生局
2022 年 10 月 4 日

2.

关于××市民政事业费管理使用问题的通报

各设区市人民政府：

　　××市任意挪用、占用和滥用民政事业费的问题，是非常严重的。民政事业费是体现党和国家对广大优抚、救济对象生活疾苦的关怀，任何人挪用、侵占民政事业费，都是党纪国法所不容许的。凡是××市挪用和占用的民政事业费必须限期如数追回。为了严明党纪国法，对挪用、占用民政事业费的有关人员，要按党纪政纪严肃处理，并将处理结果报省人民政府。

　　各地要将××市的问题引以为鉴，加强民政事业费的管理，进一步加强民政事业费管理体制的建设，杜绝××市的问题再度发生。

××省人民政府

二○二×年×月×日

3.

新星机械厂关于如何安置年老体弱多病工人的请示报告

××市国防工办：

　　我厂现有达到退休年龄的职工三十余人，其中少数人身体较好，能从事轻体力劳动，多数人体弱多病，不能上班，但又不愿办理退休，担心经济收入减少。同时根据上级安排，我厂今年又招收合同制工人三十名，因各车间人员超编，无法安排固定工作岗位。经厂部研究有三种意见：一种意见是身体好的继续顶岗，体弱多病的动员退休；第二种意见是采取自愿的方针，愿意退休的写退休申请，劳资科为其办理退休手续，不愿退休的也不强迫人家退休；还有一种意见是，按照劳动政策办事，凡是达到规定退休年龄的，一律办理退休手续，不必个人申请，从满周岁的下一个月起按退休工资发放。究竟如何安置这些年老多病的职工呢？请上级领导审批，我厂坚决贯彻执行。

一九九二年三月五日

（公章）

4.

×××省财政厅关于要求解决××县广播电视设备问题的请示

×财字［××××］××号

财政部：

　　××县是我省贫困县之一。近几年在中央和各级领导的大力支持下，广播电视事业较以前有了很大的发展，但是由于该县纯属山区，自然条件很差，经济实力非常薄弱，财政资金十分困难，所以，县广播电视事业发展缓慢，长期以来全县人民收看不到中央电视台的节目。

　　鉴于以上情况，应该怎么办，请领导批示。

×××省财政厅（章）

一九九二年×月×日

5.

××××局关于同意批准××厂来文要求成立改制领导小组的批复

××厂党委及厂部办：

你们的××字××号文《关于要求成立改制领导小组的请示》已经收到，内容已经知道。

经过我局领导讨论研究，现做出决议，同意批准你们厂成立改制领导小组，但是必须首先根据你们厂的实际情况拿出计划，并将情况汇报我局。

特此批复

××××局

××××年×月×日

6.

××市地税局关于××××厂申请要求免征房产税问题的批复

××××厂：

你厂报告收悉。关于要求免征 2013 年房产税的问题。

经查，你厂 2013 年应交房产税一十二万三千六百四十五元七角八分。由于你厂目前经营管理不善，资金使用不当，造成资金短缺，对此不宜给予免征房产税照顾。请按规定缴交。

此复

××市地税局

2014 年 2 月 10 日

四、写作训练

1. 根据下列材料，撰写一份公函。

南昌×××家具制造公司曾于 2023 年 1 月与××钢铁厂签订了一份购买钢材的合同。合同签订的次日，×××家具制造公司按照合同的要求支付了 20% 的货款，计 10 万元。2023 年 3 月，×××家具制造公司收到钢铁厂发来的钢材，经检验不符合质量要求，双方经过多次交涉，最后在 2023 年 6 月 1 日达成协议，由钢铁厂在一个月内退还货款，并自行运走钢材，就此终结合同。但直到 2023 年 7 月 30 日，钢铁厂仍未将货款退还。根据这一情况，请你代为×××家具制造公司撰写一份催还货款的公函。

2. 根据以下材料，写一则通报。

某校 2021 级经济系经济学（2）班××同学，平时学习不认真，经常旷课，不交作业，上课常与人讲话，或者打瞌睡。在 7 月 3 日的"西方经济学"课程考试时，偷看事先准备的字条，并偷看前后其他同学的考卷。更为恶劣的是，在考试结束前 15 分钟，他将前一桌同学考完的试卷抢来抄袭，监考老师发现后制止时，竟与监考老师抢夺试卷，并破口大骂监考老师，扰乱了考场秩序。根据学校有关规定，决定对××同学考试作弊的行为作行政记大过的处分，并取消本门课程的考试成绩。

3. 请结合自己上学期的学习、生活情况，拟写一份报告给家长或学校。

第四篇　信息沟通篇

第十章

商务函电

第一节　商务函电的概念、特点和作用

一、商务函电的概念与特点

函和电在经济贸易中统称"函电"，它主要用于传递信息、商洽业务、询问和答复问题。函电是经济工作中对外联系业务、处理问题、履行合同的主要通信方式和重要工具。商务函电是企业通过信函、电报、电传、传真、电子邮件等现代化的通信方式，在商业伙伴间进行商务往来的书信与电传。

商务函电具有很强的实用性、专业性和往来性，其行文内容单一，结构紧凑，语言凝练，行文方向不受限制，适用范围宽泛，既可以在国内商务往来中使用，也可在国际商务往来中使用。

商务函电有以下特点。

1. 作用地位中心化

随着世界经济一体化步伐的加快，国际商务合作日益增强。在我国加入世界贸易组织后，与其他成员的经济交往日趋频繁，对外经济贸易和技术合作迅速发展。在当今世界贸易蓬勃发展之际，商务函电是国际商业交往中必不可少的手段，对外贸易的各个环节大多通过函电进行。从建立业务关系到达成交易，执行合同，以及执行合同过程中的纠纷等，大都需通过函电解决。因而，现代国际贸易又被称为"单据贸易"。在国际贸易的操作实务中，贸易各环节的交往函电都是重要的法律依据，特别是当产生贸易纠纷时，它可能左右纠纷解决的结果。国际贸易越来越依赖于单据交换的过程，商务函电的中心化作用也日渐明显。

2. 传输方式信息化

随着信息技术、多媒体技术和网络技术的发展，人类社会进入了信息社会，信函在业务交流中不再占主导地位，在很大程度上代之以传真、互联网、电子邮件等更为迅速、方便、经济的通信手段，但在信息内容和形式来看，其基本格式、表达方式和内容都没有大的变化。可以说，传真（电子邮件）是用传真（电子邮件）方式投递的信函。随着电子商务的发展，进出口商可在网上轻轻松松地发广告、报价格、下订单、签合同、结货

款等。

3. 书写格式自由化

商务函电写作风格多样，有专业式、简洁式和庄重式。函电格式的自由化主要体现在信头、呼语和信内地址等方面。随着贸易双方业务联系的增多与贸易关系的加强，彼此间的了解与沟通日益深入，有个人内容渗入公函的趋势，这也加强了其格式的自由化。

二、商务函电的作用

商务函电是商务往来中经常使用的联系方式，是开展对外贸易业务和有关商务活动的基础及重要工具。商务函电的作用大致有以下三个方面。

1. 索取信息或传递信息

在世界经济一体化日益增强，生产资料和生活资料配置日益全球化的今天，企业和个人之间需要通过信函、电传、互联网和电子邮件索取信息、发布广告、捕捉商机，以满足其生产、发展的需要。

2. 处理商务交流中有关事宜

在现代商务活动中，交易双方的业务磋商往往要辅以商务函电等通信方式。交易磋商的目的是达成协议、签订合同，因而与业务性的商函、电报、电传、传真和合同有着密切的联系。一笔交易的达成，一般要经过询盘、发盘、还盘和接受四个环节。在实际业务中，有时只有发盘和接受两个环节；或一次还盘不行，要往返还盘几次，经过多次磋商，才能达成协议，订立合同。但不论哪种情况，必须有一次肯定的发盘被有效地接受后，才能成为一项对双方都具有法律约束的契约。可见作为磋商交易中的书面形式的商务函电，不仅在达成交易的业务环节中起着重要的语言工具作用，也成为具有法律效力的文件。

3. 联络与沟通感情

在对外贸易业务中，商务函电具体体现着我国的外交政策和外贸政策，直接关系我国的国际声誉。正确利用商务函电能够起到体现政策、促进交流、增进友谊和发展贸易的作用。

第二节　商务函电的种类

商务函电的种类包括商务信函、电报和传真、电子邮件。

一、商务信函

商务信函是指在商业洽商过程中使用的信函，又称商函。商函是各公司、企业间进行业务联系、洽谈商务、磋商问题的函件。

商函与一般的公函和私人信件不同，它有自己的特点。从其目的和内容来看，它以商务交易为目的，以洽谈生意为内容，所以，它的内容总离不开"买卖"二字。虽有必要的问候和客套，但不进行长篇的抒情和议论，而是以说明为主，或说明情况，或通报商品规格和价目，或通知货物发运和到达日期，或敦促交付货款和索取赔款等，要求明确简洁。

商务信函可分为国内商务信函和对外商务信函两种。

二、电报和传真

1. 电报

电报以四个数码为一组，按电报纸格填写，包括收报人地址、姓名、电报内容、具名四个部分。电报分普通电报、书信电报和加急电报三种。普通电报，按 7 个字起算字数。不足以 7 个字计费，超过按实际字数收费。书信电报，按 22 个字为起算字数，不足者以 22 个字计费，超过则按实际字数收费。由于电传的出现，大多数国家已取消书信电报，我国也于 1980 年取消。加急电报，也以 7 个字算起，并须在收报人姓名地址前写明业务标志"＝VRGENT＝"，一般在两小时以内收到。每个字的价目根据普通电报倍数收取。

随着电信事业的快速发展，电报逐渐被电传所替代。

2. 传真

用户利用安装在办公室或住宅内的传真机，通过市内、国内、国际长途线路即可直接收发文字、图表、照片等真迹资料。传真具有快速、直观、真迹、可靠等特点，特别适合商务往来通信。若将传真机置于自动接收状态，在无人值守时照样能随时接收对方的传真件，在不需要进行传真通信时即可进行电话通信。电传以其传递快速、通信方便、费用低廉等特点，已成为世界上广泛使用的一种磋商交易、联系业务的通信方式。

三、电子邮件

电子邮件，又称电子信箱，指用电子手段传送信件、单据、资料等信息的通信方法。电子邮件综合了电话通信和邮政信件的特点，它传送信息的速度和电话一样快，又能像信件一样使收信者在接收端收到文字记录。通过电子邮件系统，用户可以用非常低廉的价格，以非常快速的方式，与世界上任何一个角落的网络用户联系。这些电子邮件可以是文字、图像、声音等各种方式。由于电子邮件使用简易、投递迅速、收费低廉、易于保存、全球畅通无阻，它使人们的交流方式得到了极大的改变，被广泛地应用。另外，电子邮件还可以进行一对多的邮件传递，同一邮件可以一次发送给许多人。

第三节 商务函电的写作格式和要求

一、对内商务信函的格式和要求

对内商务信函一般包括事由、字号、发函对象、正文、落款、附件六个部分。

1. 事由

事由，即函件的主旨，写在信笺第一行中间，让对方一看就知道信的主要内容，是函件的标题。因此，事由部分的语言既要明确地概括全信的主旨要点，又要语言简洁。在繁忙的商务活动中，在标题中写明事由，可以节省许多时间，提高工作效率，充分发挥商函的作用，如"关于日产5~10吨卫生纸成套设备的报价"等。

2. 字号

字号中的"字"是发函单位的代称，"号"是发函单位的函件顺序。字号写在信笺的右上角，一般略高于"事由"。字的前面一般要写年度，年度应加上括号。如"（2004）中石油字第054号"，"中石油"代表中国石油总公司。写明字号，目的在于归档存放时便于收、发函单位分类、查询、管理。

3. 发函对象

发函对象是信函发送的商号、公司、董事、经理、店主。为使商函发挥作用，必须写明商号名称或主要负责人姓名及职务，放置在"事由"之下的第一行左边，顶格书写，后面加上冒号。准确无误地写清行文对象，不仅能发挥商函的作用，而且也是礼貌的表示。发函对象可看作商函的开头。有时还可加上表示尊敬的附加成分。

4. 正文

正文是商函的主体，行文应简明扼要、直截了当。语言必须文明礼貌，态度必须鲜明，感情必须诚挚。应写在"发函对象"下一行，行首空两格，表示商函内容叙述的开始。一般由三部分内容组成：开头语、主体、结尾。

（1）开头语。开头语是商函正文的起始部分，要根据不同情况，确定不同的写作方法。开头语贵在直截了当，反对离题万里、无病呻吟。一般情况下，开头语有三种写法：一是直截了当说明发函的意图，使主旨明确；二是对新的商户作自我介绍，以便让对方了解本企业的业务经营范围及特点；三是说明收到信函的日期及来函所需讨论的问题。

（2）主体。主体部分阐明发函者的意见。在提出解决问题的办法时，必须摆事实、讲道理，实事求是地说明情况，以便使对方信服和接受。因此，主体的写作应观点正确、叙述简洁、条理清楚。

（3）结尾。结尾部分比较简单，往往用一两句话表示希望对方回复，或提出其他要求。结尾是点睛之笔，有突出主旨的作用，也是全文自然的结束语。

5. 落款

落款包括两项内容：一是发函单位的名称，并加盖印章；二是主要负责人的签名，而且不能以打字取代。

6. 附件

如有附件（商品目录、订货单、发货单、价格表等资料），应在落款之下注明附件的名称和件数。

二、对外商务信函的格式和要求

对外商务信函的格式与对内商务信函有较大区别，它一般包括六个部分：开端、信内地址、称呼、正文、结语、署名。

1. 开端

在信笺的右上角详尽地写下发信人所在组织名称、地址、发信日期和电话、传真号码。如备有专用信笺，组织名称、地址．电话、传真号码已印好，就只需要写上发信日期。新式的写法，日期也可写在最后一页信笺的签名下边。

2. 信内地址

信内地址，除了信纸右上角的发信人地址外，还要在信纸的左上角（位置略低于发信人地址），写明收信人的姓名、所在组织的名称和详细地址。

3. 称呼

不论写给组织或个人，在开始时，都要写称呼，对外称呼，可称为"先生""女士""小姐"等。如收信人身份特殊、在社会上有很高的地位，如教授、博士等，在称呼中应用他们的头衔。英语商函的称呼常写"Gentlemen"或"Dear Sirs"等。

4. 正文

对外商函在内容上，与对内商函没有区别，都必须做到主旨鲜明、自然流畅、坦率真诚、语气适宜、不枝不蔓、抓住重点、言简意明。对外商函要合乎外文文法，符合规定格式。例如，对外商函不可一张纸两面都写；如需要连接第二页，可用一张空白纸，纸上不必再写开端，只记下页码，在左上角写上收信人名称，在右上角写上发信日期即可。

5. 结语

英语信函的结语，相当于中文信函结尾的"专此，敬请大安"之类谦恭的话语。对外商函常常写道"Yours very truly""Yours sincerely"或"Respectfully yours"等。

6. 署名

对外信函在结语之下，不管是打字输入，还是手写，都应该用笔签署发信人的姓名。但有时签名很潦草，为了避免看不清，最好在签名的下面，再用打字机打出清晰的姓名。

此外，为了方便收发和存档，有的对外商函在称呼之下，正中位置标上事由提纲，这与国内商务信函的事由相同。

对外商函的用纸要求比较严格，纸质坚韧，不厚不薄，纯白色的最为大方。信封和信纸的纸质和颜色必须一致，否则便会流于不敬。对外商函的信封除日本、朝鲜、蒙古等国可用中文直接填写外，其他均需用接收国的母语或官方用语来书写。书写格式也和国内明显不同：信封最上一行先写寄信人的姓名，再写地址；最下一行写收信人的地址。地址的书写顺序与中文信函相反，应先写门牌号数、街道，然后写城市名称，再写所属州、省，最后才是国家名称。信封必须写清收、发信人的姓名和地址，又必须和信内保持一致。

三、商务电传的格式与写作要求

商务电传的格式：按照传真机的要求，电传稿一般使用 A4 打印纸。其内容和格式与商务信函相似，只是发送方式不同。通过传真机可以将信函迅速送达给对方。其具体写作要求如下。

1. 表达的内容应明确、具体、完整

书写商务电传的目的主要是交流情况、磋商交易，争取有利时机达成协议，签订合同。因此在询盘、发盘、还盘、接受等每个业务环节中，电传的内容必须明确、具体、完

整，叙述清楚，使国内外客商迅速而正确地理解来意并做出相应的反应。同时，要防止对方利用内容含糊不清、结构支离破碎等漏洞钻空子，导致陷于被动，造成不应有的损失。

2. 语言要简明扼要，平实朴素

商务电传是为了交流情况、磋商交易而写的，因此语言应力求条理清楚、简明扼要，不要使用含义晦涩、令人费解或语意模糊、似是而非的词语。

四、电子邮件地址的格式、工作过程和写作要求

1. 邮件地址的格式

电子邮件（E-mail）的通信与传统的通信一样。在日常生活中，为了能与对方正常通信，要有一个自己的具体通信地址，还要有对方的通信地址。E-mail 的通信也一样，既要有自己的 E-mail 地址（又称 E-mail 账号），也要有对方的 E-mail 地址。E-mail 地址是使用 E-mail 通信的前提条件。

电子邮件地址的格式是"user@ server. com"，由三部分组成。第一部分"user"代表用户信箱的账号，对于同一个邮件接收服务器来说，这个账号必须是唯一的；第二部分"@"是分隔符；第三部分"server. com"是用户信箱的邮件接收服务器名，用以标志其所在的位置。如 support@ 68abc. com 即为一个邮件地址。

2. 电子邮件的工作过程

电子邮件的工作过程遵循客户—服务器模式。每份电子邮件的发送都要涉及发送方与接收方，发送方构成客户端，而接收方构成服务器，服务器含有众多用户的电子信箱。发送方通过邮件客户程序，将编辑好的电子邮件向邮件服务器发送。邮件服务器识别接收者的地址，并向管理该地址的邮件服务器发送消息。邮件服务器将消息存放在接收者的电子信箱内，并告知接收者有新邮件到来。接收者通过邮件客户程序连接服务器后，就会看到服务器的通知，进而打开自己的电子信箱查收邮件。

3. 电子邮件的写作要求

电子邮件的写作与一般书信或商务信函写作的要求一样：称谓要得当，主旨要集中，行文要开宗明义，语言要有分寸感。

本章小结

商务函电是商业伙伴间商务往来的书信与电传，是企业对外联系业务、处理问题、履行合同的主要通信方式和重要工具。商务函电包括商务信函、电报和电传、电子邮件。对内商务信函一般包括事由、字号、信函对象、正文、落款、附件六个部分。对外商务信函也包括六个部分：开端、信内地址、称呼、正文、结语、署名。商务电传一般用 A4 打印纸，通过传真机将信函迅速送达给对方。通过电子邮件，可以将信函的电子文档便捷地发送给对方。商务函电称谓要得当，主旨要集中，行文要开宗明义，语言要有分寸。

思考与练习

一、问答题

1. 简述国内商务信函的格式和写法。

2. 简述电子邮件的写作要求。

二、写作训练

结合实际，给你的朋友发一封电子邮件。

第十一章

商业广告和产品说明书

第一节　商业广告

一、商业广告的概念、特点和种类

1. 商业广告的概念

从法律上讲，商业广告是一种民事行为。根据 2021 年 4 月 29 日全国人民代表大会常务委员会修订的《中华人民共和国广告法》的规定，广告是"商品经营者或者服务提供者通过一定媒介和形式直接或者间接地介绍自己所推销的商品或者服务的商业广告活动"。这一界定说明，商业广告是广告主通过传媒向市场和消费者介绍商品、提供服务，以促使消费者采取认购行动的信息传播活动。

本节所讲的商业广告，是从广告文稿的角度来讲述，指广告作品的语言文字部分，主要介绍语言文字广告（广告文稿）和产品说明书的写作方法。

2. 商业广告的特点

商业广告有以下特点。

（1）有明确的广告主。广告主是指做广告的组织和个人。任何广告都必须明确广告的信息是由谁发出的。这样做的意义在于以下两个方面：一方面，广告是一种自我性的宣传活动，广告主通过广告来展现自己企业的风采，介绍自己的商品和服务的特色与优点。为了让公众铭记宣传的主体，提高社会组织自身的知名度和美誉度，广告必须明确表达具体的广告主。另一方面，广告又是一种责任承诺性的宣传活动，《中华人民共和国合同法》第十五条明确规定："商业广告的内容符合要约规定的，视为要约。"因此，广大公众由于受广告的影响而采取某种行为，一旦造成损失，他们可要求广告主承担相应的经济责任，这也要求广告必须明确广告主。

（2）有特定的广告媒介。广告媒介是指传递广告信息的载体。商业广告用来介绍商品、劳务和观念的语言、文字、图像、音乐音响等，均需通过一定的媒介来表达。商业广告的传播媒介有两大类：一是电视、广播、短信、报纸、刊物等大众传播媒介；二是广告牌、霓虹灯、海报等自筹式传播媒介。选择广告媒介，应根据商品与企业的特点，以宣传对路、节省费用为原则。

（3）有突出的宣传主题。商业广告的主题是向消费者或服务对象介绍和说明商品，它可根据商品本身的特点、功能与发展阶段，竞争对手的优缺点，消费者的需求和心理特点等因素来确定。一则广告只能突出一个主题，不能面面俱到。为了加强宣传效果，许多企业的广告主还设法将广告主题凝聚成一句口号，通过反复传播，以加深人们的印象，如澳柯玛的企业广告标语"没有最好，只有更好"。

（4）有灵活的表达形式。商业广告的表达形式灵活多样。这是因为：①商业广告的媒介众多，不同的媒介有不同的表达形式；②商业广告内容的表述，可用语言、文字，可用实物、图像，也可用语言、文字与实物、图像相结合的形式；③用语言文字表达的商业广告，形式也灵活多样，可采用各种文学样式，也可以采用众多的非文学体式。

3. 商业广告的种类

商业广告的种类多样，按不同的标准可作不同的分类。如按照广告的媒介划分，可分为报纸广告、杂志广告、广播广告、电视广告、包装广告、橱窗广告、牌匾广告等；按照表达形式划分，可分为语言文字广告、实物图像广告、文图并用广告；按不同功能划分，可分为商品广告、服务广告和企业形象广告。

二、商业文字广告的结构和写法

商业文字广告的结构一般包括标题、广告口号、正文和附文四部分。

1. 标题

广告标题是广告文稿的精髓，被称作广告的灵魂。许多读者观众都是先看一眼标题，然后再作是否看下去的选择。所以，广告标题必须醒目，要能概括和揭示广告的内容，引起消费者的注意和兴趣。广告标题有单行式、复合式两种。复合式又分为正副标题式、引题正题式和引题正题副题组合式。常见的拟定标题的方法有：

（1）直陈式。直截了当，开门见山，常常以产品商标或企业名称来命名。如"激情华联，购物新亮点""戴'博士伦'舒服极了"。

（2）新闻式。借助开张、新举措或名人、重大事件以及最新获得的荣誉或取得的成就推销产品，体现新闻时效性、针对性的特点，如"青岛啤酒威扬美国（正题）华盛顿国际啤酒会评比青岛啤酒荣获第一名（副题）"。

（3）提问式。用设问、反诘的修辞手法引导消费者对产品做出思考，如"昨天你还笨口讷言，今天你却出口成章，秘诀何在？（引题）请订阅《演讲与口才》（正题）（《演讲与口才》广告标题）"。

（4）委婉式。不直接提供商品信息，含而不露，创造一种饶有趣味的联想空间，诱发消费者的阅读兴趣，如"太阳底下的绿阴（绿阴牌高级防晒油漆广告标题）"。

（5）悬念式。巧布疑云，诱发消费者探寻究竟的好奇心理，如"新式吹风机暗藏玄机（吹风机广告标题）"。

（6）颂扬式。对商品与劳务的优良品质和优质服务自我夸耀，但要合理、适度，如"西铁城，华贵气派的象征（西铁城手表的广告标题）""出门前轻轻一按，回到家有菜有饭（黄山牌电饭锅的广告标题）"。

（7）承诺式。将商品劳务带给消费者的便利实惠作为标题，表现出充分的自信，如"只要按一下快门，余下的一切由我们来做（柯达傻瓜照相机广告标题）"。

（8）祈使式。以联络消费者感情为基调，采用希望、劝勉、询问、告诫、叮咛、命令等语气，达到沟通感情、认可商品劳务的目的。如"请使用×牌牙膏，它有助于儿童防龋护齿（牙膏广告）""天涯赤子心，三菱家电表孝心（三菱家电广告）"。

（9）反向式。用违反常理或违反习惯的思维方式概括广告内容，有新颖独到、给人耳目一新的感觉，如"不知来者是善是恶——人在家时，您安全吗？（神眼监视器的广告标题）""购买第一把长命牌牙刷，要有不怕上当的勇气（长命牌牙刷广告标题）"。

2. 广告口号

广告口号又称广告标语，是在广告宣传中反复使用，能鲜明体现企业或产品特征的简短的商业广告语。它是企业产品的形象化身和语言标志。广告口号的主要功能有三个：一是树立企业形象，创立产品品牌，维护企业信誉。一个好的广告在企业的系列产品宣传中反复使用，具有稳定性，如"鄂尔多斯羊绒衫，温暖全世界"。二是对消费者的购买心理和购买行为具有很强的鼓动性和号召力，如"喝了娃哈哈，吃饭就是香"。三是幽默传神，易识易记，极富感染力。成功的广告口号能成为家喻户晓的口头语或生活用语，它所传达的企业商品信息会牢牢植根于消费者心中，如"一旦拥有，别无所求（飞亚达手表广告）"。

广告口号与广告标题同样具有体现商品特征、简洁凝练、新颖活泼的特点，但二者有较大的差别，不能混同。首先，功能不同。标题是广告文稿的眉眼，起着概括全篇、引导阅读的作用。广告口号的功能是表现广告主题、再现品牌优势、传达企业精神，从而在消费者心目中树立一种观念。其次，内容构成不同。标题是广告文稿中不可分割的重要组成部分，居于正文前，从形式到内容都与正文有着十分紧密的联系，没有标题的广告文稿实为少见。广告口号与广告正文内容的联系则灵活多变，有时口号是广告内容的重要组成部分，作为神来之笔，可居于全文任何显要位置；有时口号游离于广告正文之外，单独使用，承担着广告文稿的全部责任，通篇广告只有一两句广告口号；有时也可不用广告口号。

3. 广告正文

广告正文要全面具体地介绍广告的各项内容，是对广告标题所提供信息的拓展、延伸和补充。广告正文一般包括以下三方面的内容：首先，对标题提出的商品或劳务进行简要地说明或解释；其次，具体说明提供商品或劳务的细节，消除消费者的疑虑；最后，用热情诚恳的语言敦促消费者采取购买行动。

4. 广告附文

附文为方便消费者购买和与经销部门联系之用。内容包括生产销售部门或服务部门的单位名称、地址、电话号码、传真、网址、银行账号、售后服务期限、业务联系人等。

广告文稿的形式多种多样，归纳起来常见的有以下几种。

（1）陈述式。采用多种表达方式，把广告的全部内容组织成一篇有头有尾、各部分内容相互联系、彼此照应的完整文章。

（2）报道式。依照重要程度将广告信息划分若干项，按一定的新闻结构（倒金字塔结构、金字塔结构、混合式结构）加以安排。

（3）条款式。把广告内容归类，划分成若干条目，再按一定的顺序依次罗列，省去开头结尾、过渡照应的烦琐，做到条目清晰、主次分明。

（4）图表文字结合式：复杂枯燥的商品劳务信息，如规格、型号、价目、方位地点等用形象直观的图表标示；证明质量、承诺服务、劝勉认购等联络感情的内容用恰当的语言表现。

例文

伊利牛奶广告文案

（1）标题：咕咚咕咚、呼噜呼噜、滋溜滋溜

正文：无论怎么喝，总是不一般香浓！这种不一般，你明显感得到。伊利牛奶全乳固体含量高达12.2%，这意味着伊利牛奶更香浓美味，营养成分更高！

广告口号：青青大草原　自然好牛奶

（2）标题：嘎嘣嘎嘣、咔嚓咔嚓、哎哟哎哟

正文：一天一包伊利纯牛奶，你的骨骼一辈子也不会发出这种声音。每1 100毫升伊利纯牛奶中，含有130毫克的乳钙。别小看这个数字，骨骼表现会告诉你它的不凡！

广告口号：青青大草原　自然好牛奶

（3）标题：哗啦啦、啾啾啾、哞哞哞

正文：饮着清澈的溪水，听着悦耳的鸟鸣，吃着丰美的青草，呼吸新鲜的空气。如此自在舒适的环境，伊利乳牛产出的牛奶自然品质不凡，营养更好！

广告口号：青青大草原　自然好牛奶

第二节　产品说明书

一、产品说明书的概念和种类

产品说明书是对产品的性能、规格、用途、保存和使用方法进行说明的文书。产品说明书的主要功能在于介绍产品、指导消费，同时在一定程度上具有扩大销售的作用。

产品说明书的类型主要有以下几种。

1. 包装物上的说明书

把简短的产品说明印在包装物上，这种形式往往用于日常生活用品和医药用品，既可方便消费者，又可美化包装。

2. 专用纸张说明书

以较长的篇幅写在专用纸张上，置于包装盒内的说明书，适用于科技含量较高、使用较复杂的产品。

3. 图表式说明书

有些商品成分比较复杂，用图表来标示更合适。如家电产品的结构、性能大多都用图表来标示。图表说明和文字说明往往是结合起来使用的，如一些奶粉的产品使用说明书，就是用图表来标明奶粉中的各种营养成分，用文字说明用法用量。

4. 装订成册的商品使用说明书

这类说明书往往用于零部件多、结构复杂、使用技能要求较高的高科技产品和大型电子、机械设备，除了文字说明外，还要用许多图表如总体图表、分解图表等进行辅助说明，如我们日常使用的手机产品的使用说明书。

二、产品说明书的特点

产品说明书具有内容的科学性、表述的通俗性、层次的条理性、样式的多样性以及图文的广告性等特征。对于产品的用户或消费者而言，它还具有以下特点。

1. 知识性

产品说明书能给用户或消费者提供具体的知识，扩大其知识领域，加深对某种产品的性能和功用的了解。

2. 客观性

产品说明书的内容，必须是真实可靠的知识，与实际性能、特点和用途相符。

3. 实用性

产品说明书广泛用于生产、销售以及用户的生活和工作当中，具有实际指导作用。

4. 科学性

产品说明书在对产品的性能、构造、使用方法、注意事项进行说明时，都要实事求是。除了内容确切真实，语言也要准确无误，不能有歧义，不能模棱两可。

三、产品说明书的结构及写作要求

（一）产品说明书的结构

产品说明书的写法没有固定的格式，大都由标题、正文和落款（具名）三部分组成。下面就单页式产品说明书和多页式产品说明书的结构和写法分别作简单的介绍。

1. 单页式产品说明书的结构和写法

（1）标题。有的写得比较全面，如"熊猫牌洗衣粉使用说明"，有的只写产品名称，如"木香顺气丸"。

（2）正文。每种产品需要说明的内容各有不同，一般包括以下几个方面：产品概况（名称、产地、规格、成分等）；产品发展史及制作方法；产品的性质、性能、特征、特点等；产品的用途；使用时应注意的事项。

在单页式产品说明书中，这五个方面应根据具体情况，决定先后、详略、取舍。

（3）落款。写上生产单位或出售单位的名称，有的还写上单位的地址和电话号码，也有不落款的。

2. 多页式产品说明书的结构和写法

（1）封面。一般有"说明书"字样和厂名，有的还印有商标、规格、型号、商品标准名称和图样，有的还配有商品彩照、图样、表格，以增强顾客印象。封面的标题印制要鲜明醒目。

（2）前言。前言的形式多采用概述式的短文。

144

（3）正文。是产品说明书的主要部分，一般对产品的性能、规格、使用、维护及注意事项等进行具体说明。

产品说明书的正文内容因产品种类的不同而不同，也因为产品结构、工艺复杂程度以及科技含量的大小有繁简之分。主要包括以下内容：产品概况（包括产品名称、规格、结构、成分、产地等）；性质、性能、特点及相关技术参数；安装、使用方法及注意事项；保存、保养与维修；产品配件明细；附属备件与工具；用户意见书或保修登记卡等。

如果是食品、日用化妆品类产品还必须注明生产日期和保质期，药品类产品除注明生产日期与有效期外，还必须对配方、禁忌以及可能产生的副作用进行详细说明。

（4）封底。为方便用户联系，封底上一般注明厂址、邮政编码、含国家地区代号的电话号码、传真号码、网站地址及电子邮箱等相关资料。

（二）产品说明书的写作要求

（1）把握被说明对象的主要特征。

（2）抓住被说明对象和同类事物的相似之处。

（3）进行说明时，要以便于读者理解为原则。要便于读者理解，必须注意以下四点：一是表述准确。不能模棱两可，否则使人不能确切了解。二是解说清晰。要按人们思考习惯的自然顺序或按照事物本身的特征来安排材料，进行有层次、有步骤的解说。三是详略得当。对那些既不容易理解又需要顾客知道的内容要详写，对那些读者普遍了解的或根本不需要知道的内容要略写，或根本不写，从而突出说明重点。四是文字浅显易懂。朴实自然，不能佶屈聱牙。

"皇猫"牌电子灭蚊器使用说明书

例文

药物说明书

药品名称：芬必得

【别名】布洛芬缓释胶囊

【外文名】Fenbid

【适应证】有解热镇痛及抗炎作用，适用于扭伤、劳损、下腰疼痛、肩周炎、滑膜囊炎、肌腱以及腱鞘炎，以及牙痛和术后疼痛，关节炎等。

【用量用法】口服：成人及12岁以上儿童，每日两次（早晚各一次），每次1~2粒。

【注意事项】一般肠胃不适或皮疹、头痛、耳鸣、肠胃道病人慎用。禁忌证：活动期消化道溃疡病；对本药过敏；因服用阿司匹林和其他非类固醇类抗炎药诱发哮喘，鼻炎或荨麻疹的病。

【规格】胶囊：300 mg/粒

本章小结

商业广告是广告主以付费的方式通过传媒向市场和消费者介绍商品和服务，以促使消费者采取认购行动的信息传播活动。商业文字广告的结构一般包括标题、广告口号、正文和附文四部分。产品说明书是对产品的性能、规格、用途、保存和使用方法等进行说明的文书。其主要功能在于介绍产品、指导消费。产品说明书的结构一般由标题、正文和落款三部分组成。

思考与练习

一、问答题

1. 广告正文一般包括哪些方面的内容？

2. 简述广告口号与广告标题的异同。

3. 产品说明书与广告有何异同？

4. 简述产品说明书的特点和作用。

二、分析题

下面的广告是否合理？请根据广告的特点说说你的理由。

（1）【电视画面】一女性围着围裙在厨房做饭，随后喜滋滋地为男人洗着衣服；而男人则舒服地坐在沙发上，居高临下地宣称："我的梦中情人，应该有一头乌黑亮丽的长发。"

（2）某电视台播放这样一则广告：电视画面上两个日本兵拿着枪在四处搜寻，忽然看见两个提着篮子的中国人，篮子里露出两瓶名叫××的酒，两个日本兵边说"这酒还不错"边抢过来，而中国人则赔着笑脸说："给我留一点儿。"于是，抢劫的日本兵和被抢的中国人都笑了。

三、写作训练

1. 联系实际，为学校、班级的有关活动或比赛撰写一则广告文案。

2. 选择你家里的一件电器，给它写一份简明扼要的使用说明书。

第五篇　专业文书篇

第十二章

招标书与投标书

第一节　招标、投标书的概念与特点

一、招标、投标书的概念

招标与投标是一种现代贸易活动，是国内外经济活动中常用的一种交易形式。招标是政府、企事业单位在兴建工程、合作经营某项业务或进行大宗商品交易时，先把有关要求和条件等对外公布，招人承包或承买，从中选择价格和条件最优者为中标人的经济活动。投标是指有意愿按招标书的要求和条件承包或进行交易的单位或企业报出价格，拟就详细方案，开列清单，向招标人投函的经济活动。

招标书与投标书是为了适应招标、投标活动的需要，按照一定格式、要求编写的一系列经济文书，统称为"标书"。招标书是用于招标活动的书面文件，是通过公开招标的办法聘请其他单位或个人协助办理的告示性文书。投标书亦称标函，是指投标者根据招标单位提出的招标条件，对自身的投标条件进行自我审核后，向招标单位提出自己投标意向的书面材料。

二、招标、投标书的特点

1. 竞争性

竞争性是招标书与投标书的首要特点。这一特点是招标、投标活动本身所具有的竞争性的体现。招标者通过招标通告或招标邀请书，可同时招来许多投标者，并促成投标者之间的相互竞争。

2. 准确性

招标与投标是一种贸易成交往来方式，而招标书与投标书则是这种贸易方式的重要凭证，具有很强的专业色彩与实用价值，因而要求其语言表达必须十分准确。

3. 关联性

招标书与投标书是在招标与投标这一紧密相连的经济活动中所形成的一组文书。招标书是投标书的前提与基础，投标书则是招标书的应答与结果。

第二节　招标、投标书的作用

一、有利于加强横向经济联系

招标可以在很广的范围内进行，在众多的投标者中进行比较、选优，中标的只能是那些技术水平高、产品质量好，而且报价合理的单位。这就有利于加强横向经济联系，进行技术交流、打破条块分割的落后管理方式。

二、有利于开展公平竞争

实行招标的办法，使招标者可以有更大的选择余地，而投标者为在竞争中获胜，必然在缩短工期、提高质量、降低成本等方面狠下功夫。这就有利于开展公平竞争，完善市场经济的运作，杜绝暗箱操作的营私舞弊行为。

三、有利于提高经济效益

实行好中选优的招标办法，有利于推动技术进步，优化项目方案，节约投资，减少浪费，提高工程或商品项目质量，从根本上提高招标、投标双方的经济效益。

第三节　招标书的写作格式

招标书包括招标申请书、招标公告、招标邀请书、招标说明书、标底书、中标通知书等。这里主要介绍前三种。

一、招标申请书

招标申请书是单位向主管部门报送申请招标的书面文书，它一般包括五个部分。

1. 标题

标题一般由招标项目和文种组成，如《建筑安装工程招标申请书》。

2. 主送单位

顶格写明主管招标、投标单位的全称，位置在标题之下。

3. 正文

正文主要写明哪些项目已经具备招标条件，并表明申请招标的要求，请求批准招标。

4. 落款

落款处写明申请单位名称、负责人姓名，并加盖印章，写上日期。

5. 附件

依次写明随文呈送的文件或资料名称和份数。

二、招标公告

招标公告的格式一般由标题、正文和落款三部分组成。

1. 标题

标题是招标公告中心内容的概括和提炼。从形式上看，可分为完全性标题、不完全性标题、简明性标题和广告性标题四种。完全性标题由四部分组成，包括招标单位名称、招标性质和内容、招标形式、文种名称；不完全性标题往往不写招标性质和内容，只写招标单位和文种名称；简明性标题多是只写文种名称，其他一概省去；广告性标题只告诉一个灵活多变、生动醒目的标题，激发投标欲望，招徕人们投标。

2. 正文

正文一般由引言、主体和结尾三部分组成。

（1）引言。引言应写明目的、依据及招标项目的名称。表述时要求文字准确精练，概括简短，提纲挈领，开宗明义。

（2）主体。主体是招标公告的核心，要详细写明招标的内容、要求及有关事项。一般采用横式并列结构，将有关要求逐项说明，有的还需要列表，具体包括以下几个方面：招标方式、招标范围、招标程序、招标内容、双方签订合同的原则、招标过程的权利与义务、组织领导以及其他事项。如果是国际招标，还应写明招标范围包括哪些国家，使用什么货币，以及付款方法等。

（3）结尾。正文的结尾应将投标与开标的时间、联系方式和标书的售价等加以说明。

3. 落款

招标书的落款应写明招标单位、发文日期、地址、电话、电传、电子邮箱、邮政编码等。若是两个以上单位联合招标，应依次写明。落款单位不一定和标题中的招标单位一致，它可以是招标单位的上级主管部门，也可以是某一承办部门。

三、招标邀请书

招标邀请书一般由标题、主送单位、正文、落款四部分组成。

（1）标题。标题只需写明文件名称即可，如"招标邀请书""招标邀请函"。

（2）主送单位。在标题之下，顶格写被邀请单位名称。

（3）正文。正文写明招标目的、依据及招标具体事宜。如有招标公告或招标通告，则不必对招标事宜作详细说明，随函附上招标公告或招标通告即可。

（4）落款。落款处写明招标单位名称、地址、邮政编码、联系人、电话、电子邮箱、日期等。

第四节　投标书的写作格式

投标书包括投标申请书、投标书、资格审查材料、演讲稿、答辩词等。这里主要介绍前两种。

一、投标申请书

投标申请书是准备投标的单位向招标、投标主管部门或招标单位报送的以备审定投标资格的书面文件。通常由五个部分组成。

（1）标题。标题只需写明"投标申请书"。

（2）主送单位。主送单位应写明主管招标、投标主管部门的全称，在标题下面顶格书写。

（3）正文。正文应表明参加投标的意愿和有关保证事项。

（4）落款。落款处写明投标单位名称、负责人姓名，并加盖印章，申请书发出的日期。

（5）附件。依次写明随文呈送的文件或资料名称和份数，附件的内容主要是对投标资格进行详细说明。

二、投标书

投标书的内容与招标公告相对应，应对招标的条件和要求作明确的回答和说明。投标书一般由标题、正文、落款、附件四部分组成。

1. 标题

标题常有几种方式：一是投标单位和文种组成，如"××建筑公司投标书"；二是投标项目和文种组成，如"租赁××市××商场的投标书"；三是简明式标题，直接写明为"投标书""标书""标函"；四是其他灵活性标题，主要是指个人投标，如"我有妙招、必获成功——我的投标书"。

2. 正文

正文由主送单位、引言、主体三部分组成。

（1）主送单位。主送单位应写在正文第一行的顶格，写明招标单位的全称。

（2）引言。引言主要是写明投标的依据、目的和指导思想，以及对投标单位或投标个人进行情况说明。企业单位要写明企业的所有制性质和隶属关系、经营范围和资质等级等。

（3）主体。主体部分一般包括三个方面的内容。一是对投标企业或个人的现状进行阐述，包括企业规模、级别、固定资产、设备状况、服务质量、以往业绩等。二是详细说明投标项目的具体指标，明确投标方式和投标期限。如果是投标大宗项目，应写明保证按合同履行责任和义务。如果是投标承包经营项目，应写明几项经济指标。如果是投标建筑工程，应写明工程总报价及价格的组成分析，保证达到的工程质量标准等。三是实现指标、完成任务的措施（包括组织、管理、技术等）。措施要具体明确，切实可行。

3. 落款

落款写明投标单位的全称及负责人、联系人（加盖印章），以及单位的地址、电传、电话、电子邮箱、邮政编码和制作日期等。

4. 附件

如有必要，附上担保单位的担保书、有关图纸和表格等。

第五节 招标、投标书的写作要求

一、招标书的写作要求

（1）招标书中的条件必须符合国家颁布的有关法律、法规和政策，要正确处理好国家、单位、中标者的关系。

（2）招标的条件要写得明确、具体，不能含糊其词。招标书的内容要周全，但也要简明扼要、重点突出。

（3）文字要准确、恰当，标点要正确、清楚，以免产生歧义。篇幅不要过长。

二、投标书的写作要求

（1）必须认真研究招标文件，积极发挥内部潜力和外部力量，提出切实可行而又合理的标价。

（2）投标书的内容要具体清晰，要紧紧围绕招标事项，提出有针对性的切实可行的措施。

（3）投标书应严格按照招投标文件的要求编制，并按规定格式填写，内容齐全，格式规范，表达简明具体，字迹清楚完整。

（4）撰写之后，要认真检查，防止疏漏。最后加盖公章和法人代表印章。

例文

建筑工程招标书（范本）

为了提高建筑安装工程的建设速度、提高经济效益，经_____（建设主管部门）批准，_____（建设单位）对_____建筑安装工程的全部工程（或单项工程、专业工程）进行招标（公开招标由建设单位在地区或全国性报纸上刊登招标广告，邀请招标由建设单位向有能力承担该项目工程的若干施工单位发出招标书，指定招标由建设项目主管部门或提请基本建设主管部门向本地区所属的几个施工企业发出指令性招标书）。

一、招标工程的准备条件

1. 本工程已列入国家（或部、委，或省、市、自治区）年度计划。

2. 已有经国家批准的设计单位出具的施工图和概算。

3. 建设用地已经征用，障碍物全部拆迁；现场施工的水、电、路和通信条件已经落实。

4. 资金、材料、设备分配计划和协作配套条件均已分别落实，能够保证供应，使拟建工程能在预定的建设工期内连续施工。

5. 已有当地建设主管部门颁发的建筑许可证。

6. 本工程的标底已报建设主管部门和建设银行复核。

二、工程内容、范围、工程量、工期、地质勘查单位和工程设计单位：_____

_____。

三、工程可供使用的场地、水、电、路等情况：_____

_____。

四、工程质量等级、技术要求，对工程材料和投标单位的特殊要求，工程验收标准：

_____。

五、工程供料方式和主要材料价格、工程价款结算办法：_____

_____。

六、组织投标单位进行工程现场勘察，说明招标文件交底的时间、地点：_____

_____。

七、报名、投标日期，招标文件发送方式：

报名日期：20____年____月____日。

投标期限：20____年____月____日起至20____年____月____日止。

招标文件发送方式：_____。

八、开标、评标时间及方式，中标依据和通知：

开标时间：20____年____月____日（发出招标文件至开标日期，一般不得超过两个月）。

评标结束时间：20____年____月____日（从开标之日起至评标结束，一般不得超过一个月）。

开标、评标方式：建设单位邀请建设主管部门、建设银行和公证处（或工商行政管理部门）参加公开开标，审查证书，采取集体评议方式进行评标、定标工作。

中标依据和通知：本工程评定中标单位的依据是工程质量优良、工期适当、标价合理、社会信誉好。

最低标价的投标单位不一定中标。所有投标企业的标价都高于标底时，如属标底计算错误，应按实予以调整；如无标底错误，通过评标剔除不合理的部分，确定合理标价和中标企业。评定结束后五日内，招标单位通过邮寄（或专人送达）方式将招标通知书发送给中标单位，并在一个月（最多不超过两个月）内与中标单位签订_____建筑安装工程承包合同。

九、其他：_____。

本招标方承诺，本招标书一经发出，不得改变原定招标文件内容，否则，将赔偿由此给投标单位造成的损失。投标单位按照招标文件的要求，自费参加投标准备工作和投标，投标书（即标函）应按规定的格式填写，字迹必须清楚，必须加盖单位和法定代表人的印鉴。投标书必须密封，不得逾期寄达。投标书一经发出，不得以任何理由要求收回或更改。

在招标过程中发生争议，双方可自行协商解决。如双方自行协商不成，由负责招标管理工作的部门调解、仲裁，对仲裁不服，可诉诸法院。

建设单位（即招标单位）：_____

地址：_____

电子邮箱：_____

联系人：_____

电话：_____

20____年____月____日

例文

××建筑公司投标书

××市教育局：

我单位认真研究了《××××教学大楼工程招标文件》及图纸资料，愿意接受承担该工程施工任务，并完全同意招标文件对投标单位的要求和应承担的义务，完全同意施工合同主、分条款的内容和原则。现正式报价如下。

一、工程总造价（略）

二、工程造价的构成（略）

三、工期

自××××年×月×日开工至××××年×月×日竣工交付使用，总工期为×个月，其中基础工程×个月，主体工程×个月，收尾工程×个月。

四、工程质量

本工程质量保证达到××××标准。其中，基础工程达到××××标准；主体工程达到××××标准；内外装饰工程达到××××标准。

五、材料数量及价差见附件（略）

六、主要施工方法及安全措施

1. 基础工程施工方法（略）

2. 主体工程施工方法（略）

3. 施工安全措施（略）

七、企业情况

1. 施工能力：职工×××人，其中固定职工×××人，技术装备率××××元/人。

2. ××××年施工合同履行率约××%。

3. 承担本工程的施工队在××××年至××××年，施工的代表性工程或优良工程。（略）

4. 企业自有资金情况及开户银行和账号。

八、对招标单位的要求（略）

九、附件：本工程报价预算书

办公地点：　　　　　　　　　　　　联系电话：

联系人：　　　　　　　　　　　　　投标人登记表（略）

投标单位（签章）

法定代表人（签章）

××××年×月×日

本章小结

招标书与投标书是为了适应招标、投标活动的需要，按照一定格式、要求编写的一系列经济文书。招标书是通过公开招标的方法邀请其他单位或个人协助办理的告示性文书；投标书是投标者根据招标单位提出的招标条件，对自身的投标条件进行自我审核后，向招标单位提出自己投标意向的书面材料。招投标书有利于加强横向经济联系，开展公平竞争，提高经济效益。

招标书包括招标申请书、招标公告、招标邀请书、招标说明书、标底书、中标通知书等。本书主要介绍了招标申请书、招标公告和招标邀请书。招标申请书是单位向主管部门报送申请招标的书面文书，其结构一般包括五个部分：标题、主送单位、正文、落款和附件。招标公告的结构一般由标题、正文和落款三部分组成。招标邀请书的结构一般由标题、主送单位、正文、落款四部分组成。

投标书包括投标申请书、投标书、资格审查材料、演讲稿、答辩词等。本书主要介绍投标申请书和投标书两种。投标申请书是准备投标的单位向招标主管部门或招标单位报送的以备审定投标资格的书面文件。其结构由五个部分组成：标题、主送单位、正文、落款、附件。投标书是对招标的条件和要求做出的明确回答和说明。其结构由标题、正文、落款、附件四部分组成。

思考与练习

一、问答题

1. 什么是招标书与投标书？它们有什么特点与作用？
2. 投标书的正文一般要写清楚哪些内容？
3. 招标、投标活动一般要经过哪些程序？

二、写作训练

根据下面的材料，写一份招标书。

××学院拟做 800 套课桌椅，由××学院提供材料，投标单位包工。××学院对课桌椅的规格及质量要求已提出了书面材料。2018 年 4 月 30 日至 2018 年 5 月 15 日为工程招标的起止时间，2018 年 5 月 20 日在××学院中心会议室公开开标。交货时间为 2018 年 8 月 30 日。××学院地址：××市××路××号。电话：××××××××。联系人：张玉凤。

第十三章

合　同

第一节　合同的概念、特点、作用和分类

一、合同的概念、特点和作用

本章所说的"合同"，是指财产合同，主要指民事主体间关于债权债务的协议。1999年3月15日，第九届全国人大第二次会议通过了《中华人民共和国合同法》。它是在以往的《经济合同法》《涉外经济合同法》《技术合同法》这三部合同法的基础上修改而成的。《合同法》于1999年10月1日起施行。

2020年5月28日，第十三届全国人大第三次会议表决通过了《中华人民共和国民法典》，自2021年1月1日起施行。《中华人民共和国合同法》同时废止。

《中华人民共和国民法典》将合同纳入其第三编，并规定"本编调整因合同产生的民事关系"。

1. 合同的概念

《中华人民共和国民法典》第四百六十四条规定："合同是民事主体之间设立、变更、终止民事法律关系的协议。"

2. 合同的特点

合同具有如下特点。

（1）合同是由双方当事人的法律行为而起。

（2）合同是当事人协商一致的产物，是两个以上的民事主体意思表示相一致的协议。

（3）合同的债权、债务必须相对应。

（4）合同具有法律约束力。

3. 合同的作用

在经济活动中，合同具有如下作用。

（1）保护合同当事人的合法权益。

（2）促进企业的经营管理。

（3）有利于加强对企业的监督检查。

（4）有利于维护社会经济秩序，保障社会经济的健康发展。

二、合同的分类

根据《中华人民共和国民法典》第三编第二分编的规定，常用的合同有十九种：买卖合同；供用电（水、汽、热力）合同；赠与合同；借款合同；保证合同；租赁合同；融资租赁合同；保理合同；承揽合同；建设工程合同；运输合同；技术合同；保管合同；仓储合同；委托合同；物业服务合同；行纪合同；中介合同；合伙合同。

第二节　合同的形式与结构

一、合同的形式

合同形式是合同双方当事人所达成的协议表现形式，是合同内容的载体。《中华人民共和国民法典》第四百六十九条规定：当事人订立合同，可以采用书面形式、口头形式或者其他形式。书面形式是指以合同书、信件、电报、电传、传真等方式有形地表现所载内容的形式。以电子数据交换、电子邮件等方式有形地表现所载内容的形式，视为书面形式。

合同的形式可由当事人选择，口头、书面皆可。但法律明文规定采用书面形式的，必须采用书面形式。否则，合同无效。

书面形式的合同有以下三种书写方法。

1. 条文式

条文式以文字为主要的表达方式，即立约双方把议定的内容用文字一条条写出来。信件、数据、电文亦是条文式的表现形式。条文式可不拘泥于形式，只要把双方当事人的真实意思表达清楚即可。

2. 表格式

表格式以表格为主要的表达方式。表格是合同的监督部门或行业性的组织提供的，立约双方只要把议定的内容按表列的顺序填写即可。

3. 条文表格式

条文表格式即综合上述两种方式。

二、合同的结构

合同的结构包括首部、正文、结尾三个部分。

1. 首部

首部包括标题、立合同当事人名称，以及合同编号、合同签订地点及时间。

（1）标题：是合同的名称，一般只标明合同的性质即可，如"租赁合同""技术合同""借贷合同"等。

（2）立合同当事人名称或姓名和住所，即签订合同双方或多方当事人（或单位）名称。名称要写全称，习惯上并排写，并应注明甲方、乙方、丙方等。合同的当事人必须真实存在，不得用笔名、化名。要如实写明当事人双方各自的名称或姓名和住所。法律规定，当事人不真实的合同不能被承认。

（3）合同编号与签订地点、时间。这项内容在很多合同中没有，只有在格式合同中才会出现。

2. 正文

正文包括开头语、条款、附件与附则等项内容。

（1）开头语。一般写双方签订合同的目的或依据，或双方应共同信守合同的条款等。如"为了××（目的），经双方协商，签订本合同，以此共同遵守。"

（2）条款。写完开头语之后，用条款或表格写出双方约定的合同内容。条款式合同必须写明双方所议定的事项，双方所承担的义务和应享受的权利，互相替对方做什么事情，共同做什么事情，做到什么程度，何时完成，等等。表格式的合同要按照表中所列的项目，协商填写。在经济合同中，它的正文部分都应具备以下主要条款。

①标的（指货物、劳务、工程项目等）。合同中的标的规定要明确、具体、肯定。如果标的物是违反国家法律、法规规定的，则此合同全部无效。

②数量。数量是对标的物的量化，是以数字和计量单位来衡量标的物的尺度。它决定权利义务的大小，如产品数量多少，完成工作多少。数量必须按照国家规定的法定计量单位计量。

③质量。质量是标的物的质的规定，是标的物内在物理、化学、机械、生物特征等性质，以及其外观形态的综合指标和技术要求，如产品的品种、型号、规格和工程项目的标准等。质量条款必须符合标准化法规的有关质量管理的规定。

④价款或者报酬。它指合同一方当事人对另一方当事人履行合同，交付标的物，另一方当事人应支付的通常以货币为表现形式的代价。

⑤履行的期限、地点和方式。履行期限是当事人实现权利和义务的时间界限；履行地点是指当事人依照合同规定完成自己的合同义务的场所；履行方式是指当事人履行合同与接受履行的方式。

⑥违约责任。它指当事人违反合同的约定时应承担的法律责任，是保证合同履行的重要条款。

⑦解决争议的方法。它指当事人在合同履行过程中发生争议的情况下解决争议的方法。当事人可以在合同中约定由双方协商解决，由仲裁机构仲裁，依法向人民法院起诉。

（3）附件。若合同有附件，如图样、表格、实物等，应在正文中写明附件的名称及件数，并将附件装订于合同文本的后面。

（4）附则。附则是紧接合同条款的续文，写明合同的有效期限、合同的份数、合同的补充说明等。

3. 结尾

正文的下方写明双方单位的全称及代表姓名，并签名盖章（如需上级机关或鉴证机关的同意，那就要写明上级机关或鉴证机关的名称和意见，并签名盖章），以及签订合同的日期，并盖上印章。

第三节　合同的签订、变更和解除

一、合同的签订

合同的签订一般要经过要约和承诺两个步骤。

1. 要约

要约为当事人一方向他方提出订立合同的要求或建议。提出要约的一方称要约人。在要约里，要约人除表示欲签订合同的愿望外，还必须明确提出足以决定合同内容的基本条款。要约可以向特定的人提出，亦可向不特定的人提出。要约人可以规定要约承诺期限，即要约的有效期限。在要约的有效期限内，要约人受其要约的约束，即有与接受要约者订立合同的义务；出卖特定物的要约人，不得再向第三人提出同样的要约或订立同样的合同。要约没有规定承诺期限的，可按通常合理的时间确定。对于超过承诺期限或已被撤销的要约，要约人则不受其拘束。

2. 承诺

承诺为当事人一方对他方提出的要约表示完全同意。同意要约的一方称要约受领人，或受要约人。受要约人对要约表示承诺，其合同即告成立，受要约人就要承担履行合同的义务。对要约内容的扩张、限制或变更的承诺，一般可视为拒绝要约而订立新的要约，对方承诺新要约，合同即成立。

二、合同的变更和解除

合同的变更和解除是对已经成立的合同内容的部分修改、补充或全部取消。合同一方因故需要修改、补充合同某些条款或解除合同关系时，必须征得对方同意。亦即以双方达成的新协议，变更或解除原来的旧协议。变更、解除合同的新协议，仍按原合同的形式办理。

第四节　签订合同必须遵守的原则及合同撰写要求

一、应遵守的原则

1. 平等互利的原则

签订合同的双方（或几方）经济法律地位相等，平等地享受经济权利和承担经济义务。

2. 协商一致的原则

签订合同的双方（或几方）要在自由表达意志的基础上经过共同协商，达成一致意见，然后签订合同，任何一方都不得强迫对方或包办代替。

3. 遵守法规的原则

签订合同，必须严格遵守国家法规，任何组织和个人不得利用合同进行违法活动，扰乱经济秩序，损害国家利益、社会共同利益及他人利益，牟取非法收入。

二、合同撰写要求

（1）文字表达要具体、准确，不能措辞不当、词不达意、模棱两可、含混不清。

（2）条款要完整。合同中所列各项条款，都要按要求填写清楚，如果需要，可以另加附件。附件是合同的有机组成部分，与正本具有同样的法律效力。合同的结尾必须写明附件的名称、件数，并附上附件，以保持合同的完整性。

（3）要保持合同文本的整洁。签订好的合同，任何一方不得随意涂改。如发现合同文本内容、文字有错漏，或发生了特殊情况必须改正、补充时，一定要经双方同意，在原合同上进行修改，并在修改处盖上双方印章，以证明双方同意修改。有些说明或者补充，如不能在原合同上修改，双方可以互换函件，函件为合同的附件，同样可以达到修改、补充的目的。

买卖合同

 本章小结

合同主要指民事主体间关于债权债务的协议。常用的合同有十九种。合同的形式可由当事人选择，口头、书面皆可，但法律明文规定采用书面形式的，必须采用书面形式，否则，合同无效。合同的书面形式有三种书写方法：条文式、表格式和条文表格式。合同的结构包括首部、正文、结尾三个部分。合同条款包括标的，数量和质量，价款和酬金，履行的期限、地点和方式，违约责任和争议的解决方法等。撰写合同必须遵守平等互利、协商一致、遵守法规的原则。

 思考与练习

一、问答题

1. 什么是合同，它有哪些种类和特点？

2. 合同一般包括哪些条款？

3. 撰写合同要注意哪些事项？

二、写作训练

1. 根据下面提供的材料，写一份购销合同。

江西农家乐果品流通公司（简称"甲方"）的法人代表刘灵，于2021年4月20日与万载云峰果园场（简称"乙方"）的法人代表龙凤经友好协商，达成了购销协议。双方在协商中提到：2021年甲方购买乙方出产的水蜜桃2万公斤，以每公斤1元计价；葡萄10万公斤，以每公斤2元计价；橘子30万公斤，以每公斤1.8元计价；鲜百合5万公斤，以每公斤 3 元计价。商定水蜜桃和葡萄在八成熟采摘后，分别在当年的 6 月和 7 月分两批交货；橘子和百合分别在当年的 9 月和 11 月分两批和三批交货；由乙方负责用竹条筐包装并及时用汽车运送到甲方所在地，其包装费、运费均由甲方负担。货款在每批水果交货的第二天通过银行托付。如因遭遇自然灾害不能如数交货，乙方应在灾害发生后 7 天内通知甲方并协商修订合同。在正常情况下，如果甲方拒绝收购，应处以拒收部分价款的 40% 作为罚金；乙方在规定的期限内交货量不足，应处以不足部分价款的 30% 罚金。这份合同缮写 4 份，甲乙双方各执一份，向甲乙双方各自所在地的工商局备案一份。

2. 请你为学生暑期实习与用人单位拟定一份临时劳动合同。

第十四章

市场调查报告

第一节　市场调查报告的特点、作用和分类

一、市场调查报告的特点

市场调查，是运用科学方法，系统地、有目的地收集、记录、整理和分析市场信息资料，为使用者提供完整、全面、有序的市场信息，从而认识市场发展变化的现状和趋势，为市场预测、经营决策提供科学依据。

市场调查报告，是运用科学方法，有目的、有计划、系统地收集、整理和分析研究市场营销情况、供求规律及影响其发展变化的各种因素，做出结论而形成的书面报告。

市场调查报告有以下几个特点。

1. 针对性

针对性是市场调查报告的灵魂，主要包括两个方面：一是市场调查报告必须以市场活动为对象，有的放矢地说明或解决问题；二是市场调查报告必须明确阅读对象。

2. 新颖性

市场调查报告应紧紧抓住市场活动的新动向、新问题，引用一些人们未知的通过调查研究获得的新发现，提出新观点，形成新结论。

3. 时效性

市场调查报告应讲究时间效益，做到及时反馈，只有及时送达使用者手中，使经营决策跟上市场形势的发展变化，才能发挥其作用。

二、市场调查报告的作用

1. 获取经济预测的信息

市场调查报告所掌握的市场的历史、现状及其发展变化的轨迹，能为企业进行经济预测提供可靠信息。

2. 提供企业决策依据

市场调查报告所提供的准确的市场动态信息，可直接为企业决策提供依据，从而使产

销需求对路，避免部分市场风险。

3. 推动企业改善经营管理

市场调查报告有助于正确认识市场，推动企业改善经营管理；遵循经济规律，提高经济计划的制订水平。

三、市场调查的内容

市场调查的内容主要涉及以下四个方面。

1. 社会环境调查

企业的生存和发展是以社会环境为条件的。社会环境包括政治、法律、经济、科技、社会文化、地理气候诸环境，这些社会环境构成了市场存在某些不可控制的因素，企业的生产经营必须与之相协调、适应。在市场经济条件下，企业的自主权将得到充分保证，但必须符合国家政策、法规和客观调控的要求以及国际惯例和准则的规定，必须了解地理、气候等因素对人们生活起居、消费习惯、资源开发的制约和影响。只有这样，才能做出切实可行的生产经营决策，在市场竞争中牢牢掌握主动权。

2. 市场需求调查

在市场经济条件下，市场需求是指以货币为媒介，表现为有支付能力的需求，即通常所称的购买力。购买力是决定市场容量的主要因素，是市场需求的核心。此外，由于市场是由消费者构成的，因此，只有对消费人口状况进行研究，对消费者多种不同的消费动机和行为进行把握，才能更好地为消费者服务，开拓市场的新领域。

3. 市场供给调查

市场供给是指全社会在一定时期内对市场提供的可交换商品和服务的总量。它与购买力相对应，是市场需求得以实现的物质保证。企业在生产经营过程中除了要掌握市场需求情况外，还必须了解整个市场货源状况，包括货源总量、构成、质量、价格和供应时间等一系列情况，必须对本企业的供应能力和供应范围了如指掌。只有这样，才能及时生产和组织到适销对路的商品，避免积压和脱销。

4. 市场营销活动调查

现代市场营销活动不再是简单的、彼此分割的营销活动，而是包括商品、定价、分销渠道和公关促销在内的营销组合活动。因此，市场营销活动要围绕这些组合活动展开，其主要内容包括商品实体、包装、价格、销售渠道、广告、产品生命周期和竞争对手状况等。

四、市场调查的方法

市场调查的方法很多，按其选择的对象划分，可分为市场普查、抽样调查、典型调查和重点调查；按其目的划分，可分为探测法、描述法和因果法；按其调查形式划分，又可分为询问法、观察法、实验法、资料法以及现在流行的头脑风暴法和德尔菲调查法。这些调查方法可以单独使用，也可以结合使用。使用的调查方法，主要取决于调查的内容。

市场调查按资料的来源进行区分，可分为文献调查和实地调查两大类。

（一）文献调查

文献调查是利用各种文献档案资料进行的市场调查，包括从文献档案资料中检索出有用的资料和不断地检索新的有关文献资料。

文献调查的资料来源：企业内部资料、相关机构资料（如图书馆、政府机构、行业协会和商会、出版社、研究所、消费者组织、企业公司等）和图书资料等三大类。

文献调查的工作程序如下。

确定材料来源——→对材料来源进行评估——→对文献资料进行搜集和整理——→筛选市场。

市场调查人员评估材料的标准如下。

（1）综合性。是否能提供对口而全面的材料。

（2）专业性。是否能提供足够的专业材料。

（3）专题性。所提供的材料主要与哪方面的专题有关。

（4）实效性。所提供的材料是否合乎时宜，是近期的，还是早期的。

（5）可取性。提供的材料是否经常、快速和及时，费用如何。

（6）准确性。所提供的材料是否准确，来源是什么，由谁提供的。

（二）实地调查

实地调查就是调查者深入现场，通过直接观察或与当地有关机构和人员联系、接触，从中搜集反映市场变化现状的"第一手资料"。

实地调查的准备工作包括以下三点。

（1）制订实地调查的行动计划。行动计划必须确定调查目标，核定走访对象的名单和地址，拟定实地调查问卷和尽量事先安排好调查时间。

（2）熟悉有关资料来源，以便准确地选择实地查访对象。

（3）用抽查法选择具有典型代表性的走访对象。抽查法是依据一定标准，选定一些调查对象作重点调查。抽查法包括典型调查和随机抽样两种方式。典型调查是按计划选点调查；随机抽样是按一定规律来抽选重点。随机抽样又有三种常用方法：等距离抽样。任意抽样和随机抽样。等距离抽样：将准备调查的对象排列起来，每隔一段距离抽选一个样本。任意抽样：即用抽签办法，将调查的对象写在纸上，加以混合后，随机抽取样本。随机抽样：将调查对象编成号码，运用乱数表抽取样本。

实地调查的基本方法很多，一般常用的有以下四种。

（1）人员走访。人员走访是派出市场调查人员实地与对方有关人员进行接洽，从中了解情况和搜集所需要的资料。人员走访通常被认为是获取调查资料的最为可靠的方法。

（2）电话采访。电话采访是市场调查人员按照电话号码簿上刊载的用户资料，采用随机抽取样本的方式，抽出潜在受访户，再打电话进行问卷访问的一种市场调查方式。

（3）网上调查。网上调查是指在互联网上针对特定营销环境进行简单调查设计、搜集资料和初步分析的活动。网上调查已成为21世纪应用领域较广泛的主流调查方法，网上调查既适合于个案调查也适合于统计调查。

（4）现场观察。现场观察是市场调查人员亲自到现场进行直接观察，从中了解有关情况，搜集所需资料。采用这种方法可以获取大量有用的资料。

上述四种实地调查的基本方法都可以为市场调查工作提供相当有用的调查资料。

（三）市场调查资料的整理

文献调查和实地调查工作全部结束之后，会搜集到大量的资料，这些资料未经加工整理和分析，是不能说明任何问题的，因此有必要对全部资料进行系统加工处理，以便为下一步的资料分析工作做好准备。

市场调查资料的整理包括以下工作程序。

（1）编辑。编辑工作的任务，首先是从市场调查资料中选取一切有关的、重要的参考资料，剔除无关紧要的、没有参考价值的资料，然后将挑选出来的全部资料按照一定的逻辑顺序排列，使之前后一致，并根据实际需要，将其中某些数据进行换算或调整，以便进行比较。编辑工作最后还要查对资料的可靠性，以确保调查资料的合理和准确，如实反映客观情况。

（2）汇总。汇总工作是把已搜集到的并经过编辑选取出来的大量资料从形态上进行编组或按大类分堆集中，使之成为某种可供备用的形式。对有关资料，从建立专用的资料卷宗入手，根据市场调查报告主要叙述的题目设立卷宗，并将其分专题入卷归案，以供随时调用。

（3）分类。分类工作任务和工作性质与汇总基本相同，其不同之处主要是对汇总后的资料进一步按小专题细分。分类的操作过程是先分大类，再分小类。

（4）制表。制表工作是把有关调查资料用适当的表格展示出来，以说明问题或从中发现某种典型的模式。制表过程是根据资料的分类，去具体统计调查所得的各种意见。

（四）市场调查资料的分析

资料分析的主要任务是利用经过调查得来的全部情况和数据，去验证有关各种因素的相互变化趋势，即将全部的资料适当地组合，以揭示其所包含着的某种意义的模式，以具体地说明调查结果。

五、市场调查报告的分类

根据不同的标准，可将市场调查报告分成不同的种类。根据市场调查报告的内容，主要分为以下四类。

1. 有关用户情况的市场调查报告

这类市场调查报告的内容主要包括：用户的数量、分布地区、经济状况、年龄、职业等；因文化程度不同形成的消费习惯的差异、消费水平与购买心理的关系；用户的消费动机、消费数量和消费次数；用户的购买时间和购买地点等。

2. 有关产品情况的市场调查报告

这类市场调查报告的主要内容包括：用户对企业产品的质量、性质、价格等方面的意见和要求；产品的市场占有率，老产品是否还有市场，新产品是否还需要改进；产品的包装、运输情况及产品商标的效果等。

3. 有关销售情况的市场调查报告

这类市场调查报告的主要内容包括：现有销售能力能否适应需要；现有销售渠道是否合理、畅通；使用的广告、公关所获得的效果如何等。这类市场调查报告使用广泛、频率高、容量大。

4. 有关市场需求情况的市场调查报告

这类市场调查报告主要是反映当前市场需求量，并分析预测今后的市场需求量，以及国际市场的需求状况，从而使企业决定扩大还是保持现有的生产规模或是转产等。

第二节　市场调查报告的写作格式

市场调查报告的写作，要求使用清楚明白、富有说服力的文字，避免使用晦涩难懂的术语。同时必须十分注意选用的材料，应该取材于市场调查的各个工作阶段所搜集的全部有关材料，并要求采用简明、严密而又富于逻辑性的文体结构去集中反映文献调查和实地调查的全部成果。

市场调查报告一般由标题、序言、正文、结论与建议、附件等组成。

一、标题

市场调查报告的标题一般由调查单位（或调查对象）、调查内容、文种三个要素组成，也有的省略调查单位，只写调查内容、文种，如"关于××市家电市场调查报告"。还有的调查报告采用正、副标题形式，一般正标题表达调查的主题，副标题则具体表明调查的单位和问题，如"消费者眼中的《海峡都市报》——《海峡都市报》读者群研究报告"。

二、序言

序言一般只简单地介绍有关市场调查项目的基本情况。通常包括扉页、目录和简介等内容。

（1）扉页。扉页单独占一页纸，要求以简洁工整的文字载明市场调查专题的名称，使用市场调查报告的企业名称，市场调查工作人员的姓名和部门，以及呈交报告的具体日期等项内容。

（2）目录。如果调查报告的内容、页数较多，为了方便读者阅读，应当使用目录或索引形式列出报告所分的主要章节题目和附录、索引，并注明标题、有关章节号码及页码。一般来说，目录的篇幅不宜超过一页。

（3）简介。简介主要概述调查的基本情况，按照市场调查的顺序将问题展开，并阐述对调查的原始资料进行选择、评价、做出结论、提出建议的原则等。主要包括三个方面内容。

第一，简要说明调查目的。即简要地说明调查的由来和委托调查的原因。

第二，简要介绍调查对象和调查内容，包括调查时间、地点、对象、范围、调查要点及所要解答的问题。

第三，简要介绍调查研究的方法。介绍调查研究的方法，有助于使人确信调查结果的可靠性，因此对所用方法要进行简短叙述，并说明选用方法的原因。例如，是用抽样调查法还是用典型调查法，是用实地调查法还是文案调查法。另外，在分析中使用的方法，如指数平滑分析、回归分析、聚类分析等方法都应作简要说明。如果这部分内容很多，应有详细的工作技术报告加以说明补充，附在市场调查报告最后部分的附件中。

三、正文

正文是市场调查分析报告的主体部分。这部分必须准确阐明全部有关论据，包括问题的提出、引出的结论、论证的全部过程，分析研究问题的方法，还应有可供决策者进行独立思考的全部调查结果和必要的市场信息，以及对这些情况和内容的分析评论。

四、结论与建议

结论与建议是撰写综合分析报告的主要目的。这部分包括对引言和正文部分主要内容的总结，如何利用已证明的有效措施解决问题的方案与建议。结论和建议与正文部分的论述要紧密对应，不可以提出无证据的结论，也不要进行没有结论性意见的论证。

五、附件

附件是指调查报告正文包含不了或没有提及，但与正文有关且必须附加说明的部分。它是对正文报告的补充或更详尽说明，包括数据汇总表、原始资料背景材料和必要的工作技术报告，如为调查选定样本的有关细节资料及调查期间所使用的文件副本、调查样本详细情况、工作时间表、谈话记录等。

第三节　市场调查报告的写作要求

一、做好市场调查研究工作

市场调查报告是用事实说明道理的，而事实是客观存在的，有些事实对于写作者来说可能知之甚少或一无所知。因此，写作前，要根据确定的调查目的，进行深入细致的市场调查，掌握充分的材料和数据，并运用科学的方法，进行分析研究判断，为写作市场调查报告打下良好的基础。

二、实事求是，尊重客观事实

市场调查报告写作一定要从实际出发，实事求是地反映市场的真实情况，一是一，二是二，不夸大，不缩小，要用真实、可靠、典型的材料反映市场的本来面貌。

三、中心突出，条理清楚

运用多种方式进行市场调查，得到的材料往往是大量而庞杂的，要善于根据主旨的需要对材料进行严格的鉴别和筛选，给材料归类，并分清材料的主次轻重，按照一定的条理，将有价值的材料组织到文章中去。

居民消费情况调查报告

本章小结

　　市场调查报告是运用科学方法，有目的、有计划、系统地搜集、整理和分析研究市场营销情况、供求规律及影响其发展变化的各种因素，做出结论而形成的书面报告。市场调查报告的结构由标题、序言、正文、结论与建议、附件等组成。要写好市场调查报告，必须做好市场调查研究工作；要实事求是，尊重客观事实；要条理清楚，中心突出。

思考与练习

一、问答题

1. 简述市场调查的内容与方法。
2. 市场调查报告的作用和特点有哪些？
3. 写好市场调查报告的前提是什么？
4. 写作市场调查报告的主要任务是什么？
5. 简述市场调查报告与市场预测报告的异同。

二、写作训练

在本班或本院（系）同学中进行手机等通信工具使用情况的调查，写一份调查报告。

第十五章

市场预测报告

第一节　市场预测报告的概念与特点

一、市场预测报告的概念

市场预测是以市场商情为预测对象，是对未来市场商品（服务）供求状况及其价格变动趋势所作的预见性的推测活动，也是对市场上供求状况及价格变动趋势的不确定性做出表述。

市场预测报告是在市场调查的基础上，运用预测理论和方法，对市场发展前景进行科学分析、推测、判断，并将其过程和结果撰写成的书面报告。

二、市场预测报告的特点

1. 情报性

市场预测报告是根据市场的过去、现在，预见市场的未来。它包含着重要的经济信息，能提供必要的情报资料。情报性是市场预测报告的生命和力量所在。

2. 系统性

社会经济活动不是孤立的、相互封闭的，而是联系的、相互影响的。预测是对社会各种经济活动和经济关系的分析、综合和比较。经济活动自有其本身的活动系统，不进行系统性研究，系统性活动中蕴藏着的本质规律就无法揭示。所以，系统性是经济预测的基本特点之一，同时也是市场预测报告的基本特点之一。

3. 科学性

市场预测报告在内容上必须占据充分、翔实的资料，并运用科学的预测理论和预测方法，以周密的调查研究为基础，充分搜集各种真实可靠的数据资料，才能找出预测对象的客观运行规律，得出合乎实际的结论，从而有效地指导人们的实践。

第二节 市场预测报告的作用与分类

一、市场预测报告的作用

从宏观经济管理和微观经济管理及市场营销管理来看，市场预测报告的作用表现在以下三个方面。

（1）市场预测对宏观经济决策、宏观经济计划的作用是市场预见作用。

（2）市场预测在企业经济管理活动中的作用是生产、销售、营销导向作用。

（3）市场预测可以对消费者的消费起引导作用。

二、市场预测报告的分类

市场预测报告的形式多样，种类繁多，可以从不同的角度对其进行分类。

1. 按预测的范围划分

（1）宏观市场预测报告。宏观市场预测报告是对范围或整体现象的未来所作的综合预测，常指有关国民经济乃至世界范围内的全局性、整体性、综合性经济问题的预测报告。如社会商品购买力与商品可供应量总额平衡的预测，包括商品供求构成的发展变化趋势及特点，商品供应的城乡分布趋势的预测。其任务是确定国民生产的发展方向，以保持国民经济发展中的总供应与总需求的平衡。

（2）微观市场预测报告。微观市场预测报告是一部门或一经济实体对特定市场商品供需变化情况、新产品开发前景等分析研究的预测报告，内容一般包括市场需求量及发展趋势、商品生命周期等。其任务是协调经济关系、确定企业经营方向，合理安排生产，以满足消费者的需要。

2. 按预测的时间划分

（1）长期预测报告。长期预测报告是指超过 5 年期限的经济发展前景的预测报告。

（2）中期预测报告。中期预测报告是指对 2~5 年时间内经济发展前景的预测报告。

（3）短期预测报告。短期预测报告是指对一年内经济发展情况的预测报告。

3. 按预测的方法划分

（1）定量预测报告。定量预测报告包括数字预测法预测报告和经济计量法预测报告。数字预测法预测报告，是通过对某一产品（商品）已有的大量数据进行分析研究，用统计数字表达，从中得出产品（商品）的发展趋势而写成的报告。经济计量法预测报告，是根据各种因素的制约关系用数学方法加以预测而写成的报告。

（2）定性预测报告。定性预测报告是对影响需求量的各种因素，如质量、价格、消费者、销售点等进行调查、分析研究，在此基础上预测市场需求量而写成的报告。

第三节　市场预测报告的写作格式

市场预测报告与经济类文书的其他文体写作格式基本相同，它的结构一般包括标题、正文和落款三个部分。

一、标题

市场预测报告的标题，一般由预测期限、预测对象、预测内容和文种组成，如"202×年我国民用无人机市场的预测"。也有些标题由预测对象和预测结论组成，直接揭示报告观点和主题，如"我国新能源汽车市场需求即将快速增长"。

市场预测报告的标题写作同其他文章标题的写作一样，形式可灵活多样，但必须符合经济文书报告体标题写作的基本要求，做到直接、醒目。

二、正文

1. 前言

前言一般说明预测的目的、缘由，介绍预测的时间、地点、对象和预测方法。一般是概述经过，或概述预测对象的主要情况，或提出主要内容、观点，或指出预测活动的主要意义、影响等。

2. 主体

主体是预测报告的中心部分。一般要具体、详细地写出概况、预测、建议三方面的内容。

（1）概况。这是预测的基础，主要用叙述的方法，也可结合运用恰当的数字、图表来帮助说明。情况的介绍要根据预测对象的特点，从预测分析的需要出发，做到客观、全面、准确，而又有重点。

（2）预测。这是报告的核心，它是在深入分析预测对象的过去和现在的情况的基础上，形成的对预测对象未来前景的估计。预测要准确，概况的介绍要符合实际。在分析概况提供的事实和数据时，还要注意选择科学的分析、预测方法和计算方法。要运用辩证法，从事物的各种因素的联系中去看问题，切不可以偏概全或被现象掩盖本质。

（3）建议。这是根据对预测对象未来前景估计而提出的应变措施。建议应当具体、实在、可行，真正能为解决未来发展趋势中出现的问题指明方向，提供办法。

市场预测报告中的概况、预测、建议是有着严密的逻辑关系的三部分，它们互为因果、有机统一。三者在文章中可以各自独立、自成层次，也可以根据需要适当合并，顺序也可以变化。其变化形态与兼容形式很多，须根据内容表述的需要灵活掌握、巧妙安排。总的要求是结构要严谨，富于逻辑性和层次感。

三、落款

一般在正文后右下方写明单位名称或作者姓名，注明写作时间。有些市场预测报告在标题正文下方已注明，落款时署名可以省略，只需注明报告的写作时间。

第四节　市场预测报告的写作要求

一、掌握市场预测的基本程序和科学的预测方法

市场预测的基本程序有以下几个步骤。

首先，确定预测的具体目的。只有目的明确、具体，才能根据预测目的去搜集必要的资料，决定适当的步骤，选用合适的方法，否则会浪费人力、物力和时间。

其次，搜集、整理和分析有关资料。搜集有关的历史资料和现实资料，对掌握的资料进行整理、分析、检验测定和调整。

再次，选定预测的方法。市场预测的方法多种多样，其中常用的预测方法有以下四个。

（1）集合意见法。就是集中各有关人员的意见，归纳起来进行分析判断，确定预测值。

（2）专家意见法。就是根据预测的目的和要求，向专家提供一定的背景资料，请他们根据自己的判断，对未来做出预测。专家预测在具体运用中，常采用两种形式，即专家会议法和德尔菲法。专家会议法就是邀请有关方面的专家，通过会议的方式，请各专家发表预测意见，在专家分析预测的基础上，综合出预测结果。德尔菲法就是请有关方面的专家，在互相保密的情况下，采用信函的方式独立地回答预测者提出的问题，并经反复修改各自的意见，最后在各位专家意见趋于稳定时，预测者进行综合，确定预测值。

（3）时间数列模型预测。这种预测是假定已知时间数列的变化趋势会连贯到未来时期，运用这种连贯性原则预测未来。常用的有趋势外推法、移动平均法、指数平滑法。

（4）因果预测法。因果预测法也称相关分析法。市场上各种经济现象是互相联系的，一种经济现象发生变化会引起另一种经济现象变化。例如，市场商品价格变化会引起商品销售量的变化；居民手持现金变化会引起银行储蓄变化。我们称这种经济关系为相关关系，运用这种相关关系可进行因果预测。

最后，分析预测误差，改进预测方法。预测值往往和实际值不一致，也就是说，预测会有误差，如果误差很大，预测就没有什么意义了。这时，就要分析产生误差的原因，同时，由于客观实际情况在不断的变化，预测的方法也有必要随情况的变化而修改，影响误差范围的因素很多，影响最大的主要有预测时间的长短、影响因素的多少、预测的成熟程度及其他因素等。这些是我们在进行市场预测时必须全面考虑的。

二、全面掌握材料，突出预测重点

市场预测必须在对市场的历史、现状进行深入分析的基础上进行，这是写好市场预测报告的前提。准备阶段所取得的资料不准确、不全面，不仅不能全面正确地把握市场变化的趋势和规律，而且很有可能做出错误的结论，给生产和决策带来损失。因此，掌握市场历史和现状的资料是写好预测报告的前提。

此外，还要注意突出预测的重点目标。预测目标在市场预测报告的写作中具有重要作用。明确了目标后，材料的搜集、筛选和使用就有了针对性，报告的结构安排才有依据。

目标明确后，要突出重点。一篇预测报告必须突出重点，不能面面俱到。

三、力求预测准确，建议切实可行

预测本身带有不确定性，而且由于市场变幻莫测，预测的结果与实际结果始终存在误差，有时甚至相差甚远。这就要求我们在进行预测时，要全面掌握各方面的情况和科学的预测方法，尽可能地进行周密的论证分析和思考，坚持实事求是、从实际出发的原则，力求减少计算与表述的误差，以克服预测的盲目性，增强预测的准确性。尤其是在提出建议和意见部分，要做到切实可行，避免抽象笼统。这样，预测的结果才能更好地服务于企业，并为其科学决策提供强有力的保障。

米粉市场分析与预测

本章小结

市场预测报告是在市场调查的基础上，运用预测理论和方法，对市场发展前景进行科学分析、推测、判断，并将其过程和结果撰写成的书面报告。市场预测报告的作用有三：一是对宏观经济决策、宏观经济计划起着市场预见作用；二是对企业的生产、销售、营销起着导向作用；三是对消费者的消费起着引导作用。市场预测报告的结构一般由标题、正文和落款三个部分组成。正文包括前言和主体两个方面。主体部分是市场预测报告的重点和中心，要详细地写出概况、预测和建议三方面的内容。在撰写市场预测报告时，要掌握市场预测的基本程序和科学的预测方法，全面掌握材料，突出预测重点，力求预测准确，建议切实可行。

思考与练习

一、问答题

1. 简述市场预测的内容与方法。
2. 分析市场预测报告的特点。
3. 市场预测报告应该怎样处理叙述与议论、观点与材料的关系？

二、写作训练

结合本学期市场调查报告作业内容，进一步加工充实，试写一篇专题市场预测报告。

第十六章

经济活动分析报告

第一节　经济活动分析报告的概念与特点

一、经济活动分析报告的概念

经济活动分析是运用科学的经济理论，以现实和历史的计划、会计、统计等资料，以及有关原始记录和调查材料为依据，对一个地区、一个行业、一个单位或一个部门的经济活动，或某一经济活动的情况进行系统和客观的分析、总结的一种行为。

经济活动分析报告是以党和国家的经济政策和正确的经济理论为指导，根据计划指标、会计核算、统计报表和有关历史与现实经济活动的数据资料，进行分析研究、正确评价而写成的书面报告。

二、经济活动分析报告的特点

经济活动分析报告是调查报告的特殊形式，与市场调查报告、市场预测报告有不少相似之处，同时也存在明显的区别。其中，分析是最根本的区别。经济活动分析报告正确、科学，其必须具备以下基本特点。

1. 定量性

经济活动分析，从本质上讲是定量分析。换句话说，就是用数据说话。数据是分析的基础，是作者的观点、结论的依据。

2. 系统性

企业、部门、行业、地区的经济活动是整个社会经济活动的一部分，经济活动分析的每一个对象只是大系统的一个局部；每一项经济指标、具体数据，既受内部各种因素的制约，又受外部各种条件的影响。经济活动分析报告所研究的经济活动是一个复杂的矛盾统一体。因此，在做分析时，需要对有联系的各个主要指标分类汇总，进行分析解剖，将各个因素和各个不同侧面联系起来分析研究，只有这样，才能找到主要矛盾，发现其存在的原因和发展规律。

3. 对比性

在经济活动分析中，把会计核算、统计报表中所记录的各种数据进行比较、对比，才能做出判断，比较好坏，做出评价，进行预测。

第二节　经济活动分析报告的作用与分类

一、经济活动分析报告的作用

经济活动分析是认识经济规律的重要手段，是加强企业经济管理的重要方法，也是提高企业经济效益的有效措施。经济活动分析报告在经济工作中的作用是多方面的，主要体现在以下五个方面。

（1）有利于企业更好地贯彻国家的经济政策和经济制度。

（2）有利于经济领导部门掌握情况，制定符合客观经济规律的政策。

（3）指导经济实践，有利于提高企业的经济效益。

（4）促进企业和经济部门改善经营管理，提高经济核算质量，提高管理水平。

（5）帮助经济部门更好地发挥监督作用。

二、经济活动分析报告的分类

经济活动分析报告种类繁多，根据不同的标准，可将其划分为不同的种类。

（1）按内容涉及的范围，可分为宏观经济活动分析报告和微观经济活动分析报告。

（2）按内容涉及的时间，可分为定期经济活动分析报告和不定期经济活动分析报告、事前预测性分析报告和事后总结性分析报告。

（3）按报告内容涉及的对象，可分为生产、销售、成本、财务等方面的分析报告。

（4）按报告的内容的广度和特点，可分为综合分析报告和专题分析报告。

第三节　经济活动分析报告的写作格式

经济活动分析报告的格式一般由标题、正文、落款三部分组成。

一、标题

标题一般由单位（或部门、行业、地区）名称、时间等要素组成，如"××公司2014年第二季度经济活动分析报告"。对某些专题分析报告，也可标明专题名称，如"2014年第二季度全国汽车行业销售状况分析报告"。

二、正文

经济活动分析报告的正文是其主体和最重要的部分，它的写作尽管没有固定的格式，但比较常见和规范的写法应包括以下内容。

1. 概况（又称引言或导语）

介绍经济活动分析报告的基本内容，或概括说明主要经济指标的完成情况。目的是使读者先有一个总的印象。

2. 分析

由于各种经济指标，如工业企业的产值指标、成本指标、资金指标、销售指标、利润指标、商品流转指标、流通费用指标等，其本身不能明显地反映经济效益的好坏，要了解这些指标的质量，要借助以下方法：一是比较。如将各个指标的本期实际数与计划数相比较，可以确定计划的完成情况；与上年同期实际数相比较，可以看出业务发展变化的趋势；与同类经济单位的实际数相比较，可以判断本单位经济效益的高低。二是分析。针对每个指标，解剖其构成因素，据以考察取得成绩和存在问题的原因，分清主观因素和客观因素，作为评价的依据。

3. 评价

针对上述比较分析的结果，对单位经济工作取得的成绩和存在的问题，分别对主、客观原因做出评价。这部分可以单独写，也可以结合各个指标比较分析时一起写。如果不需要按指标分别评价，而只是做总的评价，也可以放在开头概况部分。

4. 意见或建议

针对存在的问题，提出改进的意见或建议。意见或建议应写得具体，不在多而在于切实可行或可供参考，切忌泛泛而谈、不着边际。

三、落款

落款一般写明经济活动分析报告的单位名称或作者姓名（加盖印章），并标明日期等。有的还需要单位负责人签署。

第四节　经济活动分析报告的写作要求

一、掌握科学的分析方法

经济活动分析，像对任何社会活动分析一样，需要分析者掌握一套具体的科学方法。经济活动分析报告写作常用的分析法主要有以下五种。

1. 对比分析法

对比分析法是用一组可比数字资料在同一基础上进行对比的分析方法。在经济活动分析中经常采用的对比分析法有以下三种。

（1）比计划。以本期实际指标与计划指标相比，说明计划完成程度和差距。

（2）比历史（包括比上期）。以本期的实际指标与上期或上年的实际指标相比，与本单位历史最高水平相比，从而反映企业经济活动发展变化的趋势。

（3）比先进。以本期实际指标与客观条件大致相同的已成为先进企业的实际指标相比，从而发现本单位在管理中存在的问题和薄弱环节。

无论采用哪种对比方法，都要用确切的数字表示，并注意指标之间的可比性。

2. 因素分析法

因素分析法是剖析和探索造成事物差异的各种条件，以便从多种原因、条件中找出最关键、最本质的条件、原因的一种分析方法。它着重于事实的说明、特点的剖析，以达到分清责任、查清原因的目的。

3. 动态分析法

动态分析法是通过分析各个时期社会经济活动的数量表和数量关系的发展过程，来认识发展变化的规律，并预见其发展变化趋势的一种分析方法。它的研究内容包括：同一时间、空间条件下企业的发展速度、发展水平、增长的绝对值等。例如，通过对历年费用的最高水平、最低水平、平均水平等的分析，来考察影响费用水平的各种因素和主客观原因。

4. 比重分析法

比重分析法是计算每部分占总体比重的方法。分析时，可利用百分比找出主要矛盾、次要矛盾，以便掌握所存在的问题的关键，分清主次，求得问题的解决方法。

5. 综合分析法

综合分析法也称综合比较法，就是对多种指标进行综合对比、计算的一种分析方法。一般要进行宏观与微观、横向与纵向、前期与预期等方面的分析比较。运用这种方法可全面平衡地考虑存在的问题，以及今后应采取的相应措施。

二、准确、全面地掌握材料

进行经济活动分析时，既要充分利用平时积累的各种资料，又要针对问题进行专门的调查，定向搜集资料。为了保证资料的真实、可靠，应尽量使用第一手资料，同时还要对资料进行认真核实和查对。此外，在掌握足够资料的基础上，还应核实各项经济指标的完成情况，计算其经济效益。核实经济指标，研究经济效益是很有必要的。因为有些指标反映的经济效益是相对的。如产量高，成本也高，经济效益就不一定好；劳动生产率很高，但不一定能增加收入和降低成本。有些指标反映的经济效益是绝对的，如流动资金周转快，就能节约资金，流动资金周转慢，就要增加成本。

三、抓住重点问题进行分析

撰写经济活动分析报告，要选择重点，抓住问题做文章。不能面面俱到、主次不分，更不能单纯罗列数据，使报告成为资料汇编。分析的目的在于研究和解决问题，而处理好关键环节，可以带动整体。如果什么都分析，什么都只进行肤浅的分析，会使人不得要领，也缺少实用价值。只有抓住要点深入分析，并提出预见性建议，才能为企业制订新的计划提供有益的帮助。

××卷烟厂 20××年
上半年经济效益
分析报告

本章小结

　　经济活动分析报告是以党和国家的经济政策和正确的经济理论为指导，根据计划指标、会计核算、统计报表和有关历史与现实经济活动的数据资料，进行分析研究、正确评价而写成的书面报告。经济活动分析报告是调查报告的特殊形式，与市场调查报告、市场预测报告有很多相似之处，但也有着明显的区别。分析是经济活动分析报告与其他文体的最根本的区别。经济活动分析报告的格式由标题、正文、落款三部分组成。正文部分较常见和规范的写法应包括以下内容：概况、分析、评价、意见或建议。要写好经济活动分析报告，除了要掌握科学的分析方法，准确、全面地掌握材料外，关键是要抓住重点问题进行分析。

思考与练习

1. 经济活动分析报告与市场调查报告、市场分析报告有何异同？
2. 简述经济活动报告的特点和作用。
3. 写作经济活动分析报告常用哪些分析方法？

第十七章

可行性研究报告

第一节　可行性研究报告的概念与特点

一、可行性研究报告的概念

可行性研究，原本是基本建设前期准备工作的一个步骤。它对拟建项目在技术、工程和经济上是否合理、可行，进行全面分析、论证，并通过多方案比较，提出评析意见，为编制和审批该项目的设计任务书提供可靠的依据。现在可行性研究已经进入政治、经济、社会等各个领域，成为各级领导机关进行决策前研究的一个必要的环节。反映这一可行性研究过程和结果的书面材料，就称为可行性研究报告。

当前，在基本建设、外资引进、技术引进、承担国外工程建设项目等方面，编写可行性研究报告已经作为一项制度。一般在项目建议书提出并获得批准后，必须进行可行性研究，编写可行性研究报告。向银行或其他金融机构申请贷款也要把可行性研究作为一项必要的条件。

二、可行性研究报告的特点

1. 科学性

可行性研究报告的科学性，具体体现在两个方面：一是所运用的数据是在调查的基础上得出的，所依据的理论和原理本身是经得起实践检验的；二是其研究的方法是科学的，而不是陈旧的经验主义的方法。

2. 综合性

可行性研究报告不但要论证拟建项目或拟订方案在经济上是否有效益，而且要论证在技术上是否切实可行，此外还要论证是否符合现行的法律和政策，因而其内容往往涉及多个方面，具有综合性。

3. 系统性

可行性研究报告要围绕拟建项目或拟订方案的各种因素进行全面、系统的分析：既有定性的，也有定量的；既有宏观的，也有微观的；既有正面的，也有负面的；既有近期的，也有远期的。研究报告力求能够从全局出发，找到最佳方案。

第二节　可行性研究报告的作用与分类

一、可行性研究报告的作用

可行性研究报告的科学与否，对项目决策和项目建设都极为重要。一般情况下，对投资具有一定规模和影响较大的项目进行可行性研究，已成了项目决策的一项常规工作。具体来说，可行性研究报告对于经济管理具有以下作用。

（1）为投资决策提供科学依据。一般情况下，单位或部门为求得事业的发展，都有一些新项目需要建设，旧项目需要改造，科学实验需要进行。这些项目能否实施、怎样实施、经济效益如何、有何社会意义等，都需要经过可行性研究才能认定。有效的可行性研究报告，可为领导的决策提供科学依据。

（2）为主管部门和上级领导机关对该项目的审批提供依据。单位提出的建设项目，比较重大的，一般都需要主管部门和上级领导审批后方能生效。上级领导机关和主管部门作决策，要充分掌握申报项目的情况后才能定论。而申报项目的可行性研究报告恰好为主管部门或上级机关的决策提供了科学依据。

（3）为银行或其他金融机构对该项目的投资提供依据。可行性研究报告是项目申报单位争取银行或其他金融机构投资的重要参考资料。与此同时，银行或其他金融机构在做出是否投资的决定之前，也要验证项目实施的可行性，因此该项目的可行性研究报告能为银行或金融机构提供决策依据。

二、可行性研究报告的分类

1. 按内容划分

（1）政策性可行性研究报告。这类报告主要指对经济、技术的政策和措施的必要性、有效性和实施的可行性进行分析、论证，为科学决策提供依据的可行性研究报告。

（2）项目建设可行性研究报告。该类报告主要指国家制定的《关于建设项目进行可行性研究的试行管理办法》中规定的项目，以及利用外资、技术改造、技术引进和进口设备等项目的可行性研究报告。

（3）开辟和拓展新市场、开发新产品和新技术、采用新的管理方法的可行性研究报告。

2. 按范围大小划分

（1）一般可行性研究报告。主要适用于规模小、投资少的项目，包括小的新建和扩建项目、常规技术改造项目、某一方面经营管理改革和单项科学实验等。

（2）大、中型项目可行性研究报告。主要适用于规模大、投资多、涉及面广的项目，包括大的新建和扩建项目、工程浩大的技术改造项目、全局性的经营管理改革和重大的科学实验等。

第三节　可行性研究报告的写作格式

一、可行性研究报告的一般框架

可行性研究报告一般由标题、封面、目录、图表目录、术语表、前言、正文、结论和建议、参考文献、附件、日期等部分组成。可行性研究报告的封面，没有固定要求，但是项目名称、报告单位、报告时间等内容不可缺少。目录、图表目录、术语表、参考文献、附件等可根据报告的需求进行选择。

1. 标题

标题由拟建项目名称或双方合资经营单位名称加"可行性研究报告"组成。

2. 前言

可行性研究报告的前言，主要使读者了解本报告的来龙去脉和主要内容，因此前言部分一般包括项目的缘由、目的、范围以及本项目的承担者和报告人，可行性研究的主要内容等。

3. 正文

可行性研究报告的正文就是基本内容，它是结论和建议赖以产生的基础，要求以全面、系统的分析为主要方法，以经济效益为核心，围绕影响项目的各种因素，运用大量的数据资料论证拟建项目是否可行。

4. 结论和建议

当项目的可行性研究完成了所有系统的分析之后，应对整个可行性研究提出综合分析评价，指出优缺点和建议。

5. 附件

为了结论的需要，文后往往还需要加上一些附件，如试验数据、论证材料、计算图表等，以增强可行性报告的说明力。

二、基本建设可行性研究报告的基本结构

基本建设可行性研究报告的正文，一般由下面几个部分构成。

1. 总论

总论是对可行性研究对象的概述，对项目的总体情况进行简要的说明，包括以下几方面内容。

（1）项目提出的背景，项目意向形成的过程，以及指定的原则和主要数据。

（2）概括说明项目规模、标准、经济效益和现实意义。

（3）说明提出该项目研究的依据。

2. 需求预测和拟建规模

需求预测是可行性研究的关键环节，一般包括以下三方面的内容。

（1）市场需求预测。

（2）销售预测。

（3）明确生产、经营计划，提出建设项目的比较方案。

在这部分中几乎每一项内容都需要用数字或表格加以说明，便于进行量的分析。

3. 资源、原材料、燃料及公用设施情况

写作时应注意，建设项目不同，叙述侧重点也应不同。

4. 建设地址和外部条件

这部分要介绍几个待选地点的自身条件和外部环境，包括各个地点的地质、水文、气象、地形和交通运输状况，水、电、气、动力的供应情况及发展趋势，最后应选定一个最佳的地址。这部分需要用图表和数字加以说明和估算。

5. 设计方案

本部分主要叙述新建项目的主体构成和它所涉及的范围，包括为项目服务的附属设施的活动。

6. 环境保护

本部分内容主要是在分析现有环境的基础上，预测拟建项目对环境可能产生的影响，提出保护环境、治理"三废"的方案。

此外，还应包括劳动组织及人员培训，实施进度，投资估算和资金筹措，财务和经济效果评价。

最后，要明确地说明研究结论，指出该项目可行或者不可行。

三、中外合资经营企业可行性研究报告的基本结构

中外合资经营企业可行性研究报告一般由以下四项组成。

1. 标题

标题一般由双方合资经营单位名称和文种构成。

2. 前言

一般简要介绍双方合资经营单位的名称、共同经营的企业名称以及确定合资经营的历史背景、依据和经济意义，以及承担可行性研究的单位、研究方法和简要过程。

3. 正文

正文主要对可行性因素进行论证，一般包括以下内容。

（1）企业名称、地址、双方项目负责人（包括项目负责人、项目技术负责人、项目财务负责人）。

（2）项目提出的缘由。

（3）合资双方的实力和经营方针。

（4）技术与设备。

（5）组织机构及定编人员，包括董事会董事长、副董事长、正副总经理，下设各部、科室及定编。

（6）经济概算和来源。

（7）经济效益分析。

4. 落款

落款由双方代表署名盖章，并写明具体时间。

第四节　可行性研究报告的写作要求

1. 设计方案

可行性研究报告的主要任务是对预先设计的方案进行论证，所以必须设计研究方案，才能明确研究对象。

2. 内容真实

可行性研究报告涉及的内容以及反映情况的数据，必须绝对真实可靠，不许有任何偏差及失误。可行性研究报告中所运用的资料、数据，都要经过反复核实，以确保内容的真实性。

3. 预测准确

可行性研究是投资决策前的活动。它是在事件没有发生之前的研究，是对事物未来发展的情况、可能遇到的问题和结果的估计，具有预测性。因此，必须进行深入的调查研究，充分地占有资料，运用切合实际的预测方法，科学地预测未来前景。

4. 论证严密

论证性是可行性研究报告的一个显著特点。要使其有论证性，必须做到运用系统的分析方法，围绕影响项目的各种因素进行全面、系统的分析，既要作宏观的分析，又要作微观的分析。

例文

国家级、省级火炬计划项目可行性研究报告（提纲）

一、概述

简述项目提出的背景、技术开发状况、现有产业规模，项目产品的主要用途、性能，投资的必要性和预期经济效益，本企业实施该项目的优势。

二、技术可行性分析

1. 项目的技术路线，工艺的合理性和成熟性，关键技术的先进性和效果论述。

2. 产品技术性能水平与国内外同类产品的比较。

3. 项目承担单位在实施本项目中的优势。

三、项目成熟程度

1. 成果的技术鉴定文件或产品性能检测报告、产品鉴定证书。

2. 产品质量的稳定性，以及在价格、性能等方面被用户认可的情况等。

3. 核心技术的知识产权情况。对引进技术的消化、吸收、创新和后续开发能力。

四、市场需求情况和风险分析

1. 国内市场需求规模和产品的发展前景。

2. 国际市场状况及该产品未来增长趋势、出口的可能性。

3. 风险因素分析及对策。

五、投资估算及资金筹措

1. 项目投资估算。

2. 资金筹措方案。

3. 投资使用计划。

六、经济和社会效益分析

1. 未来五年生产成本、销售收入估算，在国内市场的竞争优势和市场占有率，在国际市场的竞争能力、产品替代进口或出口的可能性。

2. 财务分析，以动态分析为主，提供财务内部收益率、贷款偿还期、投资回收期、投资利润率和利税率、财务净现值等指标。

3. 不确定性分析，主要进行盈亏平衡和敏感性分析，对项目的抗风险能力做出判断。

4. 财务分析结论。

5. 社会效益分析。

七、综合实力和产业基础

1. 企业员工构成（包括分工构成和学历构成）。

2. 企业高层管理人员的教育背景、科技意识、市场开拓能力和经营管理水平。

3. 企业从事研究开发的人员力量、资金投入，以及企业内部管理体系等情况。

4. 企业从事该产品生产的条件、产业基础（包括项目实施所需的基础设施及原材料的来源、供应渠道等）。

八、项目实施进度计划

九、其他

1. 环境保护措施。

2. 劳动保护和安全。

3. 必要的证明材料。

十、结论

本章小结

可行性研究报告是反映某一项目的可行性研究过程和结果的书面材料。可行性研究报告的结构一般由标题、封面、目录、图表目录、术语表、前言、正文、结论和建议、参考文献、附件、日期等部分组成。不论什么类型的可行性研究报告，其主体起码要包括以下四部分内容：一是项目建设的必要性；二是项目实施方案；三是经费预算；四是项目的预期效果。围绕上述问题的相关文件，可以归入附件中。

思考与练习

1. 简述可行性研究报告的作用。

2. 简述可行性研究报告的内容要素。

3. 可行性研究有哪些种类？

第十八章

审计报告

第一节　审计报告的概念与特点

一、审计报告的概念

审计是指审计机构依据国家的法律、法规和财务制度，对被审计单位的会计记录等资料以及有关经济活动的真实性、合法性、合规性、合理性、效益性和公允性进行审核检查，并做出客观评价的一种经济监督活动。

审计报告是审计机构或审计人员在审计实务工作结束后，向其派出机构或委托单位提交的关于审计情况及其结果的书面报告。

二、审计报告的特点

1. 独立性

审计报告是由具有审计资质的审计机构派出的具有审计资质人员，受委托人委托，独立进行调查、审核工作，在审计实务工作结束之后所写出的书面报告。在审计过程中，审计人员依照国家的法律、法规和财务制度，不受委托人和被审计对象的影响。审计报告的独立性还表现在具有独立性的证据意义。

2. 总结性

审计报告是审计人员根据被审计单位的会计记录和经济活动的大量材料，经审查核实、整理归纳、分析研究之后写成的。它是对审计任务完成情况及审计结果的汇总，具有明显的总结性。

3. 强制性

审计人员依据国家有关法律、法规和政策的规定，对被审计单位进行审查后写出的审计报告，是审计机关做出审计决定的依据，是对被审计单位经济工作的裁定书，具有法律的强制性，被审计单位必须遵照执行。

第二节　审计报告的作用与分类

一、审计报告的作用

1. 指导作用

审计报告在对被审计单位的经济活动情况给出客观评价的同时，还要提出改进工作的意见和处理问题的办法，这对被审计单位改进工作有着重要的指导作用，对有关部门掌握情况和做出决策也有重要的参考价值。

2. 依据作用

审计报告是对被审计单位的经济情况是否真实、正确、合法的客观公正评价和结论，它既要保护被审计单位的合法权益，又要对违法违纪的行为进行揭露和处理。因此，它是有关部门处理违法违纪行为、追究经济责任和法律责任的重要依据。

3. 公证作用

审计人员受命于交办或委托，以第三者的身份，对被审计单位的财务收支等经济活动情况进行审计，写出的审计报告具有合法的证明效用，证明被审计单位的会计资料是否正确、真实，经济活动是否合法、有效。它不仅对被审计单位负责，还要对交办单位或委托单位负责，甚至可作为法庭上的证据。

二、审计报告的种类

审计报告根据不同的标准，可以划分为不同的种类。

1. 按审计人员的来源分类

（1）内部审计报告。内部审计报告是部门或单位内部设置的审计机构或专职人员对本部门或单位的财务收支和其他经济活动进行审计后所写出的书面报告。

（2）外部审计报告。外部审计报告是由国家审计机关派来的审计人员或社会上独立开设的会计师事务所、审计师事务所等请来的审计人员对被审计单位的财务收支和其他经济活动进行审计后所写出的书面报告。

2. 按审计报告的内容分类

（1）财政财务审计报告。财政财务审计报告又分为财政审计报告和财务审计报告。财政审计报告还可分为财政收支审计报告和决算审计报告。财政收支审计报告要对预算外收支情况提出审计结论。财政决算审计报告是对政府机关和事业单位进行决算审计后做出的结论。财务审计报告可以是对企业的财务状况、经营成果和企业的财务活动全面审查后所得出的结论，也可以只对企业的财务报表甚至只对资金平衡表做出评价。

（2）经济法纪审计报告。经济法纪审计报告一般是专案审计报告，就是对被审计单位的某一专案经济纪律的遵守情况做出评价的书面报告。这种审计报告往往要对违反经济法纪的行为提出处理意见，审计机关则依此做出审计决定。

（3）经济效益审计报告。经济效益审计报告是进行经济效益审计后写出的书面报告。

它要对被审计单位的资金使用效益以及影响效益的诸多因素进行分析，要对被审计单位的管理素质和管理水平做出评价，并对被审计单位提高经济效益提出具体建议。

（4）经济责任审计报告。经济责任审计报告是进行经济责任审计后所撰写的报告。经济责任审计是对审计对象履行国家或所有者所赋予经济责任情况进行的审计。它是随着我国的经济体制改革，在审计实践中创立的新的审计种类。

3. 按审计报告涉及的范围分类

（1）全面审计报告。全面审计报告也称为综合审计报告，这是对被审计单位的财政收支、各项财务活动进行全面审查与评价后写成的书面报告，如对厂长经济目标责任的审计就包括产量目标、产品质量目标、原材料消耗目标、库存原材料目标、利润目标、安全生产目标及财务管理目标等。

（2）专项审计报告。专项审计报告也称专题审计报告或专案审计报告，这是对被审计单位的财务工作的某一个方面，或影响经济效益的个别问题进行审计，做出局部评价和审计结论后写成的书面报告，如关于资产负债和资金运转情况的审计报告、关于财务成本指标完成情况的审计报告、关于执行经济纪律情况的审计报告、关于贪污受贿的审计报告等。

此外，按审计涉及的时间划分，可分为定期审计报告和不定期审计报告。按审计报告的形式划分，可分为简单式审计报告和详细式审计报告。

第三节　审计报告的写作格式

审计报告的格式大体和公文相似，一般包括标题、主送单位、正文、附件、落款和抄报、抄送等内容。

一、标题

标题一般有两种写法：一是只写文种"审计报告"；二是采用公文式标题的写法，由审计单位或被审计对象+审计内容+文种组成，如"××省审计局关于××市 2021 年财政决算的审计报告""关于××单位经济纪律执行情况的审计报告"等。

二、主送单位

主送单位是指审计报告送达的单位，主要是授权或委托审计的机关、单位或负责人，也可以是被审计单位的上级主管部门。主送单位的名称写在标题的下一行，要顶格书写。

三、正文

这是审计报告的主体部分，一般包括四个部分。

1. 前言

这是审计报告的开头部分。它主要概述审计的依据、目的、对象、范围以及审计的方式方法。有的审计报告还在前言部分概括地点明审计结果及评价，以给人总的概括印象。

2. 被审计单位的基本情况

这一部分要简要说明被审计单位的性质、人员构成、内部机构设置、业务范围以及固定资产、流动资金、主要经济指标完成情况及近期经营管理状况等。它作为审计报告主要内容的背景材料，一定要准确无误。

3. 发现的问题及审计的结论

这部分是审计报告的核心内容，撰写时要做到事实清楚、数字真实、分析有据、定性准确。它包括两个方面：一是发现的问题。要写明在审计中发现了哪些问题，要将问题按性质归类排队，列出小标题，逐条逐项写清楚，并分别列出具体事实材料加以阐明，分析造成这些问题的原因。二是审计结论。根据审计中查出的问题，对其性质及程度作正确的定论。

4. 处理意见和建议

在事实、问题、性质明确之后，要对发现的问题提出处理意见。处理意见要根据国家的法律、法规和有关政策和问题的性质与金额的大小提出。还要针对发现的问题和该单位工作中的薄弱环节提出建议，如加强财务工作的管理、改进核算工作、加强会计监督等。提出的建议要切实可行，要有针对性。

四、附件

附件是对正文补充说明的佐证材料，如涂改和伪造的凭证、账簿，有关人员的证词、调查笔录以及被审计单位的报表等。一般在正文的左下方标注附件的名称和份数。

五、落款

落款包括两项内容：一是审计机构的名称或审计工作负责人的姓名并加盖印章；二是成文日期。落款的位置在附件位置的右下方。

六、抄报、抄送

在落款的下面写需要抄报、抄送单位的名称。

第四节 审计报告的写作要求

1. 审计态度要客观、公允

客观性是指不偏不倚、实事求是，这是对审计人员的职业道德的要求。审计人员只有客观地搜集和评估证据，做出审计结论，报告审计结果，才能达到审计目标，也才能使审计意见的利害关系人信服。审计报告实际上是一种技术行为，它是审核会计技术的运用是否合理、是否违规。它的客观、公允直接体现在技术上，而不是体现在被审计对象的主观动机方向上。

2. 审计意见和评价要谨慎、适当

审计人员发表审计意见时要考虑重要性程度、可接受的审计风险和审计发现问题的数额大小、性质、情节等因素，做出专业判断。审计机构和审计人员只对所审计的事项发表

审计评价意见。对审计过程中未涉及、审计证据不充分、评价依据或标准不明确，以及超越审计职责范围的事项，不发表审计评价意见。发表审计意见不能含糊其辞，要求要明确，表达要清楚，尽量不要使用绝对的表达方式。

3. 审计建议的提出要合时、合适

有些审计报告仅仅发表意见和评价，并不提出建议。有些审计报告应委托人的要求，会提出建议。也有的审计报告必须提出建议。不是在必要的情况下，一般不必提出建议。如果发现违规或者重大违规事项，在仅仅做出审计意见和评价不足以纠正错误的情况下，可以提出建议。但是，提出建议要合时、合适，要以必要的谨慎为前提。

关于对××街道
党工委书记××同志任期
经济责任的审计报告

 本章小结

审计报告是审计机构或审计人员在审计实务工作结束后，向其派出机构或委托单位提交的关于审计情况及其结果的书面报告。审计报告的结构包括标题、主送单位、正文、附件、落款、抄报、抄送等项内容。

 思考与练习

一、问答题

1. 简述审计报告的作用。

2. 写审计报告之前应做好哪些准备工作？

3. 审计报告的内容主要有哪些？

4. 简述审计报告的格式和特点。

二、写作训练

根据以下材料，自拟一份审计报告（所缺内容自行设置）。

审计人员在对某股份有限公司202×年度资产负债表审计时发现，该公司在本年度内将房屋建筑物的折旧年限由20年改为40年，将机器设备的折旧年限由10年改为20年，将运输工具的折旧年限由5年改为10年。由于资料有限，审计人员无法断定上述折旧年限的变更是否合理。根据会计估计，折旧年限的变更对当期利润的影响为1 078万元，而该公司当期利润总额为10 568万元。公司202×年度净资产收益率10.70%，若剔除会计估计变更而增加的利润，公司当期的净资产收益率将下降至10%以下。其他方面情况正常。

第十九章

经济诉讼文书

第一节　经济诉状

一、诉状的概念和作用

民事案件的原告，为维护自己权益，就有关民事权利义务的争议向人民法院提起诉讼的书状，称为民事诉状，简称"诉状"。无诉讼行为能力的人，可以由其法定代理人或由法院指定的代理人代为提起诉讼。

诉状的作用是向人民法院提起诉讼。因此，具状人必须写清诉讼请求、纠纷的事实经过、起诉的法律根据等，以便人民法院立案和受理。写好诉状对于人民法院了解情况和处理案件是十分重要的。

二、诉状的种类和特点

1. 诉状的种类

（1）刑事诉状。被害人或者其法定代理人直接向人民法院提起诉讼，请求法院审判的刑事案件，称自诉案件。刑事自诉案件的自诉人，根据事实和法律向人民法院控告被告人侵犯自身权益，要求追究其刑事责任的书状，称为刑事诉状。

（2）民事诉状。民事案件的原告人，为维护自己的民事权益，就有关民事权益和义务的争执或纠纷，向人民法院起诉要求依法处理而递交的书状，称为民事诉状。民事案件的原告可以是公民，也可以是企事业单位、机关、团体等。由经济纠纷引起的案件一般属于民事案件，其诉状一般为民事诉状。

如果在刑事诉讼过程中，还附带民事诉讼，自诉人还要求法院判令被告人赔偿经济损失、负担医疗费、营养费等，那么所写的书状就称为刑事附带民事诉状。刑事附带民事诉状应属于刑事诉状的范围。

（3）行政诉状。行政诉状是公民、法人或者其他组织认为行政机关或者行政工作人员所做出的具体行政行为侵犯其合法权益，向人民法院提出诉讼请求，要求法院对具体行政行为是否合法进行审查并做出裁判的法律文书。

2. 诉状的特点

跟其他相关的书状类司法文体比较，诉状具有如下特点。

（1）诉状是当事人向法院呈交的书状，它应站在当事人的立场上，反映当事人自己的合法权益和合理要求。

（2）诉状的作用是提起诉讼，以期通过诉讼途径来解决问题。它与上诉状、申诉状也有明显区别。上诉状是当事人对法院做出的一审判决不服而提出的上诉书状。申诉状是当事人对法院做出的已经具有法律效力的判决不服而提出的申辩书状。由此可见，诉状、上诉状和申诉状分别处于不同的诉讼阶段，所起的作用完全不同。

三、诉状的格式和内容

诉状的格式分为首部、正文和尾部三部分。首部包括标题和当事人的情况；正文包括诉讼请求、事实和理由；尾部为致送法院名称、落款、附项。

附：诉状的格式

民事诉状

原告：单位全称，地址，电话

法定代表人：姓名，性别，职务

委托代理人：姓名，性别，××律师事务所律师

被告：单位全称，地址，电话

法定代表人：姓名，性别，职务，电话

第三人：单位全称，所在地址

法定代表人：姓名，性别，职务，电话

诉讼请求：＿＿＿＿＿＿＿＿＿＿＿＿＿＿

＿＿＿＿＿＿＿＿＿＿＿＿＿＿＿＿＿＿＿＿＿

事实与理由：＿＿＿＿＿＿＿＿＿＿＿＿

＿＿＿＿＿＿＿＿＿＿＿＿＿＿＿＿＿＿＿＿＿

此致

＿＿＿＿＿＿＿＿人民法院

具状人：＿＿＿＿＿＿（印章）

＿＿＿＿＿＿年＿＿月＿＿日

附件：

1. 本状副本＿＿份
2. 书证：＿＿件
3. 物证：＿＿件

（一）首部

依次写明下列事项。

1. 标题

在文书上部正中写"民事起诉状"或"起诉状"字样。不能写成"起诉书"。后者是

人民检察院对涉嫌犯罪的被告人进行指控、要求法院依法审判时所制作和使用的一种法律文书。

2. 当事人的基本情况

要依次写明原告、被告、第三人（不一定每案都有）的基本情况。实践中，除了写清楚法律规定的项目外，还要写具体的出生年月日或身份证号码、电话号码等。

（二）正文

正文是诉状的主要部分，包括诉讼请求、事实与理由。

1. 诉讼请求

诉讼请求是原告请求人民法院解决争议的权益或事实。民事争议案件性质复杂多样，故诉讼请求也因案而异。但总的要求是诉讼根本目的必须明确、具体，文字上必须做到简明扼要，让人一目了然。一般一个事项用一句话列为一条表述。最后，还应写明诉讼费用由被告承担等。

2. 事实与理由

事实与理由一般分开写，先写事实部分，即双方争议的具体问题。要把争议的起因、经过、现状，特别是争议的焦点，具体地写清楚。例如，针对买卖合同纠纷，一般应写明：订立合同的时间、地点、当事人；合同的履行情况；合同产生纠纷的原因；合同纠纷给原告造成的损失及后果；原告向被告主张权利的经过等。诉状的事实部分，应做到"六要六不要"：一要实事求是，不要夸大、缩小；二要具体、清楚，不要抽象、空洞；三要把关键的地方交代清楚，不要含糊其词；四要和请求事项一致，不要相互矛盾；五要心平气和地摆事实，不要刻薄、挖苦；六要有理有据，不要捕风捉影。

另起段落写理由。一般包括请求理由的合理性和合法性两个方面，并具体引证相关的法律条款，分清是非，明确责任。诉状的理由应当：一要讲道理，不要强词夺理；二要提供证据，不要空口无凭；三要引用法律法规，不要没有法律根据。写完事实和理由，在行文上，可写"为此，特向法院起诉，请求依法判决"，或写"据上所述，要求……，请求依法判决"。

要注意的是：事实与理由两部分内容要相互衔接、呼应，不能自相矛盾或相互脱节。

（三）尾部

尾部包括以下三项内容。

1. 致送法院名称

起诉所提交的人民法院的名称。

2. 落款

在落款处要有具状人的签名或盖章，并写明具状时间。具状人是法人的，要有法定代表人的签名。

3. 附件

原告在向人民法院递交诉状的同时，还应按被告人的人数，向法院提交相应数量的诉状副本。有关案情的书证和物证，也应与诉状同时送上。这些都要在附项内一一注明，不能省略或遗漏。

四、经济诉状的写作要求

1. 证据确凿，实事求是，理直气和

在撰写经济诉状时，一定要严格按照"以事实为根据，以法律为准绳"的原则选用材料。做到提出事实，有根有据，真实可靠；提出理由，充分有力，突出重点；提出请求，合情合理，明确具体；提出证据，说服力强，经得起检验；分析是非，理直气和，合乎情理。

2. 以法为准，援引条文，准确恰当

诉状是把具有法律意义的事实陈述清楚，并依法提出诉讼请求。因而，在分析案件和追究被告人应承担的法律责任时，必须以法律为准绳，准确恰当地引用法律条文。切忌断章取义、为我所用，更不能凭感情用事、强词夺理。要让事实说话，以理服人，以法服人。

3. 陈述分析，有理有据，观点明确

事实和理由是诉状的重要内容，诉讼理由充分、有力、合情、合理、合法，诉讼的请求就能成立，诉讼目的就能达到。在陈述分析事实和理由时，观点要明确，论据要充分，抓住关键，抓住要害，提出主要情节，写明因果关系，使事实和理由符合事物发生、发展的规律。

4. 结构严谨，层次清楚，合乎逻辑

提出请求事项，一定要具体明确，不能模棱两可、含糊其词。陈述案情，要有针对性，抓住中心问题，开门见山，少叙案情经过，着重写有争议的焦点，侧重阐明主要理由，切不可面面俱到、全面铺开。做到层次清楚，分析推理合乎逻辑。

5. 文体鲜明，用语准确，格式规范

诉状有特定内容、专用范围、适用对象和特有功能，又有完备的格式和鲜明的文体特色。在材料选取、语言运用、表达方式、文章风格、行文格式、章法结构等方面，都要体现其特殊的要求。遣词造句，要准确无误、简练严肃，要恰当运用规范的法律专用术语。在制作时要按统一格式，符合规范要求。

第二节　经济答辩状

一、答辩状的概念和作用

答辩状是在经济纠纷诉讼活动中，被告人或被上诉人针对起诉的事实和理由或上诉的请求和理由进行答复和辩解的一种法律文书。在经济纠纷诉讼中，原告有权递交起诉状起诉，被告就有权写答辩状抗辩反驳。被告或原告不服判决，就可以递交上诉状进行上诉，被上诉人也可以针对上诉状提出自己的"被上诉答辩状"。在法律面前，人人平等这条重要原则在我国的诉讼法中，是得到充分体现的，其具体表现就是在诉讼活动中法律赋予原告和被告的权利与机会是同等的。经济答辩状又分一审答辩状和二审答辩状，它是被告人

或上诉人维护自己合法权益的重要手段。

答辩状在诉讼活动中具有十分重要的作用，被告人或被上诉人通过答辩状，可以对原告或上诉人提出的起诉或上诉理由和根据以及请求事项等，进行有的放矢的答复、辩解和反驳，并在答辩中阐明自己的理由和要求，提出事实和证据证实自己的观点，有利于维护自己的合法权益。同时，使人民法院能够全面了解诉讼双方的意见、要求和主张，全面分析案情，准确判断是非曲直，恰当行使审判权，做出公平合理的裁判。

二、答辩状的格式和写法

答辩状的格式也是由首部、正文和尾部三部分构成的。

1. 首部

首部包括以下三项内容。

（1）标题。标明答辩状的性质、名称，如"民事答辩状""经济纠纷答辩状""经济纠纷上诉答辩状"等。

（2）答辩人基本情况。应写明答辩人的姓名、年龄、民族、籍贯、职业、住址、电话号码等。答辩人是机关、团体、企事业单位的，则应写明单位全称、地址和法定代表人的姓名、性别、年龄、职务等。有诉讼代理人的，则要写明诉讼代理人的姓名、性别、年龄、职务、所属律师事务所名称。对方的情况不一定要另写，在案由中指明即可。

（3）案由。应写明为什么案件而答辩。一般只需写出"因某某一案，现提出答辩意见如下"等字样或类似意思的文字即可。

2. 正文

答辩状的正文，主要包括答辩理由和答辩意见两部分。答辩状，顾名思义，就是既要"答"，又要"辩"，也就是说，写这种诉状，可以针对原起诉或上诉状提出的事实、证据、理由和法律根据，基本作"答"，也可以不受其局限，另行提出其他相关新材料——新的事实、证据和法律依据进行论辩，即注重"辩"。当然，新的材料必须能站得住脚，论辩也必须合乎事实与逻辑，以理服人，否则是不能胜诉的。

写经济答辩状，有时还可以据理反诉。所谓反诉，就是被告对原告提出相反的诉讼要求。但反诉要具备下列条件：一是反诉的当事人必须是原诉的当事人；二是反诉必须在本诉起诉之后，法庭辩论终结之前提出；三是反诉只能向审理本诉的法院提出，并由同一审的法院审理；四是反诉的诉讼请求或理由必须同本诉的请求或理由互有牵连，不能绕开本诉。

3. 尾部

要写明致送法院名称，答辩人签章，注明年、月、日。如是请人代书，要写明代书人姓名、职务。

如有对有关问题的说明，可以附件的形式附在答辩状的最后。写法与诉状相同。

附：答辩状的格式

××答辩状

答辩人：姓名、性别、年龄、民族、籍贯、职业、住址。

因××一案，现提出答辩如下。

答辩理由：_____

_____

答辩要求：综上所述，我请求_____

_____

　　此致

××人民法院

答辩人：（签章）

年　月　日

　　附件：1. 本答辩状副本__份

　　　　　2. 物证__份

　　　　　3. 书证__份

三、经济答辩状的写作要求

　　撰写答辩状的要求与诉状写作要求基本相同。不同之处在于，答辩状实际上是一篇驳论文章，主要采用反驳方法，目的在于使对方败诉，让人民法院接受自己的意见和主张。因此，在进行辩驳时，首先要根据客观事实提出证据和法律依据。其次，要重点抓住诉状和上诉状中的关键问题进行反驳，即抓住双方争执的焦点列举事实，阐明理由，使辩驳富有针对性。同时，要善于选用犀利的语言，针对诉状和上诉状中的漏洞或破绽，找出对方的矛盾，击中足以使对方败诉的要害，改变自己的不利地位。

例文

民事答辩状

　　答辩人：××××建筑安装工程总公司。住所地：××市××路××号。

　　法定代表人：刘××，建筑安装总公司总经理。

　　委托代理人：郭××，××律师事务所律师。

　　答辩人因××市五环电缆公司诉我公司拖欠货款一案，现提出答辩如下。

　　一、答辩人下属单位宏兴安装分公司从未与××市五环电缆公司（即本案原告）签订过任何购货合同。王××与原告签订的合同，在合同需方栏中加盖的是王××本人的私章以及模仿宏兴安装分公司章刻制的合同专用章。据查，宏兴安装分公司没有这种格式的合同专用章，也未在任何时候授权任何人刻制这样的合同专用章。从法律上讲，该合同属无效合同，一切责任由合同签订人自负。

　　二、我公司所属的宏兴安装分公司从未与原告发生任何经济交往，不存在任何欠款与收款之事。原告称，原告按宏兴安装分公司的要求将价值246 678.56元的电缆送至指定地点××市××公司的建筑工地，××市××公司已将电缆款全部给付宏兴安装分公司，宏兴安装分公司收款后只给付原告货款一万元。经查明××市××公司实际是将足额货款汇至王××用该枚私刻的印章设立在××农商银行的账户上，该货款已被王××个人提取。所付原告一万元亦是王××个人给付，宏兴公司从未给付过原告货款。

　　三、王××的行为已构成经济犯罪，应依法追究其刑事责任。2018年3月6日宏兴安装分公司与其下属的第一承包队王××签订一份承包协议书，协议约定由王××承包第一承包队，规定第一承包队自行承接、洽谈工程业务，实际是以自己的名义接洽业务，包括签订合同。而王××以非法占有为目的与别人签订合同。合同不仅冒用宏兴安装分公司名义签订，而且还伪造宏兴安装分公司合同专用章骗取五环电缆公司信任，并用伪造公章开设农商银行账户，将货款占为己有。王××的行为符合诈骗犯罪特征。

四、我们的意见和要求：王××冒用我公司下属宏兴安装分公司的名义，伪造宏兴安装分公司的合同专用章，以经济合同形式为手段，占有五环电缆公司货款的行为，已经构成诈骗罪。五环电缆公司应及时向公安机关报案，并及时提供线索，以尽早挽回经济损失。请贵院依法驳回五环电缆公司的诉讼请求，将此案移送公安机关查处。

此致
××区人民法院

答辩人：××××建筑安装工程总公司（印章）

法定代表人：刘××（印章）

××××年×月×日

第三节　上诉状　申诉状

一、上诉状

上诉状是由法院的一审判决引出的，其缘由是当事人对一审判决和裁定不服，依照法定程序，在法定的期限内，向上一级人民法院上诉，请求撤销、变更原审裁判，或者申请重新审理而提出的诉讼文书。其特点是文字的辩驳性突出。上诉状的格式和起诉状基本相似，由首部、正文、尾部三部分组成。

1. 首部

包括标题、当事人基本情况和案由三项内容。

（1）标题。上诉状的名称，应根据案情确定，如"××事上诉状"。

（2）当事人基本情况。此项与起诉状的写法相同，应按顺序写明各个方面的情况，还要将当事人在一审中所处的诉讼地位用括号说明。如"上诉人（一审被告）：姓名、性别、年龄、民族、籍贯、职业、住址　被上诉人（一审原告）：姓名、性别、年龄、民族、籍贯、职业、住址"。

（3）案由。写明不服原审判决或裁定的事由。大致写法如"上诉人因××一案，对××人民法院××××年×月×日×字第×号×事判决（裁定）不服，现提出上诉"。

2. 正文（请求和理由）

这部分是上诉状的重点和核心。在具体写法上，一般是先提出诉讼请求——要求撤销原判、改判或重新审理；也可以先写明上诉理由，然后再归结提出上诉请求。最重要的是要写明上诉理由。

写上诉状的理由与起诉状不同，它必须完全针对原审判决的内容，先一一指出其错误、失实和不当之处，接着或叙事，或引证，或援引法律条文，或说理，要一一提出自己的合乎逻辑的辩驳和结论。关键是要抓住原判中的三点：一是认定事实方面的问题；二是定性适用法律方面的问题；三是诉讼程序方面存在的问题。要针对每一点，做到反驳有的放矢，每矢必中，完全或部分地驳倒原结论，促使法院改变原判。如果先写理由，就要在归结之后，提出自己的上诉请求。

3. 尾部

需写明上诉所递交和转送的人民法院名称，上诉人签章，注明具状的日期。最后在附项写明上诉状副本的份数和书证、物证的份数。

附：上诉状的格式

民事上诉状

上诉人（一审被告或原告）：姓名、性别、年龄、民族、籍贯、职业、住址

上诉代理人：姓名、职业、××律师事务所律师

被上诉人（一审被告或原告）：姓名、性别、年龄、民族、籍贯、职业、住址

案由：上诉人因××一案，不服××人民法院于××××年×月×日字第×号判决（或裁定），现提出上诉。上诉的请求和理由如下。

上诉理由：_____

_____

上诉请求：_____

此致

××人民法院

上诉人：（签章）
上诉代理人：（签章）
××××年×月×日

附件：1. 上诉状副本__份；

2. 书证__份；

3. 物证__份。

二、申诉状

申诉状的性质、作用与上诉状基本相同。申诉状的申诉人，可以是被告人，也可以是被告的辩护人、亲属或其他人。如果是后一种情况，就要在申诉人基本情况一栏内写明他与被告人的关系，同时写上被告人的基本情况。申诉状案由的格式与上诉状相同，理由部分的写法也一致。所不同的是程序方面：上诉状是对未发生效力的判决或裁定提出申诉的书状，上诉的提出受法定时间的限制；申诉状是对已经发生法律效力的判决或裁定提出申诉的书状，不受法定时间限制。申诉状的内容、写法、格式与上诉状基本相同，在此不再详述。

例文

民事申诉状

申诉人：×××　　住所：×××　　法定代表人：×××　　住所：×××　　电话：×××××××

被申诉人：×××　　住所：×××　　法定代表人：×××　　住所：×××　　电话：×××××××

申诉人诉被申诉人×××纠纷一案，已有×××人民法院审理并作出（×）×××字第×××号民事判决书，申诉人不服该院作出的终审判决，现提出申诉，申诉请求和事实及理由如下：

申诉请求：

1. ××××

2. ××××

事实与理由：

1. ××××

2. ××××

3. ××××

综上所述，××××

此致

××人民法院

申诉人：×××

××××年×月×日

本章小结

经济诉讼文书是司法文书的范畴。学习经济诉讼文书，能够使同学们适应已经来到的法制社会，因为在现实工作和生活中，依靠法律解决纠纷将是经常发生的事，学会写起诉状、答辩状、上诉状和申诉状是完全必要的。写经济诉讼文书必须合法，其内容必须符合法律的要求。经济诉讼文书具有明显的程式性，其用语规范、准确，称谓有严格的规定。起诉状的格式由首部、正文和尾部三部分组成。正文部分是经济诉讼文书的关键，要写清楚诉讼请求、事实和理由。除格式、文字外，还要认真推敲材料，以事实为依据，以法律为准绳，立论要准确，起诉理由能够成立。答辩状、上诉状具有驳论的意义。答辩状是要针对起诉状或上诉状进行答辩的。所谓驳，就是驳事实、驳论据，指出诉讼程序或适用法律不当。上诉状同样如此。

思考与练习

一、问答题

1. 经济诉讼文书有什么特点和作用？

2. 为什么说事实和理由是经济诉讼文书的核心内容？

3. 申诉状与上诉状的区别在哪里？

二、写作训练

1. 根据下面的材料，写一份起诉状。

大浦公司负责人口述材料：今年3月2日，通过招标，我公司与华通公司签订了一份安装单位内部局域网的合同，所需电脑30台和服务器1台，安装网线、调试运行均由华通公司负责，总计购置设备费52万元，工程费8万元，合计60万元。3月10日，华通公司派人来安装，3月20日完工。4月1日交付使用，随即我公司付款。安装后，自4月中旬起，设备就频繁出问题，开始打电话，华通公司还会派人来修理、调整，后来干脆不来，让我们自己解决。但合同条款中明确列出，"设备硬件保修一年，在一年内无偿更换"，但华通公司根本不履行。我公司找了几个电脑专业人员检测，大家一致认为元件质量太差。为此，我公司要求退货，但华通公司不同意。所以我公司决定起诉华通公司，要求退货并赔偿我公司的损失。

2. 根据上面的材料和下面的材料，为华通公司写一份答辩状。

华通公司认为大浦公司所述事实不成立。大浦公司认定设备硬件质量问题，不是事实，其设备经常出故障，是大浦公司使用不当和软件误操作所致，对这类问题本公司不能承担责任。以上问题有本公司维修记录为证。

第六篇　经济研究篇

第二十章

经济类毕业论文

第一节 毕业论文的概念和特征

经济类毕业论文，就是经管类专业大学生的毕业论文，它以经济类学生所学的经管类专业作为研究和阐述对象。其特征如下。

（1）它是大学毕业生必须独立完成的总结性作业，是对大学生学习质量和水平的综合性检验。

（2）大学生毕业论文应该在教师的指导下独立完成。教师的指导包括帮助学生确定课题，指定参考书，制订研究计划，选择研究方法，审定论文提纲，解答疑难问题，直到评定论文成绩。

（3）毕业论文必须是学生所学专业领域里的某一课题。

第二节 毕业论文的选题与材料搜集

一、毕业论文的选题

1. 选题的意义

毕业论文的论题选择是至关重要的。从某种意义上说，选题是否恰当是论文写作成败的关键。

首先，决定一篇论文价值的因素不外乎两个方面：一是在本学科理论上是否有新的突破；二是在实践活动中是否有指导意义，即该论文的理论价值和实用价值。毕业论文的理论价值是指该论文所阐述的内容，对本学科理论具有开拓性意义，或者使其理论更为丰富和完善。实用价值是指该论文所阐述的内容能对实际工作起到指导和推动作用，进而使有关部门得到实际效益。撰写毕业论文，应以追求论文的价值作为目标和出发点。毕业论文的理论价值和实用价值，与论题的选择关系极为密切。

其次，毕业论文论题的选择还将影响文章的整个写作过程。论题一经确定，材料的搜集、整理、分析，论点的确立，提纲的编制，文献的选定，都要围绕它来进行。在围绕论题阐述道理、说明问题这一点上，不论哪种类型的论文都一样。所以选好、选准论题对大学生撰写毕业论文非常重要。

2. 选题的原则

（1）针对性原则。经管类的毕业论文是有关经济管理理论和经济管理现象研究成果的表现形式，无论是研究经济问题还是管理问题，归根到底，都是为了更好地指导现实的经济管理活动。因此，在撰写经济类毕业论文时，我们必须考虑什么样的论题能与当前社会实际紧密联系，怎样使自己的论文在经济管理工作中直接或间接地体现出实际效益，为社会服务。为此，要从以下三方面来选择。

①有关国计民生的重大问题。选择有关国计民生的重大问题作论题，使自己研究的论题与国家经济社会发展的总目标相一致。当前，有许多涉及国计民生的重大理论和实践问题需要我们去研究，如农副产品生产、加工、运输、销售，水资源、环保、城市发展、农民工、住房、就业、养老保险、物价、企业管理、市场营销、对外贸易、贫困生上学、大学生高消费、节能减排等都可以作为论题。

②经济建设中亟待解决的问题。随着我国社会主义市场经济体制的建立，工业、商业、文化、教育、科技以及财政经济体制都发生了深刻的变化，新的运行机制相应建立。经济社会生活中的许多新课题亟待我们去研究。作为经济类的毕业生，可以围绕现实生活中存在的这些急需解决的问题进行选题。

③本学科发展的关键性问题。经济学科、管理学科，都是既古老而又年轻的学科。作为大学毕业生，如果有能力，还可以从本学科发展的关键性问题中选题研究，以不断丰富、发展、完善本学科理论，从而推动社会经济的发展，更好地为现实服务。

（2）可行性原则。在选题时，要选择作者自己有条件完成，并能取得新的研究成果的课题。根据可行性原则，我们在选题时要考虑以下因素。

①专业特长。专业特长是取得研究成果的重要条件。在选题时，同学们一定要选择能够充分发挥自己专业特长的课题，将之作为自己的研究对象，尽量舍弃那些自己不熟悉、不擅长的课题。这样才能扬长避短，事半功倍。

②研究能力。研究能力是研究者的基本素质，也是进行科学研究必须具备的条件。人的研究能力有强弱之分，所以，同学们在选题时要实事求是、量力而行。这样在毕业论文写作时才能得心应手，使研究工作得以顺利进行。

3. 选题方法和途径

（1）论题宜小不宜大。尽量选择经济管理领域里微观课题，如某一具体经济管理现象，某一财政经营问题。

（2）论题宜易不宜难。对大学生毕业论文要求不会太高，在理论深度上会切合实际情况，重在过程。同学们可选择一些相对容易把握的综述性选题，对经济管理领域内某一方面的现有成果进行总结和分析，这是一种对他人研究成果的研究，比选择和寻找一个新的论题稍容易。

（3）根据兴趣和爱好选题。同学们在自己所学经济、管理专业的大框架下，在一定范围内可以选择自己感兴趣的课题，这不失为大学生毕业论文选题的可行方法。兴趣是最好的老师，没有兴趣，或者兴趣不高，对初涉学术论文领域的大学生影响不好，与其达不到预期效果，不如因势利导。

二、毕业论文的材料搜集

1. 必须掌握充分的材料

建房子要有材料，同样，写文章也要材料。文章的材料是指作者为了某一写作目的而搜集、整理、积累、提取的有关情况、事实、理论和数据。材料是提炼文章主题、形成观点的基础。如果单凭记忆中的"材料"构思成文，是很受限制的，更何况记忆往往有模糊之处。要想写好文章，就必须掌握充分的材料。

2. 搜集材料的原则与方法

（1）搜集材料的原则。

①指向原则。论题是文章的"灵魂"和"统帅"，因此，搜集材料就必须有明确的目标和方向，即紧紧围绕论题来进行，这就是所谓"指向原则"。经济学科和管理学科的门类繁多，新门类及其分支还在不断涌现，其理论、历史文献、新信息等资料浩繁。经济、管理论文的撰写者如果不把搜集材料的主要目标集中在论题的范围内，就会在"堆积如山"的材料面前束手无策。

②适应原则。所谓"适应原则"，就是要求我们搜集的材料与经济、管理论文的目的、性质、特点相适应。例如，有的同学想写反倾销方面的论文，就必须对国际贸易摩擦的起源、发展变化以及世界贸易组织制订的规则、处理贸易摩擦的机制有全面的了解，并且要详细地搜集近年来我国遭遇反倾销调查案件的数据，这样写起来才会得心应手。

③求新原则。所谓"求新原则"，就是要求搜集到的材料尽可能反映论题所涉及的本学科研究领域的新动向、新信息。在信息时代，作为信息传递手段的学术论文，必须敏锐地反映新情况、新问题和新经验。这就要求论文作者在论证某一个问题时，不仅要有前人对这一问题的观点和看法，了解他们探索的足迹，还要注意搜集同时代人的研究成果，特别是近期研究的新成果。不然，即使论题是新颖的，但最终会因材料的陈旧而影响论文的价值。

④价值原则。所谓"价值原则"，是指必须考虑材料对论题是否有比较实际的论证价值。一篇学术论文的论题能否成立，除了要看其理论阐述、逻辑推理是否正确之外，还要考察其作为论据的材料是否正确。这就要求论文作者在搜集材料时，首先要辨别材料的真实可靠程度，材料对于论证论题是否具有价值。经济管理论文，是指导经济管理活动的，它们对材料的真实性要求是十分严格的，不论是实例还是数据，或是文献中论证的理论，都要求绝对准确。如果出现差错或谬误，就会引出一些与现实经济管理活动相悖的结论。

（2）搜集材料的方法。

撰写毕业论文所需要的材料，主要靠查阅文献资料、调查研究和学习积累获得。

①查阅文献资料。文献资料中保存了大量的信息，特别是党和政府机关的文献档案，记录了党和政府的方针、路线、政策、法规、准则和规定，对这些文献资料的搜集、整理和积累，对研究问题、撰写论文，具有重要的借鉴意义和很高的参考价值。

②调查研究。调查研究是人们获得第一手材料的重要方法。毕业论文的写作要占有充分的材料，调查研究是搜集材料的好方法。不论是经济论文，还是其他论文，都要通过调查搜集有关材料，然后对调查得来的材料进行深入研究，搞清事实真相，摸清楚事物的规律，这样写出来的东西才能使人信服。有些人不注重调查研究，遇事想当然，或调查不深入，偏听偏信，以偏概全，形成错误推断。因此，我们在撰写毕业论文时，特别是涉及国

计民生、经济管理和学术活动的应用文，一定要在深入调查研究后再动笔。

③学习积累。撰写毕业论文，需要有宽广的知识面。这就要求我们在平时要注重学习中国特色的社会主义理论，学习党和国家的方针政策、法律法规，学习业务知识，学习本单位、本部门的规章制度，多方面积累知识。通过学习积累了丰富的知识，遇到问题时才能有针对性地运用这些知识去认识和分析问题，继而解决问题。

另外，随着计算机技术和互联网的不断发展，通过网络搜集资料也是不可缺少的重要环节。

第三节　毕业论文的构思

毕业论文的构思从搜集材料开始。搜集材料本身就是一个研究过程，也是一个构思过程。所不同的是，在搜集材料后，需要对材料进行专门整理、归类、分析、研究，经历专门构思这个阶段。

文章的构思就是指文章作者在孕育文章时所进行的一系列思维活动。毕业论文的构思是一种复杂的思维活动，是毕业论文写作的关键阶段。在确定选题和搜集材料之后，就要对搜集到的所有材料进行认真归类、整理、分析研究，并在这个基础上确立论文的主题，理顺思路，对论文的内容和形式做出整体的构想，初步明确论文应该写什么、怎么写。这个酝酿文章思路的过程就是构思。

毕业论文的构思，大体需要经历以下四个步骤。

1. 消化材料

先熟悉搜集来的各项材料，接下来根据课题研究的要求，在头脑中逐一鉴别材料的真伪，掂量材料的轻重，确定材料的价值，做到"去粗取精，去伪存真"。在此基础上，对留存的材料进行分类排队，将材料分成若干组，极力探索每组材料所蕴含的意义，并尽力发掘各组材料间的内在联系。

2. 提炼观点

各组材料的"真义"掌握了，它们的内在联系也明确了，那么，将它们集中起来能说明什么观点，就需要开动脑筋认真地思考了。提炼观点、确立论文主题的过程，也就是论文作者的主观思想和客观材料逐步结合的过程，是作者认识的升华过程。在这个过程中，作者的思想水平、思维能力、知识基础和基本技能以及个人阅历等都将综合发挥作用。

3. 安排结构

观点与论证方法酝酿成熟了，文章的大致轮廓也就形成了。这时就可以根据最有力地表现观点的原则来运用和调动材料，根据毕业论文的写作要求来拟订写作提纲。拟订写作提纲，设计论文的结构框架，是毕业论文写作中的重要一环。如果不先拟好提纲就写初稿，很可能由于基本结构不妥而返工，作者在动笔写作之前一定要先拟订提纲。拟订提纲的过程也就是进一步理顺思路、疏通思想、明确论文主要层次和论述重点的过程。

编写提纲时，要先将论文的题目、大标题和小标题一一列出，形成论文要点目录；再按目录把选取的资料、统计数据和图表分别编进有关目录中，形成论文内容的概要，构成论文结构的骨架。

4. 斟酌关键词语

在结构提纲编写好以后，还要认真思考论文涉及的一些关键性概念，如这些概念的内涵与外延，以及这些概念的内涵和外延与传统的说法有无区别。如果有，应当怎样加以限制和说明。同时，要考虑文章中的观点应当怎样表达。

第四节　毕业论文的基本格式

毕业论文的总体结构包括如下内容。

一、封面

封面是毕业论文的外表，它提供了有关信息，并对毕业论文起到了保护作用。封面上一般包括如下内容。

（1）分类号。在左上角注明分类号，便于信息交换和处理。一般应注明《中国图书分类法》的类号，同时也应尽可能注明《国际十进制分类法 UDC》的类号。

（2）本单位编号。一般标注在右上角。

（3）密级。按国家规定的保密条例，在右上角上注明。如果没有保密要求，则不需要标注。

（4）"××大学（院校）毕业论文"标志。

（5）论文题目。要用大号字标注于明显位置。

（6）论文作者姓名。一般用四号字标注于论文题目下方。

（7）指导教师姓名、职称。

（8）院系名称。指论文作者所在院系。

（9）专业学位名称。指论文作者所学专业及所申请学位级别。

（10）研究方向。指本论文的专业研究方向。

（11）日期。指本论文完成日期。

二、摘要

摘要是论文的内容"不加注释和评论的简短陈述"。摘要是对论文内容进行高度概括的完整的短文，一般不超过 300 字。摘要的内容主要说明研究工作的目的、方法、结果和结论等，重点是结果和结论。

三、关键词

关键词是从论文中选取的用来标示论文主要内容的名词或名词性词组。关键词应尽量使用《汉语主题词表》所提供的规范词，一篇论文的关键词在 3~8 个之间为宜。

四、目录

如果毕业论文篇幅较长，分章节并有大小标题，要列出目录。目录由序号、名称和页码组成。

五、正文

正文由绪论、主体和结论组成。在行文上一般不必明确地表示出来，但在文章的逻辑结构上应能明确区分。如果毕业论文分若干章节或部分来论述，应尽可能用标题表示出来。

（一）绪论

绪论又称"引言"或"导论"，是论文的开头部分。绪论可以简要地说明本课题研究的缘由，希望解决什么问题，以及本课题研究的特点和涉及的问题。这部分要写得简洁明快，而不能冗长累赘。

（二）主体

主体部分要详细阐述作者的学术研究成果，特别是作者提出的一些新的、独创的见解。在具体写作时，论文的作者应根据论文的性质，或着重于正面立论，或着重于争辩和批驳，或着重于阐述自己在进行开拓性研究后取得的学术成果，或对某一学术问题的种种见解加以叙述和评论。这部分是论文的核心，必须着力写好。毕业论文主体部分的安排可以根据内容的需要，灵活采用推进式、并列式或推进并列结合式这三种不同的结构。

1. 推进式

这种结构的各层次之间是环环相扣、步步深入的关系，前一层内容是后一层的基础。后一层分析是前一层的发展，如《浅谈服务商品的价值构成及其特点》提纲。

```
一、服务消费品也是商品
二、服务消费品价值构成的特点
三、服务商品的特点
（一）服务商品是无形的
（二）服务商品不能与生产者分离存在
（三）服务商品质量具有较大的差异
（四）服务商品不能储藏待用
```

这种方式便于由浅入深地展开论述，从现象探求本质，逐层推进，最后得出坚实有力的结论。

2. 并列式

这种结构围绕全文的中心论点，用几个分论点分别从不同的方面和角度加以论证，这样便于多侧面地展开对中心论点的论证。各个分论点之间是并列的关系，可以用序号（一、二、三或第一、第二、第三）、次序号（首先、其次）等加以标示，如论文《商品生产和商品流通各在一定条件下决定对方》提纲。

```
一、从历史过程考察
二、从动态过程考察
三、从具体过程考察
四、从机制作用考察
五、"在一定条件下"和"反作用"
```

3. 推进并列结合式

采取这种方式的论文，先用推进式将全文划分为几个大层次，再在某个层次中运用并列式的方法进行分析；或者先用并列式，从各个侧面列出分论点，再在分论点内运用推进式的方法进行论证。内容丰富、涉及面广的论文很少采用单一的结构形式，往往多种结构形式综合交替使用。

（三）结论

结论是围绕主体所作的结语，是全文的归结和收束。其写法可因文而异，或是总结全文，突出中心论点；或是"卒章显志"，深刻阐述所论课题的意义和作用；或是提出建议及对下一步研究工作的打算，说明尚有哪些遗留问题待解决。结论部分要写得概括精练，妥帖自然。

六、致谢

毕业论文应对下列方面致谢。
（1）协助完成研究工作和提供便利条件的组织和个人。
（2）在研究工作中提出建议和提供帮助的人。
（3）在论文中转载和引用的资料、图片、文献、研究思想和设想的所有者。
（4）其他应该感谢的组织和个人。

七、注释

论文的注释一般有夹注、脚注、章节注和尾注等。毕业论文一般采用章节注和尾注的方式。

八、参考文献目录

参考文献是评定论文作者的研究状况和程度的重要依据。参考文献是在毕业论文中使用过或参考过的论文、专著和其他资料。参考文献的排列可以按如下顺序。
（1）以对毕业论文重要程度的顺序排列。
（2）以毕业论文引用的先后顺序排列。
（3）以文献出版的时间顺序排列。
（4）以文献作者姓氏的汉语拼音顺序排列。

九、附录

附录是毕业论文的补充项目，并不是必须的。一般包括以下内容。
（1）对毕业论文的内容有重要意义，但编入正文又有损正文的条理性和逻辑性的材料。
（2）由于篇幅过大而不便编入正文的材料。
（3）对一般读者并非必要、但对本专业的同行有参考价值的资料。
（4）某些重要的原始数据、数学推导、计算程序、框图、结构图、注释、统计表、计算机打印输出件等。

第五节　毕业论文的撰写要求

一、选好论题

论题，是指选择确定所要研究论证的学术问题。论题的选择是能否写好一篇毕业论文的关键。在选择毕业论文的论题时，题目应小一些，角度应新一些。所选论题，应该是前人不曾提出的，前人虽然提出但尚未解决的，前人论证尚不深入的，前人提出但论证是谬误的，客观现实需要的，确有发现和创新的等。

二、拟好提纲

作者用文字的形式将自己撰写毕业论文的思路要点体现出来，就是提纲。作者撰写毕业论文时，拟订提纲是作者动笔之前的必要准备。毕业论文要求用简明的语言讲清一个基本的道理。所以，论文的结构形式必须服从事理的发展逻辑，这就要求作者在动笔之前要细致分析所有的材料，理清思路。同时拟订提纲，有利于论文前后呼应、统一协调。

常用的提纲格式有以下两种。

1. 要点式提纲

（1）题目（包括副标题）。

（2）基本论点。即论题的提出，一般为一段说明性文字。

（3）内容纲要（论证的展开）。分论点一，主要论据，论证方法；分论点二，主要论据，论证方法……

（4）结论。

2. 结构式提纲

（1）绪论。

（2）材料与方法。

（3）观察和结果。

（4）讨论。

（5）总结。

（6）图片与说明。

（7）参考文献。

三、学会利用图书馆

要写好一篇毕业论文，必须大量且详细地占有资料。多到几万字甚至几十万字的资料，怎样才能搜集到呢？有些资料可以来自直接的经验，但大量的资料来自文字记载。而记载它的书籍、报刊大都存放在图书馆，因此，要写出高质量的毕业论文，必须利用图书馆。在图书馆里，首先要学会资料的检索，熟悉图书资料分类法。其次要善于利用书

品牌价值对企业出口影响的实证分析

目和索引,掌握好与自己研究论题有关的目录和索引。另外,写毕业论文时,要经常使用工具书,以保证论文的准确无误。

本章小结

　　经济类毕业论文是经济类学科大学生的毕业论文,它以经管类专业作为研究和阐述对象。写好毕业论文,首先要选好论题;围绕论题搜集材料,在对材料进行归纳、整理的过程中,提炼观点,编写提纲,安排结构,撰写论文初稿。经过反复修改润色,方可定稿。毕业论文的格式包括封面、摘要、关键词、目录、正文、致谢、注释、参考文献、附录等。

思考与练习

　　1. 简述经济类毕业论文的特征。

　　2. 如何搜集毕业论文的材料?

　　3. 简述经济类毕业论文的选题方法和途径。

第二十一章

经济工作研究

第一节 经济工作研究的内涵、特点、种类和作用

一、经济工作研究的内涵

经济工作研究是以经济问题为研究对象的一种工作研究，是针对某一现实经济问题加以研究，探明存在问题的原因，提出解决问题的办法，从而推动经济工作的顺利进行，最终为经济效益的提高而服务的一种文体。例如，在经济体制改革向纵深发展、社会主义市场经济体系逐渐完善的情况下，如何充分发挥国有大中型企业的骨干作用，面对国际金融危机日益加深、出口贸易急剧下降，我国企业如何进行产业结构调整，以提高自身抗击经济风险的能力等，都是需要引起从事经济工作的同志的高度关注和认真研究的问题。

二、经济工作研究的基本特点和种类

1. 经济工作研究的基本特点

（1）明显的针对性。经济工作研究要以现实经济问题为研究对象，要为某一实际经济问题的解决为宗旨。

（2）较强的实用性。这类文章的研究对象是现实经济问题，总是要挑选难题、围绕棘手的问题来进行研究探讨，研究结果应是对问题的看法和解决问题的意见，意见要切实可行，要对工作有实实在在的指导作用。

（3）一定的理论性。经济工作研究对问题的探讨和处理，常常要涉及理论，需要运用有关经济理论对问题进行研究。经济理论对经济实践的指导作用，在经济工作研究中体现得最为直接。

2. 经济工作研究的种类

研究的内容、范围、项目不同，经济工作研究的分类也不同。

（1）从研究的内容划分，可分为理论性研究、政策性研究、经验性研究、专业性研究等。

（2）按工作研究提供的使用范围划分，可分为内部参考用工作研究，报刊用工作研究。前者是向领导反映情况，宜全面明了地反映；后者是公开报道，要注意时机、全局、

宣传纪律。虽内外有别，但二者都要求真实。

三、经济工作研究的作用

经济工作研究具有以下作用。

1. 解决实践中出现的新问题，加强改革攻关的力度

当前，我国正处于经济体制转型之时，社会主义市场经济体系正逐步建立，新矛盾、新问题不断涌现。如何解决这些新问题，往往没有现成的答案，需要通过深入的调查研究去探索的对策，找出解决问题的办法。经济工作研究正是通过研究解决改革发展过程中出现的一些实际问题，从而成为加快改革速度，加强改革攻关力度的有力工具。

2. 加强领导决策的民主化，提高工作效率

建立社会主义市场经济体制是一项新的历史使命，经济工作部门的各级领导和工作人员都要在这场前所未有的改革大业中争取工作的主动性，提出解决问题的新办法。在全体工作人员中提倡撰写经济工作研究，可以帮助领导集思广益、增长智慧，加强决策的科学化和民主化。

3. 探讨解决问题的具体方法，有助于管理工作的科学化

现代管理是一种科学管理。在管理工作中要讲究科学性，克服随意性。经济工作研究提出的解决问题的方案和方法，有助于加强管理工作的科学化。

第二节 经济工作研究的结构与写法

经济工作研究兼有议论和新闻的特点，形式比较灵活。基本结构包括标题和正文两大部分。

一、标题

经济工作研究的标题比较灵活，它要求直接、具体、明确、尖锐。为了突出工作研究，在标题中常加上"建议""意见""认识""思考""初探""设想"等词语，以增强鲜明度。有些报纸杂志上，往往还在标题上栏目题头标有"工作研究""观察与思考""热门话题"等字样，以期引起读者的注意。

二、正文

经济工作研究的正文一般包括以下三个部分。

1. 开头

开头是提出研究问题的部分，是分析的基础。这部分内容可以提出研究课题，也可以介绍课题原有的研究情况，有的还可以简述研究的目的意义，提出总的看法，等等。

2. 主体

经济工作研究的主体是文章的核心部分。它的任务在于对开头部分提出的问题进行分析研究，寻根究底。分析要具体、深刻、客观公正、以理服人、层次分明。

3. 结尾

结尾是文章分析研究的落脚点。这一部分要在主体部分分析原因的基础上，旗帜鲜明地提出解决问题的办法或措施，办法要切实可行。

经济工作研究的结构大体由"提出问题—分析原因—提出建议或办法"三部分构成，但由于研究问题的方法和侧重点不同，结构也变化多样。有的将开头并入主体，形成一节，然后提出建议或办法；有的将中间与结尾融为一体，与开头部分组成文章的两大块，即提出问题—分析解决问题；有的文章特别强调分析部分，解决问题只是开列几条纲目；有些文章则突出解决问题，分析问题渗透于解决问题之中。

第三节　经济工作研究的写作要求

一、认真了解情况，注意掌握政策

经济工作研究，必须从实际出发，选取有代表性的研究课题，深入工作一线掌握第一手材料，了解问题的各个方面，不能顾此失彼。撰写经济工作研究，实际上属于经济政策研究与方法研究，撰写者必须认真学习习近平新时代中国特色社会主义思想，经常注意研究党的方针政策，具有较高的政策水平与科学思维方法，只有这样，才能提供有价值的经济工作研究成果。

二、增强改革意识，善于独立思考

当前，经济工作研究着重研究解决改革开放中出现的新情况、新问题。要写好经济工作研究，首先要增强改革意识，善于独立思考，这样才能冲破一切束缚人们思想的条条框框，提出切合实际的新观点、新办法、新方案。

三、摆事实，讲道理，以理服人

写经济工作研究，应发扬民主、以理服人，对有争议的问题，要坚持摆事实、讲道理，决不以势压人。这是唯物主义认识论的基本要求，也是撰写经济工作研究者应有的态度。

四、分析要中肯，建议措施要切实可行

改进和加强
银行结算工作

写经济工作研究，容易犯的毛病是问题抓不准、原因分析笼统、内容空泛无活力、提不出解决问题的办法、措施不切实际，只是画饼充饥。这些都是撰写经济工作研究者应该注意避免的。

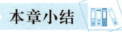

本章小结

经济工作研究是以经济问题为研究对象的一种研究，是针对某一现实经济问题加以研

究，探明存在问题的原因，提出解决问题的办法，从而推动经济工作的顺利进行，最终为经济效益的提高而服务的一种文体。这是改革开放以后出现的一种新文体，这一文体既不是消息，又不是通讯，也不同于一般的论文，它兼有议论和新闻的特点，于是人们就给它取名为"经济工作研究"。经济工作研究的结构大体由"提出问题—分析原因—提出建议或办法"三部分构成。但由于研究问题的方法和侧重点不同，结构也变化多样。不管其结构如何变化，"提出问题，分析解决问题"则是经济工作研究的文中之义。要写好经济工作研究，必须认真了解情况，注意掌握政策，提高自身的理论水平，增强改革意识，善于独立思考，用摆事实、讲道理的方式来分析问题，分析问题要中肯，提出解决问题的建议和措施要切实可行。

 **思考与练习**

1. 什么是经济工作研究？经济工作研究的特点与作用怎样？
2. 经济工作研究的标题常常有什么标志？
3. 经济工作研究正文部分的重点应摆在哪里？主要写什么？

第二十二章

学术论文

第一节　学术论文的概念和种类

学术论文是对某一学科领域的某一问题进行理论上的探讨、研究或总结的文书。国家标准 GB/T 7713—1987《科学技术报告、学位论文和学术论文的编排格式》为学术论文下的定义是："学术论文是某一学术课题在实验性、理论性或观测性上具有新的科学研究成果或创新见解和知识的科学记录，或是某种已知原理应用于实际中取得新进展的科学总结，用以提供学术会议上宣读、交流或讨论，在学术刊物上发表，作其他用途的书面文件。"

学术论文的种类很多，按论文所涉及的内容来划分，可分为社会科学和自然科学两大类；按论文的篇幅来划分，可分为单篇学术论文和学术专著两种；按论文的社会功用来划分，可分为报告论文、杂志论文和学位论文等。

第二节　学术论文的特点和选题

一、学术论文的特点

1. 学术性

学术论文作为一种纯学术性的文体，要求运用科学的原理和方法，对社会或自然科学领域中的新问题进行抽象概括的论述，进行严密的论证和分析，而不是客观外部事物直观形态和过程的叙述。它侧重于理论论述，将材料经过科学的、逻辑的加工，形成有论点的论文。

2. 创造性

衡量学术论文价值的根本标准是其创造性，若是没有新观点、新发现、新发明，也就失去了写学术论文的价值。因此，学术论文中应该有作者的见解，具有创见性。科学研究的目的在于创造，作为科学研究的学术论文，其任务便是交流学术上的新成就。创造性是学术论文的一大特色。

3. 专业性

学术论文是对某一学科领域的某一问题的专门探讨，所以学术论文的材料、语言具有专业特点，涉及的内容有各自专门的领域，有其特色的理论体系和科学术语，知识专业性极强。

二、学术论文的选题

选题是撰写学术论文的第一步，是科学研究的开始。选题是解决学术论文写什么的问题。题目选择是否得当，在很大程度上影响科研工作的进程和学术论文的质量。一旦选择了恰当的题目，学术论文便成功了一半。因为只有选择了有意义的课题，才有科学价值和实用价值，才有可能写出高质量的学术论文。选题没有意义，即使花了再大的精力，写出来的文章也毫无价值。

学术论文选题必须遵循以下原则。

1. 选择有研究价值的课题

有研究价值的课题主要有两类：一是有学术价值的课题。它是指本学科亟待解决的课题，或在本学科中处于前沿位置的课题。二是社会发展迫切需要解决的课题。

2. 选择自己感兴趣的课题

撰写学术论文是一项十分复杂和艰苦的劳动，需要有非常强的忍耐力，如果对自己的研究课题缺乏兴趣，就很难将研究进行下去。要结合自己的本职工作，根据自己的知识专长、专业专长、工作经验、占有资料的条件和实验条件，选择自己平日思考和钻研的问题作为课题，这样有利于科研工作的成功。

3. 选题要注意可行性

课题的选择，要考虑到主客观条件的限制，即它的可行性。主要包括以下几点：原理上要可行，不违反自然规律和科学原理；要选择自己力所能及的课题，不宜太大，涉及面不宜过广，避免超越了个人的实际能力；要有经费、设备、仪器、检测手段等客观条件的支撑。

第三节 学术论文的格式

根据国家标准 GB/T 7713—1987《科学技术报告、学位论文和学术论文的编写格式》的要求，学术论文由标题、署名、摘要、关键词、前言、正文、结论、注释、参考文献等部分构成。

1. 标题

标题又称题目，是对学术研究过程或成果的直接阐述，是论文内容的高度概括。标题的拟订要求确切、鲜明。

2. 署名

署名是作者对研究成果拥有著作权和责任感的体现。

3. 摘要

摘要用于提示研究对象和目的，文章的基本观点、成果及意义等内容，主要起报道和检索作用。摘要一般都是在正文完成后提炼出来的，一般要求用300～500字精炼概括论文的主要内容。

4. 关键词

关键词又称主题词，其目的是为文献检索提供方便。学术论文的主题词一般为3～8个，用于反映论文观点或主要内容。关键词放在摘要的下面，正文前言的上面。

5. 前言

前言又称引言、绪言、绪论等。前言一般描述研究背景、研究目的、研究范围、研究方法、主要观点和成果、评价意义等方面的内容。

6. 正文

正文又称本论，是论文的主体，占论文篇幅的绝大部分，反映了论文所达到的学术水平。正文部分要做到论点明确、论据可靠、论证充分、表述恰当、文字简练。其结构顺序主要有两种：一是按研究工作的进程依次来写，称为自然顺序；二是按事物问题的内在联系，即逻辑思维方法安排结构，称为逻辑顺序。

7. 结论

结论是整个课题研究结果的总判断、总评价，是研究结果必然的逻辑发展，是整篇论文的归宿，在全文中起画龙点睛的作用。结论的写作应措辞严谨、逻辑性强、论点明确、恰如其分，不夸大，不缩小，不想当然，不要对复杂的问题作绝对肯定和绝对否定的判断，不要忽视相互影响的因素，避免做出表面的或片面的结论，不要回避可能影响自圆其说的种种因素，勉强得出结论。

8. 注释

注释是对论文中某些问题的解释。

9. 参考文献

参考文献是学术论文的一个必要组成部分。论文中凡是引用他人的文章、观点、材料、数据、公式等，都应列表附在文章结论之后，以表示对他人劳动成果的尊重，同时反映作者的科学态度和求实精神，有利于读者核对和查找原文，以对此研究作进一步了解。

第四节　学术论文的推敲和修改

一篇论文，从准备到写作，无论怎样深思熟虑，也很难达到完美无缺的地步，即使是经常从事写作的人，初稿写好后，也要认真推敲，反复修改。毛泽东同志在《反对党八股》一文中说："现在的事情，问题很复杂，有些事情甚至想三四回还不够。鲁迅说'至少看两遍'，至多呢？他没有说，我看重要的文章不妨看它十多遍，认真地加以删改，然后发表。文章是客观事物的反映，而事物是曲折复杂的，必须反复研究，才能反映恰当；在这里粗心大意，就是不懂得做文章的起码知识。"这段话深刻说明了文章的本质，说明了对文章的推敲和修改的重要性。

一、内容的推敲

其一，要检查论文的基本观点是否正确，各个分论点是否准确表达了基本论点的精神，基本论点和分论点是否圆满地表达了作者的思想，其语言、逻辑表述是否清楚，哪些地方不正确、不清楚；其二，要检查论点与论据之间是否有严密的逻辑关系，用来证明论点的论据材料是否有说服力，哪些论据材料缺乏说服力应该调换，哪些论据材料说服力不够应该补充，引用的材料来源是否准确可靠；其三，每个论点的论证、推理、演绎、归纳是否合乎逻辑。如果发现问题，就要修改。

二、形式的检查

文章的内容与形式是统一的，内容决定形式，形式是为表达内容服务的。第一，要检查论文的结构、段落、层次等安排是否恰当，哪些地方需要修改；第二，要检查论文所用的词语是否正确，句子是否通顺，语气是否贯通，有哪些地方需要改进；第三，要检查整篇文章的表达是否清晰、明朗、流畅，哪些地方还可以改得更为通畅而有气势。

学术论文的修改过程，不仅是一个改正文章毛病的过程，也是一个认识不断深化、表达不断完善的过程。从某种意义上说，修改能力是更高一级的写作能力。能改到什么样的水平，就可以说作者达到了什么样的水平。

略论中学文学
教学的五个偏差

经过认真修改润色之后，再正式誊写清楚，一篇学术论文就诞生了。

 本章小结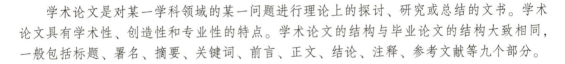

学术论文是对某一学科领域的某一问题进行理论上的探讨、研究或总结的文书。学术论文具有学术性、创造性和专业性的特点。学术论文的结构与毕业论文的结构大致相同，一般包括标题、署名、摘要、关键词、前言、正文、结论、注释、参考文献等九个部分。

 思考与练习

1. 经济学术论文有哪些特点？
2. 根据编写提纲的方法和要求，将本章例文"略论中学文学教学的五个偏差"还原成写作提纲。

党政机关公文处理工作条例

（中办发〔2012〕14号，2012年4月）

第一章　总则

第一条　为了适应党机关和国家行政机关（以下简称党政机关）工作需要，推进党政机关公文处理工作科学化、制度化、规范化，制定本条例。

第二条　本条例适用于各级党政机关公文处理工作。

第三条　党政机关公文是党政机关实施领导、履行职能、处理公务的具有特定效力和规范体式的文书，是传达贯彻党和国家方针政策，公布法规和规章，指导、布置和商洽工作，请示和答复问题，报告、通报和交流情况等的重要工具。

第四条　公文处理工作是指公文拟制、办理、管理等一系列相互关联、衔接有序的工作。

第五条　公文处理工作应当坚持实事求是、准确规范、精简高效、安全保密的原则。

第六条　各级党政机关应当高度重视公文处理工作，加强组织领导，强化队伍建设，设立文秘部门或者由专人负责公文处理工作。

第七条　各级党政机关办公厅（室）主管本机关的公文处理工作，并对下级机关的公文处理工作进行业务指导和督促检查。

第二章　公文种类

第八条　公文种类主要有：

（一）决议。适用于会议讨论通过的重大决策事项。

（二）决定。适用于对重要事项做出决策和部署、奖惩有关单位和人员、变更或者撤销下级机关不适当的决定事项。

（三）命令（令）。适用于公布行政法规和规章、宣布施行重大强制性措施、批准授予和晋升衔级、嘉奖有关单位和人员。

（四）公报。适用于公布重要决定或者重大事项。

（五）公告。适用于向国内外宣布重要事项或者法定事项。

（六）通告。适用于在一定范围内公布应当遵守或者周知的事项。

（七）意见。适用于对重要问题提出见解和处理办法。

（八）通知。适用于发布、传达要求下级机关执行和有关单位周知或者执行的事项，批转、转发公文。

（九）通报。适用于表彰先进、批评错误、传达重要精神和告知重要情况。

（十）报告。适用于向上级机关汇报工作、反映情况，回复上级机关的询问。

（十一）请示。适用于向上级机关请求指示、批准。

（十二）批复。适用于答复下级机关请示事项。

（十三）议案。适用于各级人民政府按照法律程序向同级人民代表大会或者人民代大会常务委员会提请审议事项。

（十四）函。适用于不相隶属机关之间商洽工作、询问和答复问题、请求批准和答复审批事项。

（十五）纪要。适用于记载会议主要情况和议定事项。

第三章 公文格式

第九条 公文一般由份号、密级和保密期限、紧急程度、发文机关标志、发文字号、签发人、标题、主送机关、正文、附件说明、发文机关署名、成文日期、印章、附注、附件、抄送机关、印发机关和印发日期、页码等组成。

（一）份号。公文印制份数的顺序号。涉密公文应当标注份号。

（二）密级和保密期限。公文的秘密等级和保密的期限。涉密公文应当根据涉密程度分别标注"绝密""机密""秘密"和保密期限。

（三）紧急程度。公文送达和办理的时限要求。根据紧急程度，紧急公文应当分别标注"特急""加急"，电报应当分别标注"特提""特急""加急""平急"。

（四）发文机关标志。由发文机关全称或者规范化简称加"文件"二字组成，也可以使用发文机关全称或者规范化简称。联合行文时，发文机关标志可以并用联合发文机关名称，也可以单独用主办机关名称。

（五）发文字号。由发文机关代字、年份、发文顺序号组成。联合行文时，使用主办机关的发文字号。

（六）签发人。上行文应当标注签发人姓名。

（七）标题。由发文机关名称、事由和文种组成。

（八）主送机关。公文的主要受理机关，应当使用机关全称、规范化简称或者同类型机关统称。

（九）正文。公文的主体，用来表述公文的内容。

（十）附件说明。公文附件的顺序号和名称。

（十一）发文机关署名。署发文机关全称或者规范化简称。

（十二）成文日期。署会议通过或者发文机关负责人签发的日期。联合行文时，署最后签发机关负责人签发的日期。

（十三）印章。公文中有发文机关署名的，应当加盖发文机关印章，并与署名机关相符。有特定发文机关标志的普发性公文和电报可以不加盖印章。

（十四）附注。公文印发传达范围等需要说明的事项。

（十五）附件。公文正文的说明、补充或者参考资料。

（十六）抄送机关。除主送机关外需要执行或者知晓公文内容的其他机关，应当使用机关全称、规范化简称或者同类型机关统称。

（十七）印发机关和印发日期。公文的送印机关和送印日期。

（十八）页码。公文页数顺序号。

第十条 公文的版式按照《党政机关公文格式》国家标准执行。

第十一条 公文使用的汉字、数字、外文字符、计量单位和标点符号等，按照有关国家标准和规定执行。民族自治地方的公文，可以并用汉字和当地通用的少数民族文字。

第十二条 公文用纸幅面采用国际标准 A4 型。特殊形式的公文用纸幅面，根据实际需要确定。

第四章 行文规则

第十三条 行文应当确有必要，讲求实效，注重针对性和可操作性。

第十四条 行文关系根据隶属关系和职权范围确定。一般不得越级行文，特殊情况需要越级行文的，应当同时抄送被越过的机关。

第十五条 向上级机关行文，应当遵循以下规则：

（一）原则上主送一个上级机关，根据需要同时抄送相关上级机关和同级机关，不抄送下级机关。

（二）党委、政府的部门向上级主管部门请示、报告重大事项，应当经本级党委、政府同意或者授权；属于部门职权范围内的事项应当直接报送上级主管部门。

（三）下级机关的请示事项，如需以本机关名义向上级机关请示，应当提出倾向性意见后上报，不得原文转报上级机关。

（四）请示应当一文一事。不得在报告等非请示性公文中夹带请示事项。

（五）除上级机关负责人直接交办事项外，不得以本机关名义向上级机关负责人报送公文，不得以本机关负责人名义向上级机关报送公文。

（六）受双重领导的机关向一个上级机关行文，必要时抄送另一个上级机关。

第十六条 向下级机关行文，应当遵循以下规则：

（一）主送受理机关，根据需要抄送相关机关。重要行文应当同时抄送发文机关的直接上级机关。

（二）党委、政府的办公厅（室）根据本级党委、政府授权，可以向下级党委、政府行文，其他部门和单位不得向下级党委、政府发布指令性公文或者在公文中向下级党委、政府提出指令性要求。需经政府审批的具体事项，经政府同意后可以由政府职能部门行文，文中须注明已经政府同意。

（三）党委、政府的部门在各自职权范围内可以向下级党委、政府的相关部门行文。

（四）涉及多个部门职权范围内的事务，部门之间未协商一致的，不得向下行文；擅自行文的，上级机关应当责令其纠正或者撤销。

（五）上级机关向受双重领导的下级机关行文，必要时抄送该下级机关的另一个上级机关。

第十七条 同级党政机关、党政机关与其他同级机关必要时可以联合行文。属于党委、政府各自职权范围内的工作，不得联合行文。

党委、政府的部门依据职权可以相互行文。

部门内设机构除办公厅（室）外不得对外正式行文。

第五章 公文拟制

第十八条 公文拟制包括公文的起草、审核、签发等程序。

第十九条 公文起草应当做到：

（一）符合国家法律法规和党的路线方针政策，完整准确体现发文机关意图，并同现行有关公文相衔接。

（二）一切从实际出发，分析问题实事求是，所提政策措施和办法切实可行。

（三）内容简洁，主题突出，观点鲜明，结构严谨，表述准确，文字精练。

（四）文种正确，格式规范。

（五）深入调查研究，充分进行论证，广泛听取意见。

（六）公文涉及其他地区或者部门职权范围内的事项，起草单位必须征求相关地区或者部门意见，力求达成一致。

（七）机关负责人应当主持、指导重要公文起草工作。

第二十条　公文文稿签发前，应当由发文机关办公厅（室）进行审核。审核的重点是：

（一）行文理由是否充分，行文依据是否准确。

（二）内容是否符合国家法律法规和党的路线方针政策；是否完整准确体现发文机关意图；是否同现行有关公文相衔接；所提政策措施和办法是否切实可行。

（三）涉及有关地区或者部门职权范围内的事项是否经过充分协商并达成一致意见。

（四）文种是否正确，格式是否规范；人名、地名、时间、数字、段落顺序、引文等是否准确；文字、数字、计量单位和标点符号等用法是否规范。

（五）其他内容是否符合公文起草的有关要求。

需要发文机关审议的重要公文文稿，审议前由发文机关办公厅（室）进行初核。

第二十一条　经审核不宜发文的公文文稿，应当退回起草单位并说明理由；符合发文条件但内容需作进一步研究和修改的，由起草单位修改后重新报送。

第二十二条　公文应当经本机关负责人审批签发。重要公文和上行文由机关主要负责人签发。党委、政府的办公厅（室）根据党委、政府授权制发的公文，由受权机关主要负责人签发或者按照有关规定签发。签发人签发公文，应当签署意见、姓名和完整日期；圈阅或者签名的，视为同意。联合发文由所有联署机关的负责人会签。

第六章　公文办理

第二十三条　公文办理包括收文办理、发文办理和整理归档。

第二十四条　收文办理主要程序是：

（一）签收。对收到的公文应当逐件清点，核对无误后签字或者盖章，并注明签收时间。

（二）登记。对公文的主要信息和办理情况应当详细记载。

（三）初审。对收到的公文应当进行初审。初审的重点是：是否应当由本机关办理，是否符合行文规则，文种、格式是否符合要求，涉及其他地区或者部门职权范围内的事项是否已经协商、会签，是否符合公文起草的其他要求。经初审不符合规定的公文，应当及时退回来文单位并说明理由。

（四）承办。阅知性公文应当根据公文内容、要求和工作需要确定范围后分送。批办性公文应当提出拟办意见报本机关负责人批示或者转有关部门办理；需要两个以上部门办理的，应当明确主办部门。紧急公文应当明确办理时限。承办部门对交办的公文应当及时办理，有明确办理时限要求的应当在规定时限内办理完毕。

（五）传阅。根据领导批示和工作需要将公文及时送传阅对象阅知或者批示。办理公文传阅应当随时掌握公文去向，不得漏传、误传、延误。

（六）催办。及时了解掌握公文的办理进展情况，督促承办部门按期办结。紧急公文或者重要公文应当由专人负责催办。

（七）答复。公文的办理结果应当及时答复来文单位，并根据需要告知相关单位。

第二十五条 发文办理主要程序是：

（一）复核。已经发文机关负责人签批的公文，印发前应当对公文的审批手续、内容、文种、格式等进行复核；需作实质性修改的，应当报原签批人复审。

（二）登记。对复核后的公文，应当确定发文字号、分送范围和印制份数并详细记载。

（三）印制。公文印制必须确保质量和时效。涉密公文应当在符合保密要求的场所印制。

（四）核发。公文印制完毕，应当对公文的文字、格式和印刷质量进行检查后分发。

第二十六条 涉密公文应当通过机要交通、邮政机要通信、城市机要文件交换站或者收发件机关机要收发人员进行传递，通过密码电报或者符合国家保密规定的计算机信息系统进行传输。

第二十七条 需要归档的公文及有关材料，应当根据有关档案法律法规以及机关档案管理规定，及时收集齐全、整理归档。两个以上机关联合办理的公文，原件由主办机关归档，相关机关保存复制件。机关负责人兼任其他机关职务的，在履行所兼职务过程中形成的公文，由其兼职机关归档。

第七章　公文管理

第二十八条 各级党政机关应当建立健全本机关公文管理制度，确保管理严格规范，充分发挥公文效用。

第二十九条 党政机关公文由文秘部门或者专人统一管理。设立党委（党组）的县级以上单位应当建立机要保密室和机要阅文室，并按照有关保密规定配备工作人员和必要的安全保密设施设备。

第三十条 公文确定密级前，应当按照拟定的密级先行采取保密措施。确定密级后，应当按照所定密级严格管理。绝密级公文应当由专人管理。

公文的密级需要变更或者解除的，由原确定密级的机关或者其上级机关决定。

第三十一条 公文的印发传达范围应当按照发文机关的要求执行；需要变更的，应当经发文机关批准。

涉密公文公开发布前应当履行解密程序。公开发布的时间、形式和渠道，由发文机关确定。

经批准公开发布的公文，同发文机关正式印发的公文具有同等效力。

第三十二条 复制、汇编机密级、秘密级公文，应当符合有关规定并经本机关负责人批准。绝密级公文一般不得复制、汇编，确有工作需要的，应当经发文机关或者其上级机关批准。复制、汇编的公文视同原件管理。

复制件应当加盖复制机关戳记。翻印件应当注明翻印的机关名称、日期。汇编本的密级按照编入公文的最高密级标注。

第三十三条 公文的撤销和废止，由发文机关、上级机关或者权力机关根据职权范围和有关法律法规决定。公文被撤销的，视为自始无效；公文被废止的，视为自废止之日起失效。

第三十四条 涉密公文应当按照发文机关的要求和有关规定进行清退或者销毁。

第三十五条 不具备归档和保存价值的公文，经批准后可以销毁。销毁涉密公文必须严格按照有关规定履行审批登记手续，确保不丢失、不漏销。个人不得私自销毁、留存涉密公文。

第三十六条　机关合并时，全部公文应当随之合并管理；机关撤销时，需要归档的公文经整理后按照有关规定移交档案管理部门。

工作人员离岗离职时，所在机关应当督促其将暂存、借用的公文按照有关规定移交、清退。

第三十七条　新设立的机关应当向本级党委、政府的办公厅（室）提出发文立户申请。经审查符合条件的，列为发文单位，机关合并或者撤销时，相应进行调整。

第八章　附则

第三十八条　党政机关公文含电子公文。电子公文处理工作的具体办法另行制定。

第三十九条　法规、规章方面的公文，依照有关规定处理。外事方面的公文，依照外事主管部门的有关规定处理。

第四十条　其他机关和单位的公文处理工作，可以参照本条例执行。

第四十一条　本条例由中共中央办公厅、国务院办公厅负责解释。

第四十二条　本条例自 2012 年 7 月 1 日起施行。1996 年 5 月 3 日中共中央办公厅发布的《中国共产党机关公文处理条例》和 2000 年 8 月 24 日国务院发布的《国家行政机关公文处理办法》停止执行。

中华人民共和国国家标准

GB/T 15834—2011
代替 GB/T 15834—1995

标点符号用法

General rules for punctuation

2011-12-30 发布 　　　　　　　　　　　　　　2012-06-01 实施

中华人民共和国国家质量监督检验检疫总局
中国国家标准化管理委员会　发布

1 范围

本标准规定了现代汉语标点符号的用法。

本标准适用于汉语的书面语(包括汉语和外语混合排版时的汉语部分)。

2 术语和定义

下列术语和定义适用于本文件。

2.1 标点符号 punctuation

辅助文字记录语言的符号,是书面语的有机组成部分,用来表示语句的停顿、语气以及标示某些成分(主要是词语)的特定性质和作用。

注:数学符号、货币符号、校勘符号、辞书符号、注音符号等特殊领域的专门符号不属于标点符号。

2.2 句子 sentence

前后都有较大停顿、带有一定的语气和语调、表达相对完整意义的语言单位。

2.3 复句 complex sentence

由两个或多个在意义上有密切关系的分句组成的语言单位,包括简单复句(内部只有一层语义关系)和多重复句(内部包含多层语义关系)。

2.4 分句 clause

复句内两个或多个前后有停顿、表达相对完整意义、不带有句末语气和语调、有的前面可添加关联词语的语言单位。

2.5 语段 expression

指语言片段,是对各种语言单位(如词、短语、句子、复句等)不做特别区分时的统称。

3 标点符号的种类

3.1 点号

点号的作用是点断,主要表示停顿和语气。分为句末点号和句内点号。

3.1.1 句末点号

用于句末的点号,表示句末停顿和句子的语气。包括句号、问号、叹号。

3.1.2　句内点号

用于句内的点号，表示句内各种不同性质的停顿。包括逗号、顿号、分号、冒号。

3.2　标号

标号的作用是标明，主要标示某些成分(主要是词语)的特定性质和作用。包括引号、括号、破折号、省略号、着重号、连接号、间隔号、书名号、专名号、分隔号。

4　标点符号的定义、形式和用法

4.1　句号

4.1.1　定义

句末点号的一种，主要表示句子的陈述语气。

4.1.2　形式

句号的形式是"。"。

4.1.3　基本用法

4.1.3.1　用于句子末尾，表示陈述语气。使用句号主要根据语段前后有较大停顿、带有陈述语气和语调，并不取决于句子的长短。

示例1：北京是中华人民共和国的首都。

示例2：(甲：咱们走着去吧?)乙：好。

4.1.3.2　有时也可表示较缓和的祈使语气和感叹语气。

示例1：请您稍等一下。

示例2：我不由地感到，这些普通劳动者也同样是很得值得尊敬的。

4.2　问号

4.2.1　定义

句末点号的一种，主要表示句子的疑问语气。

4.2.2　形式

问号的形式是"?"。

4.2.3　基本用法

4.2.3.1　用于句子末尾，表示疑问语气(包括反问、设问等疑问类型)。使用问号主要根据语段前后有较大停顿、带有疑问语气和语调，并不取决于句子的长短。

示例1：你怎么还不回家去呢?

示例2：难道这些普通的战士不值得歌颂吗?

示例3：(一个外国人，不远万里来到中国，帮助中国的抗日战争。)这是什么精神?这是国际主义的精神。

4.2.3.2　选择问句中，通常只在最后一个选项的末尾用问号，各个选项之间一般用逗号隔开。当选项较短且选项之间几乎没有停顿时，选项之间可不用逗号。当选项较多或较长，或有意突出每个选项的独立性时，也可每个选项之后都用问号。

示例1：诗中记述的这场战争究竟是真实的历史描述，还是诗人的虚构?

示例2：这是巧合还是有意安排?

示例3：要一个什么样的结尾：现实主义的?传统的?大团圆的?荒诞的?民族形式的?有象征意义的?

示例4：(他看着我的作品称赞了我。)但到底是称赞我什么：是有几处画得好?还是什么都敢画？抑或只是一种对于失败者的无可奈何的安慰？我不得而知。

示例5：这一切都是由客观的条件造成的？还是由行为的惯性造成的？

4.2.3.3　在多个问句连用或表达疑问语气加重时，可叠用问号。通常应先单用，再叠用，最多叠用三个问号。在没有异常强烈的情感表达需要时不宜叠用问号。

示例：这就是你的做法吗？你这个总经理是怎么当的？？你怎么竟敢这样欺骗消费者？？？

4.2.3.4　问号也有标号的用法，即用于句内，表示存疑或不详。

示例1：马致远(1250？—1321)，大都人，元代戏曲家、散曲家。

示例2：钟嵘(？—518)，颍川长社人，南朝梁代文学批评家。

示例3：出现这样的文字错误，说明作者(编者？校者？)很不认真。

4.3　叹号

4.3.1　定义

句末点号的一种，主要表示句子的感叹语气。

4.3.2　形式

叹号的形式是"！"。

4.3.3　基本用法

4.3.3.1　用于句子末尾，主要表示感叹语气，有时也可表示强烈的祈使语气、反问语气等。使用叹号主要根据语段前后有较大停顿、带有感叹语气和语调或带有强烈的祈使、反问语气和语调，并不取决于句子的长短。

示例1：才一年不见，这孩子都长这么高啦！

示例2：你给我住嘴！

示例3：谁知道他今天是怎么搞的！

4.3.3.2　用于拟声词后，表示声音短促或突然。

示例1：咔嚓！一道闪电划破了夜空。

示例2：咚！咚咚！突然传来一阵急促的敲门声。

4.3.3.3　表示声音巨大或声音不断加大时，可叠用叹号；表达强烈语气时，也可叠用叹号，最多叠用三个叹号。在没有异常强烈的情感表达需要时不宜叠用叹号。

示例1：轰！！在这天崩地塌的声音中，女娲猛然醒来。

示例2：我要揭露！我要控诉！！我要以死抗争！！！

4.3.3.4　当句子包含疑问、感叹两种语气且都比较强烈时(如带有强烈感情的反问句和带有惊愕语气的疑问句)，可在问号后再加叹号(问号、叹号各一)。

示例1：这么点困难就能把我们吓倒吗？！

示例2：他连这些最起码的常识都不懂，还敢说自己是高科技人材？！

4.4　逗号

4.4.1　定义

句内点号的一种，表示句子或语段内部的一般性停顿。

4.4.2　形式

逗号的形式是"，"。

4.4.3　基本用法

4.4.3.1　复句内各分句之间的停顿，除了有时用分号(见4.6.3.1)，一般都用逗号。

示例1：不是人们的意识决定人们的存在，而是人们的社会存在决定人们的意识。

示例2：学历史使人更明智，学文学使人更聪慧，学数学使人更精细，学考古使人更深沉。

示例3：要是不相信我们的理论能反映现实，要是不相信我们的世界有内在和谐，那就不可能有科学。

4.4.3.2用于下列各种语法位置：

a)较长的主语之后。

示例1：苏州园林建筑各种门窗的精美设计和雕镂功夫，都令人叹为观止。

b)句首的状语之后。

示例2：在苍茫的大海上，狂风卷集着乌云。

c)较长的宾语之前。

示例3：有的考古工作者认为，南方古猿生存于上新世至更新世的初期和中期。

d)带句内语气词的主语(或其他成分)之后，或带句内语气词的并列成分之间。

示例4：他呢，倒是很乐意地、全神贯注地干起来了。

示例5：(那是个没有月亮的夜晚。)可是整个村子——白房顶啦，白树木啦，雪堆啦，全看得见。

e)较长的主语中间、谓语中间或宾语中间。

示例6：母亲沉痛的诉说，以及亲眼见到的事实，都启发了我幼年时期追求真理的思想。

示例7：那姑娘头戴一顶草帽，身穿一条绿色的裙子，腰间还系着一根橙色的腰带。

示例8：必须懂得，对于文化传统，既不能不分青红皂白统统抛弃，也不能不管精华糟粕全盘继承。

f)前置的谓语之后或后置的状语、定语之前。

示例9：真美啊，这条蜿蜒的林间小路。

示例10：她吃力地站了起来，慢慢地。

示例11：我只是一个人，孤孤单单的。

4.4.3.3　用于下列各种停顿处：

a)复指成分或插说成分前后。

示例1：老张，就是原来的办公室主任，上星期已经调走了。

示例2：车，不用说，当然是头等。

b)语气缓和的感叹语、称谓语或呼唤语之后。

示例3：哎哟，这儿，快给我揉揉。

示例4：大娘，您到哪儿去啊？

示例5：喂，你是哪个单位的？

c)某些序次语("第"字头、"其"字头及"首先"类序次语)之后。

示例6：为什么许多人都有长不大的感觉呢？原因有三：第一，父母总认为自己比孩子成熟；第二，父母总要以自己的标准来衡量孩子；第三，父母出于爱心而总不想让孩子在成长的过程中走弯路。

示例7：《玄秘塔碑》所以成为书法的范本，不外乎以下几方面的因素：其一，具有楷书点画、构体的典范性；其二，承上启下，成为唐楷的极致；其三，字如其人，爱人及字，柳公权高尚的书品、人品为后人所崇仰。

示例8：下面从三个方面讲讲语言的污染问题：首先，是特殊语言环境中的语言污染问题；其次，是滥用缩略语引起的语言污染问题；再次，是空话和废话引起的语言污染问题。

4.5 顿号

4.5.1 定义

句内点号的一种，表示语段中并列词语之间或某些序次语之后的停顿。

4.5.2 形式

顿号的形式是"、"。

4.5.3 基本用法

4.5.3.1 用于并列词语之间。

示例1：这里有自由、民主、平等、开放的风气和氛围。

示例2：造型科学、技艺精湛、气韵生动，是盛唐石雕的特色。

4.5.3.2 用于需要停顿的重复词语之间。

示例：他几次三番、几次三番地辩解着。

4.5.3.3 用于某些序次语(不带括号的汉字数字或"天干地支"类序次语)之后。

示例1：我准备讲两个问题：一、逻辑学是什么？二、怎样学好逻辑学？

示例2：风格的具体内容主要有以下四点：甲、题材；乙、用字；丙、表达；丁、色彩。

4.5.3.4 相邻或相近两数字连用表示概数通常不用顿号。若相邻两数字连用为缩略形式，宜用顿号。

示例1：飞机在6 000米高空水平飞行时，只能看到两侧八九公里和前方一二十公里范围内的地面。

示例2：这种凶猛的动物常常三五成群地外出觅食和活动。

示例3：农业是国民经济的基础，也是一、三产业的基础。

4.5.3.5 标有引号的并列成分之间、标有书名号的并列成分之间通常不用顿号。若有其他成分插在并列的引号之间或并列的书名号之间(如引语或书名号之后还有括注)，宜用顿号。

示例1："日""月"构成"明"字，

示例2：店里挂着"顾客就是上帝""质量就是生命"等横幅。

示例3：《红楼梦》《三国演义》《西游记》《水浒传》，是我国长篇小说的四大名著。

示例4：李白的"白发三千丈"(《秋浦歌》)、"朝如青丝暮成雪"(《将进酒》)都是脍炙人口的诗句。

示例5：办公室里订有《人民日报》(海外版)、《光明日报》和《时代周刊》等报刊。

4.6 分号

4.6.1 定义

句内点号的一种，表示复句内部并列关系分句之间的停顿，以及非并列关系的多重复句中第一层分句之间的停顿。

4.6.2 形式

分号的形式是"；"。

4.6.3 基本用法

4.6.3.1 表示复句内部并列关系的分句(尤其当分句内部还有逗号时)之间的停顿。

示例1：语言文字的学习，就理解方面说，是得到一种知识；就运用方面说，是养成一种习惯。

示例2：内容有分量，尽管文章短小，也是有分量的；内容没有分量，即使写得再长也没有用。

4.6.3.2 表示非并列关系的多重复句中第一层分句(主要是选择、转折等关系)之间的停顿。

示例1：人还没看见，已经先听见歌声了；或者人已经转过山头望不见了，歌声还余音袅袅。

示例2：尽管人民革命的力量在开始时总是弱小的，所以总是受压的；但是由于革命的力量代表历史发展的方向，因此本质上又是不可战胜的。

示例3：不管一个人如何伟大，也总是生活在一定的环境和条件下；因此，个人的见解总难免带有某种局限性。

示例4：昨天夜里下了一场雨，以为可以凉快些；谁知没有凉快下来，反而更热了。

4.6.3.3 用于分项列举的各项之间。

示例：特聘教授的岗位职责为：一、讲授本学科的主干基础课程；二、主持本学科的重大科研项目；三、领导本学科的学术队伍建设；四、带领本学科赶超或保持世界先进水平。

4.7 冒号

4.7.1 定义

句内点号的一种，表示语段中提示下文或总结上文的停顿。

4.7.2 形式

冒号的形式是":"。

4.7.3 基本用法

4.7.3.1 用于总说性或提示性词语(如"说""例如""证明"等)之后，表示提示下文。

示例1：北京紫禁城有四座城门：午门、神武门，东华门和西华门。

示例2：她高兴地说："咱们去好好庆祝一下吧！"

示例3：小王笑着点了点头："我就是这么想的。"

示例4：这一事实证明：人能创造环境，环境同样也能创造人。

4.7.3.2 表示总结上文。

示例：张华上了大学，李萍进了技校，我当了工人：我们都有美好的前途。

4.7.3.3 用在需要说明的词语之后，表示注释和说明。

示例1：(本市将举办首届大型书市。)主办单位：市文化局；承办单位：市图书进出口公司；时间：8月15日—20日；地点：市体育馆观众休息厅。

示例2：(做阅读理解题有两个办法。)办法之一：先读题干，再读原文，带着问题有针对性地读课文。办法之二：直接读原文，读完再做题，减少先入为主的干扰。

4.7.3.4 用于书信、讲话稿中称谓语或称呼语之后。

示例1：广平先生：……

示例2：同志们、朋友们：……

4.7.3.5　一个句子内部一般不应套用冒号。在列举式或条文式表述中，如不得不套用冒号时，宜另起段落来显示各个层次。

示例：第十条　遗产按照下列顺序继承：

第一顺序：配偶、子女、父母。

第二顺序：兄弟姐妹、祖父母、外祖父母。

4.8　引号

4.8.1　定义

标号的一种，标示语段中直接引用的内容或需要特别指出的成分。

4.8.2　形式

引号的形式有双引号""""和单引号"''"两种。左侧的为前引号，右侧的为后引号。

4.8.3　基本用法

4.8.3.1　标示语段中直接引用的内容。

示例；李白诗中就有"白发三千丈"这样极尽夸张的语句。

4.8.3.2　标示需要着重论述或强调的内容。

示例：这里所谓的"文"，并不是指文字，而是指文采。

4.8.3.3　标示语段中具有特殊含义而需要特别指出的成分，如别称、简称、反语等。

示例1：电视被称作"第九艺术"。

示例2：人类学上常把古人化石统称为尼安德特人，简称"尼人"。

示例3：有几个"慈祥"的老板把捡来的菜叶用盐浸浸就算作工友的菜肴。

4.8.3.4　当引号中还需要使用引号时，外面一层用双引号，里面一层用单引号。

示例：他问："老师，'七月流火'是什么意思？"

4.8.3.5　独立成段的引文如果只有一段，段首和段尾都用引号；不止一段时，每段开头仅用前引号，只在最后一段末尾用后引号。

示例：我曾在报纸上看到有人这样谈幸福：

"幸福是知道自己喜欢什么和不喜欢什么。……

"幸福是知道自己擅长什么和不擅长什么。……

"幸福是在正确的时间做了正确的选择。……"

4.8.3.6　在书写带月、日的事件、节日或其他特定意义的短语(含简称)时，通常只标引其中的月和日；需要突出和强调该事件或节日本身时，也可连同事件或节日一起标引。

示例1；"5·12"汶川大地震

示例2："五四"以来的话剧，是我国戏剧中的新形式。

示例3：纪念"五四运动"90周年

4.9　括号

4.9.1　定义

标号的一种，标示语段中的注释内容、补充说明或其他特定意义的语句。

4.9.2　形式

括号的主要形式是圆括号"（　）"，其他形式还有方括号"〔　〕"六角括号"〔　〕"和方头括号"【　】"等。

4.9.3　基本用法

4.9.3.1　标示下列各种情况，用圆括号：

a)标示注释内容或补充说明。

示例1：我校拥有特级教师(含已退休的)17人。

示例2：我们不但善于破坏一个旧世界，我们还将善于建设一个新世界！（热烈鼓掌）

b)标示订正或补加的文字。

示例3：信纸上用稚嫩的字体写着："阿夷(姨)，你好!"。

示例4：该建筑公司负责的建设工程全部达到优良工程(的标准)。

c)标示序次语。

示例5：语言有三个要素：(1)声音；(2)结构；(3)意义。

示例6：思想有三个条件：(一)事理；(二)心理；(三)伦理。

d)标示引语的出处。

示例7：他说得好："未画之前，不立一格；既画之后，不留一格。"(《板桥集·题画》)

e)标示汉语拼音注音。

示例8："的(de)"这个字在现代汉语中最常用。

4.9.3.2　标示作者国籍或所属朝代时，可用方括号或六角括号。

示例1：［英]赫胥黎《进化论与伦理学》

示例2：〔唐]杜甫著

4.9.3.3　报刊标示电讯、报道的开头，可用方头括号。

示例：【新华社南京消息】

4.9.3.4　标示公文发文字号中的发文年份时，可用六角括号。

示例：国发〔2011]3号文件

4.9.3.5　标示被注释的词语时，可用六角括号或方头括号。

示例1：〔奇观]奇伟的景象。

示例2：【爱因斯坦]物理学家。生于德国，1933年因受纳粹政权迫害，移居美国。

4.9.3.6　除科技书刊中的数学、逻辑公式外，所有括号(特别是同一形式的括号)应尽量避免套用。必须套用括号时，宜采用不同的括号形式配合使用。

示例：〔茸(róng)毛]很细很细的毛。

4.10　破折号

4.10.1　定义

标号的一种，标示语段中某些成分的注释、补充说明或语音、意义的变化。

4.10.2　形式

破折号的形式是"——"。

4.10.3　基本用法

4.10.3.1　标示注释内容或补充说明(也可用括号，见4.9.3.1；二者的区别另见B.1.7)。

示例1：一个矮小而结实的日本中年人——内山老板走了过来。

示例2：我一直坚持读书，想借此唤起弟妹对生活的希望——无论环境多么困难。

4.10.3.2　标示插入语(也可用逗号，见4.4.3.3)。

示例：这简直就是——说得不客气点——无耻的勾当！

4.10.3.3　标示总结上文或提示下文(也可用冒号，见4.7.3.1，4.7.3.2)。

示例1：坚强，纯洁，严于律己，客观公正——这一切都难得地集中在一个人身上。

示例2：画家开始娓娓道来——

　　　　数年前的一个寒冬，……

4.10.3.4　标示话题的转换。

示例："好看的干菜，——听到风声了吗？"赵七爷低声说道。

4.10.3.5　标示声音的延长。

示例："嘎——"传过来一声水禽被惊动的鸣叫。

4.10.3.6　标示话语的中断或间隔。

示例1："班长他牺——"小马话没说完就大哭起来。

示例2："亲爱的妈妈，你不知道我多爱您。——还有你，我的孩子！"

4.10.3.7　标示引出对话。

示例：——你长大后想成为科学家吗？

　　　　——当然想了！

4.10.3.8　标示事项列举分承。

示例：根据研究对象的不同，环境物理学分为以下五个分支学科：

　　　　——环境声学；

　　　　——环境光学；

　　　　——环境热学；

　　　　——环境电磁学；

　　　　——环境空气动力学。

4.10.3.9　用于副标题之前。

示例：飞向太平洋

　　　　——我国新型号运载火箭发射目击记

4.10.3.10　用于引文、注文后，标示作者、出处或注释者。

示例1：先天下之忧而忧，后天下之乐而乐。

　　　　　　　　　　——范仲淹

示例2：乐浪海中有倭人，分为百余国。

　　　　　　　　　　——《汉书》

示例3：很多人写好信后把信笺折成方胜形，我看大可不必。（方胜，指古代妇女戴的方形首饰，用彩绸等制作，由两个斜方部分叠合而成。——编者注）

4.11　省略号

4.11.1　定义

标号的一种，标示语段中某些内容的省略及意义的断续等。

4.11.2　形式

省略号的形式是"……"。

4.11.3 基本用法

4.11.3.1 标示引文的省略。

示例：我们齐声朗诵起来："……俱往矣，数风流人物，还看今朝。"

4.11.3.2 标示列举或重复词语的省略。

示例1：对政治的敏感，对生活的敏感，对性格的敏感，……这都是作家必须要有的素质。

示例2：他气得连声说："好，好……算我没说。"

4.11.3.3 标示语意未尽。

示例1：在人迹罕至的深山密林里，假如突然看见一缕炊烟，……

示例2：你这样干，未免太……！

4.11.3.4 标示说话时断断续续

示例；她磕磕巴巴地说："可是……太太……我不知道……你一定是认错了。"

4.11.3.5 标示对话中的沉默不语。

示例："还没结婚吧？"

　　　　"……"他飞红了脸，更加忸怩起来。

4.11.3.6 标示特定的成分虚缺。

示例：只要……就……

4.11.3.7 在标示诗行、段落的省略时，可连用两个省略号（即相当于十二连点）。

示例1：从隔壁房间传来缓缓而抑扬顿挫的吟咏声——

　　　　床前明月光，疑是地上霜。

　　　　…………

示例2：该刊根据工作质量、上稿数量、参与程度等方面的表现，评选出了高校十佳记者站。还根据发稿数量、提供新闻线索情况以及对刊物的关注度等，评选出了十佳通讯员。

　　　　…………

4.12 着重号

4.12.1 定义

标号的一种，标示语段中某些重要的或需要指明的文字。

4.12.2 形式

着重号的形式是"．"标注在相应文字的下方。

4.12.3 基本用法

4.12.3.1 标示语段中重要的文字

示例1：诗人需要表现，而不是证明。

示例2：下面对本文的理解，不正确的一项是：……

4.12.3.2 标示语段中需要指明的文字。

示例：下边加点的字，除了在词中的读法外，还有哪些读法？

　　　　着急　子弹　强调

4.13 连接号

4.13.1 定义

标号的一种，标示某些相关联成分之间的连接。

4.13.2　形式

连接号的形式有短横线"‐"、一字线"—"和浪纹线"～"三种。

4.13.3　基本用法

4.13.3.1　标示下列各种情况，均用短横线：

a)化合物的名称或表格、插图的编号。

示例1：3‐戊酮为无色液体，对眼及皮肤有强烈刺激性。

示例2：参见下页表2‐8、表2‐9。

b)连接号码，包括门牌号码、电话号码，以及用阿拉伯数字表示年月日等。

示例3：安宁里东路26号院3‐2‐11室

示例4：联系电话：010‐88842603

示例5：2011‐02‐15

c)在复合名词中起连接作用。

示例6：吐鲁番‐哈密盆地

d)某些产品的名称和型号。

示例7：WZ‐10直升机具有复杂天气和夜间作战的能力。

e)汉语拼音、外来语内部的分合。

示例8：shuōshuō‐xiàoxiào(说说笑笑)

示例9：盎格鲁‐撒克逊人

示例10：让‐雅克·卢梭("让‐雅克"为双名)

示例11：皮埃尔·孟戴斯‐弗朗斯("孟戴斯‐弗朗斯"为复姓)

4.13.3.2　标示下列各种情况，一般用一字线，有时也可用浪纹线：

a)标示相关项目(如时间、地域等)的起止。

示例1：沈括(1031—1095)，宋朝人。

示例2：2011年2月3日—10日

示例3：北京—上海特别旅客快车

b)标示数值范围(由阿拉伯数字或汉字数字构成)的起止。

示例4：25～30 g

示例5：第五～八课

4.14　间隔号

4.14.1　定义

标号的一种，标示某些相关联成分之间的分界。

4.14.2　形式

间隔号的形式是"·"。

4.14.3　基本用法

4.14.3.1　标示外国人名或少数民族人名内部的分界。

示例1：克里丝蒂娜·罗塞蒂

示例2：阿依古丽·买买提

4.14.3.2　标示书名与篇(章、卷)名之间的分界。

示例：《淮南子·本经训》

4.14.3.3　标示词牌、曲牌、诗体名等和题名之间的分界。

示例1：《沁园春·雪》

示例2：《天净沙·秋思》

示例3：《七律·冬云》

4.14.3.4　用在构成标题或栏目名称的并列词语之间。

示例：《天·地·人》

4.14.3.5　以月、日为标志的事件或节日，用汉字数字表示时，只在一、十一和十二月后用间隔号；当直接用阿拉伯数字表示时，月、日之间均用间隔号(半角字符)。

示例1："九一八"事变　"五四"运动

示例2："一·二八"事变　"一二·九"运动

示例3："3·15"消费者权益日　"9·11"恐怖袭击事件

4.15　书名号

4.15.1　定义

标号的一种，标示语段中出现的各种作品的名称。

4.15.2　形式

书名号的形式有双书名号"《　》"和单书名号"〈　〉"两种。

4.15.3　基本用法

4.15.3.1　标示书名、卷名、篇名、刊物名、报纸名、文件名等。

示例1：《红楼梦》(书名)

示例2：《史记·项羽本记》(卷名)

示例3：《论雷峰塔的倒掉》(篇名)

示例4：《每周关注》(刊物名)

示例5：《人民日报》(报纸名)

示例6：《全国农村工作会议纪要》(文件名)

4.15.3.2　标示电影、电视、音乐、诗歌、雕塑等各类用文字、声音、图像等表现的作品的名称。

示例1：《渔光曲》(电影名)

示例2：《追梦录》(电视剧名)

示例3：《勿忘我》(歌曲名)

示例4：《沁园春·雪》(诗词名)

示例5：《东方欲晓》(雕塑名)

示例6：《光与形》(电视节目名)

示例7：《社会广角镜》(栏目名)

示例8：《庄子研究文献数据库》(光盘名)

示例9：《植物生理学系列挂图》(图片名)

4.15.3.3　标示全中文或中文在名称中占主导地位的软件名。

示例：科研人员正在研制《电脑卫士》杀毒软件。

4.15.3.4　标示作品名的简称。

示例：我读了《念青唐古拉山脉纪行》一文（以下简称《念》），收获很大。

4.15.3.5　当书名号中还需要书名号时，里面一层用单书名号，外面一层用双书名号。

示例：《教育部关于提请审议〈高等教育自学考试试行办法〉的报告》

4.16　专名号

4.16.1　定义

标号的一种，标示古籍和某些文史类著作中出现的特定类专有名词。

4.16.2　形式

专名号的形式是一条直线，标注在相应文字的下方。

4.16.3　基本用法

4.16.3.1　标示古籍、古籍引文或某些文史类著作中出现的专有名词，主要包括人名、地名、国名、民族名、朝代名、年号、宗教名、官署名、组织名等。

示例1：孙坚人马被刘表率军围得水泄不通。（人名）

示例2：于是聚集冀、青、幽、并四州兵马七十多万准备决一死战。（地名）

示例3：当时乌孙及西域各国都向汉派遣了使节。（国名、朝代名）

示例4：从咸宁二年到太康十年，匈奴、鲜卑、乌桓等族人徙居塞内。（年号、民族名）

4.16.3.2　现代汉语文本中的上述专有名词，以及古籍和现代文本中的单位名、官职名、事件名、会议名、书名等不应使用专名号。必须使用标号标示时，宜使用其他相应标号（如引号、书名号等）。

4.17　分隔号

4.17.1　定义

标号的一种，标示诗行、节拍及某些相关文字的分隔。

4.17.2　形式

分隔号的形式是"/"。

4.17.3　基本用法

4.17.3.1　诗歌接排时分隔诗行（也可使用逗号和分号，见 4.4.3.1/4.6.3.1）。

示例：春眠不觉晓/处处闻啼鸟/夜来风雨声/花落知多少。

4.17.3.2　标示诗文中的音节节拍。

示例：横眉/冷对/千夫指，俯首/甘为/孺子牛。

4.17.3.3　分隔供选择或可转换的两项，表示"或"。

示例：动词短语中除了作为主体成分的述语动词之外，还包括述语动词所带的宾语和/或补语。

4.17.3.4　分隔组成一对的两项，表示"和"。

示例1：13/14 次特别快车。

示例2：羽毛球女双决赛中国组合杜婧/于洋两局完胜韩国名将李孝贞/李敬元。

4.17.3.5　分隔层级或类别。

示例：我国的行政区划分为：省（直辖市、自治区）/省辖市（地级市）/县（县级市、区、自治州)/乡(镇)/村(居委会)。

5　标点符号的位置和书写形式

5.1　横排文稿标点符号的位置和书写形式

5.1.1　句号、逗号、顿号、分号、冒号均置于相应文字之后，占一个字位置，居左下，不出现在一行之首。

5.1.2　问号、叹号均置于相应文字之后，占一个字位置，居左，不出现在一行之首。两个问号(或叹号)叠用时，占一个字位置；三个问号(或叹号)叠用时，占两个字位置；问号和叹号连用时，占一个字位置。

5.1.3　引号、括号、书名号中的两部分标在相应项目的两端，各占一个字位置。其中前一半不出现在一行之末，后一半不出现在一行之首。

5.1.4　破折号标在相应项目之间，占两个字位置，上下居中，不能中间断开分处上行之末和下行之首。

5.1.5　省略号占两个字位置，两个省略号连用时占四个字位置并须单独占一行。省略号不能中间断开分处上行之末和下行之首。

5.1.6　连接号中的短横线比汉字"一"略短，占半个字位置；一字线比汉字"一"略长，占一个字位置；浪纹线占一个字位置。连接号上下居中，不出现在一行之首。

5.1.7　间隔号标在需要隔开的项目之间，占半个字位置，上下居中，不出现在一行之首。

5.1.8　着重号和专名号标在相应文字的下边。

5.1.9　分隔号占半个字位置，不出现在一行之首或一行之末。

5.1.10　标点符号排在一行末尾时，若为全角字符则应占半角字符的宽度(即半个字位置)，以使视觉效果更美观。

5.1.11　在实际编辑出版工作中，为排版美观、方便阅读等需要，或为避免某一小节最后一个汉字转行或出现在另外一页开头等情况(浪费版面及视觉效果差)，可适当压缩标点符号所占用的空间。

5.2　竖排文稿标点符号的位置和书写形式

5.2.1　句号、问号、叹号、逗号、顿号、分号和冒号均置于相应文字之下偏右。

5.2.2　破折号、省略号、连接号、间隔号和分隔号置于相应文字之下居中，上下方向排列。

5.2.3　引号改用双引号"﹁""﹂"和单引号"﹁""﹂"，括号改用"︵""︶"标在相应项目的上下

5.2.4　竖排文稿中使用浪线式书名号"︴"，标在相应文字的左侧。

5.2.5　着重号标在相应文字的右侧，专名号标在相应文字的左侧。

5.2.6　横排文稿中关于某些标点不能居行首或行末的要求，同样适用于竖排文稿。

附录 A
（规范附录）
标点符号用法的补充规则

A.1 句号用法补充规则

图或表的短语式说明文字，中间可用逗号，但末尾不用句号。即使有时说明文字较长，前面的语段已出现句号，最后结尾处仍不用句号。

示例1：行进中的学生方队

示例2：经过治理，本市市容市貌焕然一新。这是某区街道一景

A.2 问号用法补充规则

使用问号应以句子表示疑问语气为依据，而并不根据句子中包含有疑问词。当含有疑问词的语段充当某种句子成分，而句子并不表示疑问语气时，句末不用问号。

示例1：他们的行为举止、审美趣味，甚至读什么书，坐什么车，都在媒体掌握之中。

示例2：谁也不见，什么也不吃，哪儿也不去。

示例3：我也不知道他究竟躲到什么地方去了。

A.3 逗号用法补充规则

用顿号表示较长、较多或较复杂的并列成分之间的停顿时，最后一个成分前可用"以及（及）"进行连接，"以及（及）"之前应用逗号。

示例：压力过大、工作时间过长、作息不规律，以及忽视营养均衡等，会导致健康状况的下降。

A.4 顿号用法补充规则

A.4.1 表示含有顺序关系的并列各项间的停顿，用顿号，不用逗号。下例解释"对于"一词用法，"人""事物""行为"之间有顺序关系（即人和人、人和事物、人和行为、事物和事物、事物和行为、行为和行为等六种对待关系），各项之间应用顿号。

示例：〔对于〕表示人，事物，行为之间的相互对待关系。（误）

　　　〔对于〕表示人、事物、行为之间的相互对待关系。（正）

A.4.2 用阿拉伯数字表示年月日的简写形式时，用短横线连接号，不用顿号。

示例：2010、03、02（误）

　　　2010-03-02（正）

A.5 分号用法补充规则

分项列举的各项有一项或多项已包含句号时，各项的末尾不能再用分号。

示例：本市先后建立起三大农业生产体系：一是建立甘蔗生产服务体系。成立糖业服务公司，主要给农民提供机耕等服务；二是建立蚕桑生产服务体系。……；三是建立热作服务体系。……。（误）

本市先后建立起三大农业生产体系：一是建立甘蔗生产服务体系。成立糖业服务公司，主要给农民提供机耕等服务。二是建立蚕桑生产服务体系。……。三是建立热作服务体系。……。（正）

A.6 冒号用法补充规则

A.6.1 冒号用在提示性话语之后引起下文。表面上类似但实际不是提示性话语的，其后用逗号。

示例1：郦道元《水经注》记载："沼西际山枕水，有唐叔虞祠。"（提示性话语）

示例2：据《苏州府志》载，苏州城内大小园林约有 150 多座，可算名副其实的园林之城。（非提示性话语）

A.6.2 冒号提示范围无论大小（一句话、几句话甚至几段话），都应与提示性话语保持一致（即在该范围的末尾要用句号点断）。应避免冒号涵盖范围过窄或过宽。

示例：艾滋病有三个传播途径：血液传播，性传播和母婴传播，日常接触是不会传播艾滋病的。（误）

艾滋病有三个传播途径：血液传播，性传播和母婴传播。日常接触是不会传播艾滋病的。（正）

A.6.3 冒号应用在有停顿处，无停顿处不应用冒号。

示例1：他头也不抬，冷冷地问："你叫什么名字?"（有停顿）

示例2：这事你得拿主意，光说"不知道"怎么行?（无停顿）

A.7 引号用法补充规则

"丛刊""文库""系列""书系"等作为系列著作的选题名，宜用引号标引。当"丛刊"等为选题名的一部分时，放在引号之内，反之则放在引号之外。

示例1："汉译世界学术名著丛书"

示例2："中国哲学典籍文库"

示例3："20 世纪心理学通览"丛书

A.8 括号用法补充规则

括号可分为句内括号和句外括号。句内括号用于注释句子里的某些词语，即本身就是句子的一部分，应紧跟在被注释的词语之后。句外括号则用于注释句子、句群或段落，即本身结构独立，不属于前面的句子、句群或段落，应位于所注释语段的句末点号之后。

示例：标点符号是辅助文字记录语言的符号，是书面语的有机组成部分，用来表示语句的停顿、语气以及标示某些成分（主要是词语）的特定性质和作用。（数学符号、货币符号，校勘符号等特殊领域的专门符号不属于标点符号。）

A.9 省略号用法补充规则

A.9.1 不能用多于两个省略号（多于 12 点）连在一起表示省略。省略号须与多点连续的连珠号相区别（后者主要是用于表示目录中标题和页码对应和连接的专门符号）。

A.9.2 省略号和"等""等等""什么的"等词语不能同时使用。在需要读出来的地方用"等""等等""什么的"等词语，不用省略号。

示例：含有铁质的食物有猪肝、大豆、油菜、菠菜……等。（误）

含有铁质的食物有猪肝、大豆、油菜、菠菜等。（正）

A.10 着重号用法补充规则

不应使用文字下加直线或波浪线等形式表示着重。文字下加直线为专名号形式（4.16）；文字下加浪纹线是特殊书名号（A.13.6）。着重号的形式统一为相应项目下加小圆点。

示例：下面对本文的理解，<u>不正确</u>的一项是（误）

下面对本文的理解，<u>不正确</u>的一项是（正）

A.11　连接号用法补充规则

浪纹线连接号用于标示数值范围时，在不引起歧义的情况下，前一数值附加符号或计量单位可省略。

示例：5公斤~100公斤（正）

5~100公斤（正）

A.12　间隔号用法补充规则

当并列短语构成的标题中已用间隔号隔开时，不应再用"和"类连词。

示例：《水星·火星和金星》（误）

《水星·火星·金星》（正）

A.13　书名号用法补充规则

A.13.1　不能视为作品的课程、课题，奖品奖状、商标、证照、组织机构、会议、活动等名称，不应用书名号。下面均为书名号误用的示例：

示例1：下学期本中心将开设《现代企业财务管理》《市场营销》两门课程。

示例2：明天将召开《关于"两保两挂"的多视觉理论思考》课题立项会。

示例3：本市将向70岁以上（含70岁）老年人颁发《敬老证》。

示例4：本校共获得《最佳印象》《自我审美》《卡拉OK》等六个奖杯。

示例5：《闪光》牌电池经久耐用。

示例6：《文史杂志社》编辑力量比较雄厚。

示例7：本市将召开《全国食用天然色素应用研讨会》。

示例8：本报将于今年暑假举行《墨宝杯》书法大赛。

A.13.2　有的名称应根据指称意义的不同确定是否用书名号。如文艺晚会指一项活动时，不用书名号；而特指一种节目名称时，可用书名号。再如展览作为一种文化传播的组织形式时，不用书名号；特定情况下将某项展览作为一种创作的作品时，可用书名号。

示例1：2008年重阳联欢晚会受到观众的称赞和好评。

示例2：本台将重播《2008年重阳联欢晚会》

示例3："雪域明珠——中国西藏文化展"今天隆重开幕。

示例4：《大地飞歌艺术展》是一部大型现代艺术作品。

A.13.3　书名后面表示该作品所属类别的普通名词不标在书名号内。

示例：《我们》杂志

A.13.4　书名有时带有括注。如果括注是书名、篇名等的一部分，应放在书名号之内，反之则应放在书名号之外。

示例1：《琵琶行（并序）》

示例2：《中华人民共和国民事诉讼法（试行）》

示例3：《新政治协商会议筹备会组织条例（草案）》

示例4：《百科知识》（彩图本）

示例5：《人民日报》（海外版）

A.13.5　书名、篇名末尾如有叹号或问号，应放在书名号之内。

示例1：《日记何罪!》

示例2：《如何做到同工又同酬?》

A.13.6　在古籍或某些文史类著作中，为与专名号配合，书名号也可改用浪线式"﹏﹏"，标注在书名下方。这可以看作是特殊的专名号或特殊的书名号。

A.14　分隔号用法补充规则

分隔号又称正斜线号，须与反斜线号"＼"相区别(后者主要是用于编写计算机程序的专门符号)。使用分隔号时，紧贴着分隔号的前后通常不用点号。

附录 B
(资料性附录)
标点符号若干用法的说明

B.1　易混标点符号用法比较

B.1.1　逗号、顿号表示并列词语之间停顿的区别

逗号和顿号都表示停顿，但逗号表示的停顿长，顿号表示的停顿短。并列词语之间的停顿一般用顿号，但当并列词语较长或其后有语气词时，为了表示稍长一点的停顿，也可用逗号。

示例1：我喜欢吃的水果有苹果、桃子、香蕉和菠萝。

示例2：我们需要了解全局和局部的统一，必然和偶然的统一，本质和现象的统一。

示例3：看游记最难弄清位置和方向，前啊，后啊，左啊，右啊，看了半天，还是不明白。

B.1.2　逗号、顿号在表列举省略的"等""等等"之类词语前的使用

并列成分之间用顿号，末尾的并列成分之后用"等""等等"之类词语时，"等"类词前不用顿号或其他点号；并列成分之间用逗号，末尾的并列成分之后用"等"类词时，"等"类词前应用逗号。

示例1：现代生物学、物理学、化学、数学等基础科学的发展，带动了医学科学的进步。

示例2：写文章前要想好，文章主题是什么，用哪些材料，哪些详写，那些略写，等等。

B.1.3　逗号、分号表示分句间停顿的区别

当复句的表述不复杂、层次不多，相连的分句语气比较紧凑，分句内部也没有使用逗号表示停顿时，分句间的停顿多用逗号。当用逗号不易分清多重复句内部的层次(如分句内部已有逗号)，而用句号又可能割裂前后关系的地方，应用分号表示停顿。

示例1：她拿起钥匙，开了箱上的锁，又开了首饰盒上的锁，往老地方放钱。

示例2：纵比，即以一事物的各个发展阶段作比；横比，则以此事物与彼事物相比。

B.1.4　顿号、逗号、分号在标示层次关系时的区别

句内点号中，顿号表示的停顿最短、层次最低，通常只能表示并列词语之间的停顿；分号表示的停顿最长、层次最高，可以用来表示复句的第一层分句之间的停顿；逗号介于

两者之间，既可表示并列词语之间的停顿，也可表示复句中分句之间的停顿。若分句内部已用逗号，分句之间就应用分号（见 B.1.3 示例 2）。用分号隔开的几个并列分句不能由逗号统领或总结。

示例 1：有的学会烤烟，自己做挺讲究的纸烟和雪茄；有的学会蔬菜加工，做的番茄酱能吃到冬天；有的学会蔬菜腌渍、窖藏，使秋菜接上春菜。

示例 2：动物吃植物的方式多种多样，有的是把整个植物吃掉，如原生动物；有的是把植物的大部分吃掉，如鼠类；有的是吃掉植物的要害部位，如鸟类吃掉植物的嫩芽。（误）。

动物吃植物的方式多种多样：有的是把整个植物吃掉，如原生动物；有的是把植物的大部分吃掉，如鼠类；有的是吃掉植物的要害部位，如鸟类吃掉植物的嫩芽。（正）。

B.1.5　冒号、逗号用于"说""道"之类词语后的区别

位于引文之前的"说""道"后用冒号。位于引文之后的"说""道"分两种情况：处于句末时，其后用句号；"说""道"后还有其他成分时，其后用逗号。插在话语中间的"说""道"类词语后只能用逗号表示停顿。

示例 1：他说："晚上就来家里吃饭吧。"

示例 2："我真的很期待。"他说。

示例 3："我有件事忘了说……"他说，表情有点为难。

示例 4："现在请皇上脱下衣服，"两个骗子说，"好让我们为您换上新衣。"

B.1.6　不同点号表示停顿长短的排序

各种点号都表示说话时的停顿。句号、问号，叹号都表示句子完结，停顿最长。分号用于复句的分句之间，停顿长度介于句末点号和逗号之间，而短于冒号。逗号表示一句话中间的停顿，又短于分号。顿号用于并列词语之间，停顿最短。通常情况下，各种点号表示的停顿由长到短为：句号＝问号＝叹号＞冒号（指涵盖范围为一句话的冒号）＞分号＞逗号＞顿号。

B.1.7　破折号与括号表示注释或补充说明时的区别

破折号用于表示比较重要的解释说明，这种补充是正文的一部分，可与前后文连读；而括号表示比较一般的解释说明，只是注释而非正文，可不与前后文连读。

示例 1：在今年——农历虎年，必须取得比去年更大的成绩。

示例 2：哈雷在牛顿思想的启发下，终于认出了他所关注的彗星（该星后人称为哈雷彗星）。

B.1.8　书名号、引号在"题为……""以……为题"格式中的使用

"题为……""以……为题"中的"题"，如果是诗文、图书、报告或其他作品可作为篇名、书名看待时，可用书名号；如果是写作、科研、辩论、谈话的主题，非特定作品的标题，应用引号。即"题为……""以……为题"中的"题"应根据其类别分别按书名号和引号的用法处理。

示例 1：有篇题为《柳宗元的诗》的文章，全文才 2 000 字，引文不实却达 11 处之多。

示例 2：今天一个以"地球·人口·资源·环境"为题的大型宣传活动在此间举行。

示例 3：《我的老师》写于 1956 年 9 月，是作者应《教师报》之约而写的。

示例 4："我的老师"这类题目，同学们也许都写过。

B.2　两个标点符号连用的说明

B.2.1　行文中表示引用的引号内外的标点用法

当引文完整且独立使用，或虽不独立使用但带有问号或叹号时，引号内句末点号应保留。除此之外，号内不用句末点号。当引文处于句子停顿处（包括句子末尾）且引号内未使用点号时，号外应使用点号；当引文位于非停顿处或者引号内已使用句末点号时，引号外不用点号。

示例1：“沉舟侧畔千帆过，病树前头万木春。”他最喜欢这两句诗。

示例2：书价上涨令许多读者难以接受，有些人甚至发出“还买得起书吗？”的疑问。

示例3：他以“条件还不成熟，准备还不充分”为由，否决了我们的提议。

示例4：你这样“明日复明日”地要拖到什么时候？

示例5：司马迁为了完成《史记》的写作，使之“藏之名山”，忍受了人间最大的侮辱。

示例6：在施工中要始终坚持“把质量当生命”。

示例7：“言之无文，行而不远”这句话，说明了文采的重要。

示例8：俗话说：“墙头一根草，风吹两边倒。”用这句话来形容此辈再恰当不过。

B.2.2　行文中括号内外的标点用法

括号内行文末尾需要时可用问号、叹号和省略号。除此之外，句内括号行文末尾通常不用标点符号。句外括号行文末尾是否用句号由括号内的语段结构决定：若语段较长、内容复杂，应用句号。句内括号外是否用点号取决于括号所处位置：若句内括号处于句子停顿处，应用点号。句外括号外通常不用点号。

示例1：如果不采取（但应如何采取呢？）十分具体的控制措施，事态将进一步扩大。

示例2：3分钟过去了（仅仅才3分钟！），从眼前穿梭而过的出租车竟达32辆！

示例3：她介绍时用了一连串比喻（有的状如树枝，有的貌似星海……），非常形象。

示例4：科技协作合同（包括科研、试制、成果推广等）根据上级主管部门或有关部门的计划签订。

示例5：应把夏朝看作原始公社向奴隶制国家过渡时期。（龙山文化遗址里，也有俯身葬。俯身者很可能就是奴隶。）

示例6：问：你对你不喜欢的上司是什么态度？

　　　　答：感情上疏远，组织上服从。（掌声，笑声）

示例7：古汉语（特别是上古汉语），对于我来说，有着常人无法想象的吸引力。

示例8：由于这种推断尚未经过实践的考验，我们只能把它作为假设（或假说）提出来。

示例9：人际交往过程就是使用语词传达意义的过程。（严格说，这里的“语词”应为语词指号。）

B.2.3　破折号前后的标点用法

破折号之前通常不用点号；但根据句子结构和行文需要，有时也可分别使用句内点号或句末点号。破折号之后通常不会紧跟着使用其他点号；但当破折号表示语音的停顿或延长时，根据语气表达的需要，其后可紧接问号或叹号。

示例1：小妹说：“我现在工作得挺好，老板对我不错，工资也挺高。——我能抽支烟吗？”（表示话题的转折）

示例2：我不是自然主义者，我主张文学高于现实，能够稍稍居高临下地去看现实，因为文学的任务不仅在于反映现实，光描写现存的事物还不够，还必须记住我们所希望的和可能产生的事物。必须使现象典型化。应该把微小而有代表性的事物写成重大的和典型的事物。——这就是文学的任务。（表示对前几句话的总结）

示例3："是他——？"石一川简直不敢相信自己的耳朵。

示例4："我终于考上大学啦！我终于考上啦——！"金石开兴奋得快要晕过去了。

B.2.4 省略号前后的标点用法

省略号之前通常不用点号。以下两种情况例外：省略号前的句子表示强烈语气、句末使用问号或叹号时；省略号前不用点号就无法标示停顿或表明结构关系时。省略号之后通常也不用点号，但当句末表达强烈的语气或感情时，可在省略号后用问号或叹号；当省略号后还有别的话、省略的文字和后面的话不连续且有停顿时，应在省略号后用点号；当表示特定格式的成分虚缺时，省略号后可用点号。

示例1：想起这些，我就觉得一辈子都对不起你。你对梁家的好，我感激不尽！……

示例2：他进来了，……一身军装，一张朴实的脸，站在我们面前显得很高大，很年轻。

示例3：这，这是……？

示例4：动物界的规矩比人类还多，野骆驼、野猪、黄羊……，直至塔里木兔、跳鼠，都是各行其路，决不混淆。

示例5：大火被渐渐扑灭，但一片片油污又旋即出现在遇难船旁……。清污船迅速赶来，并施放围栏以控制油污。

示例6：如果……，那么……。

B.3 序次语之后的标点用法

B.3.1 "第""其"字头序次语或"首先""其次""最后"等做序次语时，后用逗号（见4.4.3.3）。

中华人民共和国国家标准

GB/T 15835—2011

代替 GB/T 15835—1995

出版物上数字用法

General rules for writing numerals in public texts

2011-07-29 发布　　　　　　　　　　　　　　　　　　　2011-11-01 实施

中华人民共和国国家质量监督检验检疫总局

中国国家标准化管理委员会　发布

1　范围

本标准规定了出版物上汉字数字和阿拉伯数字的用法。

本标准适用于各类出版物(文艺类出版物和重排古籍除外)。政府和企事业单位公文，以及教育、媒体和公共服务领域的数字用法，也可参照本标准执行。

2　规范性引用文件

下列文件对于本文件的应用是必不可少的。凡是注日期的引用文件，仅注日期的版本适用于本文件。凡是不注日期的引用文件，其最新版本(包括所有的修改单)适用于本文件。

GB/T 7408—2005　数据元和交换格式　信息交换　日期和时间表示法

3　术语和定义

下列术语和定义适用于本文件。

3.1　计量 measuring

将数字用于加、减、乘、除等数学运算。

3.2　编号 numbering

将数字用于为事物命名或排序，但不用于数学运算。

3.3　概数 approximate number

用于模糊计量的数字。

4　数字形式的选用

4.1　选用阿拉伯数字

4.1.1　用于计量的数字

在使用数字进行计量的场合，为达到醒目、易于辨识的效果，应采用阿拉伯数字。

示例1：−125.03　　34.05%　　　　63%~68%　　　1∶500　　　97/108

当数值伴随有计量单位时，如长度、容积、面积、体积、质量、温度、经纬度、音量、频率等，特别是当计量单位以字母表达时，应采用阿拉伯数字。

示例2：523.56 km(523.56 千米)　346.87 L(346.87 升)　5.34 m^2(5.34 平方米)

567 mm^3（567 立方毫米）　　605 g（605 克）　　100~150 kg（100~150 千克）

34~39 ℃（34~39 摄氏度）　北纬 40°（40 度）　　120 dB（120 分贝）

4.1.2　用于编号的数字

在使用数字进行编号的场合，为达到醒目、易于辨识的效果，应采用阿拉伯数字。

示例：电话号码：98888

　　　邮政编码：100871

　　　通信地址：北京市海淀区复兴路 11 号

　　　电子邮件地址：x186@ 186. net

　　　网页地址：http：//127. 0. 0. 1

　　　汽车号牌：京 A00001

　　　公交车号：302 路公交车

　　　道路编号：101 国道

　　　公文编号：国办发〔1987〕9 号

　　　图书编号：TSBN 978−7−80184−224−4

　　　刊物编号：CN11−1399

　　　章节编号：4. 1. 2

　　　产品型号：PH−3000 型计算机

　　　产品序列号：C84XB−JYVFD−P7HC4−6XKRJ−7M6XH

　　　单位注册号：02050214

　　　行政许可登记编号：0684D10004−828

4.1.3　已定型的含阿拉伯数字的词语

现代社会生活中出现的事物、现象、事件，其名称的书写形式中包含阿拉伯数字，已经广泛使用而稳定下来，应采用阿拉伯数字。

示例：3G 手机　MP3 播放器　G8 峰会　维生素 B_{12}　97 号汽油　"5·27"事件

　　　"12·5"枪击案

4.2　选用汉字数字

4.2.1　非公历纪年

干支纪年、农历月日、历史朝代纪年及其他传统上采用汉字形式的非公历纪年等，应采用汉字数字。

示例：丙寅年十月十五日　庚辰年八月五日　腊月二十三　正月初五　八月十五中秋

　　　秦文公四十四年　太平天国庚申十年九月二十四日　清咸丰十年九月二十日

　　　藏历阳木龙年八月二十六日　　日本庆应三年

4.2.2　概数

数字连用表示的概数、含"几"的概数，应采用汉字数字。

示例：三四个月　　　一二十个　　　四十五六岁　　　五六万套　　　五六十年前

　　　几千　　　二十几　　　一百几十　　　几万分之一

4.2.3　已定型的含汉字数字的词语

汉语中长期使用已经稳定下来的包含汉字数字形式的词语，应采用汉字数字。

示例：万一　一律　一旦　三叶虫　四书五经　星期五　四氧化三铁　八国联军

　　　七上八下　一心一意　不管三七二十一　一方面　二百五　半斤八两

五省一市　　五讲四美　　相差十万八千里　　八九不离十　　白发三千丈

不二法门　　二八年华　　五四运动　　"一·二八"事变　　"一二·九"运动

4.3　选用阿拉伯数字与汉字数字均可

如果表达计量或编号所需要用到的数字个数不多，选择汉字数字还是阿拉伯数字在书写的简洁性和辨识的清晰性两方面没有明显差异时，两种形式均可使用。

示例1：17号楼(十七号楼)　　　　3倍(三倍)　　　　第5个工作日(第五个工作日)

　　　　100多件(一百多件)　　　20余次(二十余次)　　约300人(约三百人)

　　　　40左右(四十左右)　　　　50上下(五十上下)　　50多人(五十多人)

　　　　第25页(第二十五页)　　　第8天(第八天)　　　第4季度(第四季度)

　　　　第45份(第四十五份)　　共235位同学(共二百三十五位同学)　0.5(零点五)

　　　　76岁(七十六岁)　　　　120周年(一百二十周年)　　　　1/3(三分之一)

　　　　公元前8世纪(公元前八世纪)　　　20世纪80年代(二十世纪八十年代)

　　　　公元253年(公元二五三年)　　　1997年7月1日(一九九七年七月一日)

　　　　下午4点40分(下午四点四十分)　　4个月(四个月)　　12天(十二天)

如果要突出简洁醒目的表达效果，应使用阿拉伯数字；如果要突出庄重典雅的表达效果，应使用汉字数字。

示例2：北京时间2008年5月12日14时28分

　　　　十一届全国人大一次会议(不写为"11届全国人大1次会议")

　　　　六方会谈(不写为"6方会谈")

在同一场合出现的数字，应遵循"同类别同形式"原则来选择数字的书写形式。如果两数字的表达功能类别相同(比如都是表达年月日时间的数字)或者两数字在上下文中所处的层级相同(比如文章目录中同级标题的编号)，应选用相同的形式。反之，如果两数字的表达功能不同，或所处层级不同，可以选用不同的形式。

示例3：2008年8月8日　　二〇〇八年八月八日(不写为"二〇〇八年8月8日")

　　　　第一章　第二章……第十二章(不写为"第一章　第二章……第12章")

　　　　第二章的下一级标题可以用阿拉伯数字编号；2.1，2.2，……

应避免相邻的两个阿拉伯数字造成歧义的情况。

示例4：高三3个班　　　高三三个班　　(不写为"高33个班")

　　　　高三2班　　　高三(2)班　　(不写为"高32班")

有法律效力的文件、公告文件或财务文件中可同时采用汉字数字和阿拉伯数字。

示例5：2008年4月保险账户结算月利率为万分之一点五七五零(0.015750%)

　　　　35.5元(35元5角　三十五元五角　叁拾伍圆伍角)

5　数字形式的使用

5.1　阿拉伯数字的使用

5.1.1　多位数

为便于阅读，四位以上的整数或小数，可采用以下两种方式分节：

——第一种方式：千分撇

整数部分每三位一组，以","分节。小数部分不分节。四位以内的整数可以不分节。

示例1：624,000　　　　　92,300,000　　　　19,351,235.235767　　　　1256

——第二种方式：千分空

从小数点起，向左和向右每三位数字一组，组间空四分之一个汉字，即二分之一个阿拉伯数字的位置。四位以内的整数可以不加千分空。

示例2：55 235 367. 346 23　　　　98 235 358. 238 368

注，各科学技术领域的多位数分节方式参照 GB 3101—1993 的规定执行。

5.1.2　纯小数

纯小数必须写出小数点前定位的"0"，小数点是齐阿拉伯数字底线的实心点"."。

示例：0. 46 不写为 . 46 或 0。46

5.1.3　数值范围

在表示数值的范围时，可采用浪纹式连接号"~"或一字线连接号"—"。前后两个数值的附加符号或计量单位相同时，在不造成歧义的情况下，前一个数值的附加符号或计量单位可省略。如果省略数值的附加符号或计量单位会造成歧义，则不应省略。

示例：-36~-8 ℃　　　　400—429 页　　　　100—150 kg　　　　12 500~20 000 元
9 亿~16 亿(不写为 9~16 亿)　　　　13 万元~17 万元(不写为 13~17 万元)
15%~30%(不写为 15~30%)　　　　$4.3×10^6$~$5.7×10^6$(不写为 4.3~$5.7×10^6$)

5.1.4　年月日

年月日的表达顺序应按照口语中年月日的自然顺序书写。

示例1：2008 年 8 月 8 日　　　　1997 年 7 月 1 日

"年""月"可按照 GB/T 7408—2005 的 5.2.1.1 中的扩展格式，用"-"替代，但年月日不完整时不能替代。

示例2：2008-8-8　　　1997-7-1　　　8 月 8 日(不写为 8-8)
　　　　2008 年 8 月(不写为 2008-8)

四位数字表示的年份不应简写为两位数字。

示例3："1990 年"不写为"90 年"

月和日是一位数时，可在数字前补"0"。

示例4：2008-08-08　　　1997-07-01

5.1.5　时分秒

计时方式既可采用 12 小时制，也可采用 24 小时制。

示例1：11 时 40 分(上午 11 时 40 分)　　　21 时 12 分 36 秒(晚上 9 时 12 分 36 秒)

时分秒的表达顺序应按照口语中时、分、秒的自然顺序书写。

示例2：15 时 40 分　　　14 时 12 分 36 秒

"时""分"也可按照 GB/T 7408—2005 的 5.3.1.1 和 5.3.1.2 中的扩展格式，用"："替代。

示例3：15：40　　　14：12：36

5.1.6　含有月日的专名

含有月日的专名采用阿拉伯数字表示时，应采用间隔号"·"将月、日分开，并在数字前后加引号。

示例："3·15"消费者权益日

5.1.7　书写格式

5.1.7.1　字体

出版物中的阿拉伯数字，一般应使用正体二分字身，即占半个汉字位置。

示例：234　　　57.236

5.1.7.2　换行

一个用阿拉伯数字书写的数值应在同一行中，避免被断开。

5.1.7.3　竖排文本中的数字方向

竖排文字中的阿拉伯数字按顺时针方向转 90 度。旋转后要保证同一个词语单位的文字方向相同。

示例：

示例一

雪花牌BCD188型家用电冰箱容量是一百八十八升，功率为一百二十五瓦，市场售价两千零五十元，返修率仅为百分之零点一五。

示例二

海军J112号打捞救生船在太平洋上航行了十三天，于一九九〇年八月六日零时三十分返回基地。

5.2　汉字数字的使用

5.2.1　概数

两个数字连用表示概数时，两数之间不用顿号"、"隔开。

示例：二三米　　　一两个小时　　　三五天　　　一二十个　　　四十五六岁

5.2.2　年份

年份简写后的数字可以理解为概数时，一般不简写。

示例："一九七八年"不写为"七八年"

5.2.3　含有月日的专名

含有月日的专名采用汉字数字表示时，如果涉及一月、十一月、十二月，应用间隔号"·"将表示月和日的数字隔开，涉及其他月份时，不用间隔号。

示例："一·二八"事变　　　"一二·九"运动　　　五一国际劳动节

5.2.4　大写汉字数字

——大写汉字数字的书写形式

零、壹、贰、叁、肆、伍、陆、柒、捌、玖、拾、佰、仟、万、亿

——大写汉字数字的适用场合

法律文书和财务票据上，应采用大写汉字数字形式记数。

示例：3,504 元(叁仟伍佰零肆圆)　　　39,148 元(叁万玖仟壹佰肆拾捌圆)

5.2.5 "零"和"〇"

阿拉伯数字"0"有"零"和"〇"两种汉字书写形式。一个数字用作计量时，其中"0"的汉字书写形式为"零"，用作编号时，"0"的汉字书写形式为"〇"。

示例："3052（个）"的汉字数字形式为"三千零五十二"（不写为"三千〇五十二"）

"95.06"的汉字数字形式为"九十五点零六"（不写为"九十五点〇六"）

"公元2012（年）"的汉字数字形式为"二〇一二"（不写为"二零一二"）

5.3 阿拉伯数字与汉字数字同时使用

如果一个数值很大，数值中的"万""亿"单位可以采用汉字数字，其余部分采用阿拉伯数字。

示例1：我国1982年人口普查人数为10亿零817万5288人

除上面情况之外的一般数值，不能同时采用阿拉伯数字与汉字数字。

示例2：108可以写作"一百零八"，但不应写作"1百零8""一百08"

4 000可以写作"四千"，但不应写作"4千"

中华人民共和国国家标准

GB/T 14706—1993

校对符号及其用法

Proofreader's marks and their application

1 主要内容与适用范围

本标准规定了校对各种排版校样的专用符号及其用法。

本标准适用于中文（包括少数民族文字）各类校样的校对工作。

2 引用标准

GB 9851 印刷技术术语

3 术语

3.1 校对符号 proofreader's mark

以特定图形为主要特征的表达校对要求的符号。

4 校对符号及用法示例

编号	符号形态	符号作用	符号在文中和页边用法示例	说明
		一、定符的改动		
1		改　　正		改正的字符较多，圈起来有困难时，可用线在页边画清改正的范围 必须更换的损、坏、污字也用改正符号圈出
2		删　　除		
3		增　　补		增补的字符较多，圈起来有困难时，可用线在页边画清增补的范围
4		改正上下角		

编号	符号形态	符号作用	符号在文中和页边用法示例	说明
			二、字符方向位置的移动	
5		转　正	字符顺逆要转正。	
6		对　调	认真经验总结。 认真总结经验。	用于相邻的字词 用于隔开的字词
7		接　排	要重视校对工作， 提高出版物质量。	
8		另起段	完成了任务。明年……	
9		转　移	校对工作，提高出 版物质量要重视。 "。以上引文均见中文新版《 列宁全集》。 编者　年　月 …… 各位编委	用于行间附近的转移 用于相邻行前末衔接字符的接移 用于相邻页首末衔接行段的接移
10		上下移	序号　名称　数量 01　显微镜　2	字符上移到缺口左右水平线处 字符下移到箭头所指的短线处
11		左右移	要重视校对工 作，提高出版物质量。 3 4 5.6 5 欢呼　歌　唱	字符左移到箭头所指的短线处 字符左移到缺口上下垂直线处 符号画的太小时，要在页边重标
12		排齐	校对工作非常重要。 必须提高印刷 质量，缩短印制周 期。 国家标准	
13		排阶梯形	RH:	
14		正　图		符号横线表示水平位置，竖线表示垂直位置，箭头表示上方

编号	符号形态	符号作用	符号在文中和页边用法示例	说明
三、字符间空距的改动				
15	∨ ＞	加大空距		表示在一定范围内适当加大空距 横式文字画在字头和行头之间
16	∧ ＜	减小空距		表示不空或在一定范围内适当减小空距 横式文字圈在字头和行头之间
17	♯ ♯ ♯ ♯	空1字距 空1/2字距 空1/3字距 空1/4字距		多个空距相同的，可用引线连出，只标示一个符号
18	Y	分　开	Goodmorning!	用于外文
四、其　他				
19	△	保留	认真摘妙校对工作.	除在原删除的字符下画△外，并在原删除符号上画两竖线
20	○ ＝	代　替	○＝蓝	同页内有两个或多个相同的字符需要改正的，可用符号代替，并在页边注明
21	○○○	说　明	改黑体 第一章 校对的职责	说明或指令性文字不要圈起来，在其字下画圈，表示不作为改正的文字。如说明文字较多时，可在首末各三字下画圈

5　使用要求

5.1　校对校样，必须用色笔（墨水笔．圆珠笔等）书写校对符号和示意改正的字符，但是不能用灰色铅笔书写。

5.2　校样上改正的字符要书写清楚。校改外文，要用印刷体。

5.3　校样中的校对引线要从行间画出。墨色相同的校对引线不可交叉。

参考文献

[1] 杨宗，聂嘉思. 中国实用文体大全 ［M］. 上海：上海文化出版社，1984.

[2] 熊先觉. 司法文书教程 ［M］. 北京：法律出版社，1987.

[3] 《秘书工作》编辑部. 常用文书写作 ［M］. 北京：中国大百科全书出版社，1993.

[4] 刘飞翔. 财经实用写作 ［M］. 长沙：中南工业大学出版社，1996.

[5] 吴绪文. 实用写作 ［M］. 北京：科学出版社，2000.

[6] 饶士奇. 公文写作与处理 ［M］. 北京：线装书局，2000.

[7] 曹文彬. 财经应用写作 ［M］. 北京：中国商业出版社，2000.

[8] 张德实. 应用写作 ［M］. 北京：高等教育出版社，2001.

[9] 诸孝正，陈妙云. 应用写作 ［M］. 广州：广东人民出版社，2001.

[10] 余国瑞，彭光芒. 实用写作. ［M］北京：高等教育出版社，2002.

[11] 杨晓菊. 应用文写作 ［M］. 北京：中国广播电视出版社，2004.

[12] 方晓. 经济应用文写作 ［M］. 成都：电子科技大学出版社，2005.

[13] 施扬，娄永毅，张介明. 常用经济应用文写作教程 ［M］. 上海：立信会计出版社，2005.

[14] 方敏，伍清安，邱玉明. 实用写作 ［M］. 郑州：黄河水利出版社，2006.

[15] 夏德勇，杨锋. 当代大学写作 ［M］. 广州：暨南大学出版社，2007.

[16] 段轩如，杨杰. 写作学教程 ［M］. 北京：中国人民大学出版社，2007.

[17] 何小庭. 旅游应用文写作 ［M］. 北京：旅游教育出版社，2007.

[18] 张俊，付文杰，蒋意春. 应用文写作 ［M］. 北京：北京理工大学出版社，2008.

[19] 马新国. 应用写作 ［M］. 重庆：西南师范大学出版社，2008.